国家科技支撑计划课题(2015BAG11B01)
同济大学学术专著(自然科学类)出版基金资助项目
中央高校基本科研业务费专项资金资助项目

未来出行——电动汽车分时租赁

孔德洋　符钢战　唐茂钢　著

图书在版编目(CIP)数据

未来出行：电动汽车分时租赁 / 孔德洋，符钢战，唐茂钢著. —上海：同济大学出版社，2021.11
ISBN 978-7-5608-9945-9

Ⅰ. ①未… Ⅱ. ①孔… ②符… ③唐… Ⅲ. ①电动汽车—租赁业务 Ⅳ. ①F540.5

中国版本图书馆 CIP 数据核字(2021)第 206406 号

未来出行——电动汽车分时租赁

孔德洋　符钢战　唐茂钢　著

责任编辑　朱　勇　　**责任校对**　徐春莲　　**封面设计**　陈益平

出版发行	同济大学出版社　www.tongjipress.com.cn
	(地址：上海市四平路1239号　邮编：200092　电话：021-65985622)
经　销	全国各地新华书店
印　刷	江苏凤凰数码印务有限公司
开　本	787 mm×1092 mm　1/16
印　张	17.5
字　数	437 000
版　次	2021年11月第1版　2021年11月第1次印刷
书　号	ISBN 978-7-5608-9945-9
定　价	98.00元

本书若有印装质量问题，请向本社发行部调换　　版权所有　侵权必究

序
——电动汽车共享理想和分时租赁现实困境

本书动笔于2018年,书中展现的是汽车分时租赁引进中国、在中国进行试验的早期阶段,而本书面世之时已是2021年。短短几年间,电动汽车分时租赁行业发生了翻天覆地的变化。如今,分时租赁不再似当年那般热火朝天,许多玩家离开了"赛道",行业在经历了短暂的快速发展后开始重新洗牌,进入了调整期。

电动汽车分时租赁是一幅美好的蓝图。而我们作为研究者,希望把研究过程中的思考与经验分享给读者,为中国分时租赁的发展尽一份绵薄之力。

我们将电动汽车分时租赁的研究重点放在了"服务"上,将其视作服务行业的经营模式进行探讨。电动汽车分时租赁不是一锤子买卖,它是一项发生频次很高的服务。我们想要它真正地落地生根,需要从它的本质去思考,把它当作一项服务去推广。

本书的研究是基于企业的角度,研究目的是帮助企业建设电动汽车分时租赁服务体系。这是与其他学者不一样的地方,我们是在设身处地地为企业思考——他们该如何展开业务?这个特殊的研究方向来自我们团队的经历。

2011年,同济大学新能源汽车产业化研究中心的研究团队远赴欧洲与美国,看到了国外分时租赁的美好愿景,于是组建了课题组,想要在中国实现分时租赁的理想。国外的经验只给了我们一个概念,我们需要从零开始,一步一步描绘出分时租赁的蓝图。因此,2014年,我们在同济大学启动电动汽车租赁活动,引入上海国际汽车城租赁团队,开展电动汽车分时租赁"小试"项目,开创校园租赁新能源汽车的新商业模式,这标志着电动汽车的分时租赁试点工作启动。2015年,我们以"深圳市电动汽车分时租赁与集成示范研究"项目为契机,进行了深入的试验。我们采用了正向开发的研究路线,研究了定价模型、车型选择、站点选址等企业需要知道的问题,实现了从无到有。我们站在第三方的角度作描述、评价,同时保持了理论与实践结合的思维,这是本书的特色。

很多人会问,为什么要研究分时租赁?其实,研究电动汽车分时租赁的初衷是为电动汽车寻找一个应用场景。电动汽车登上我国汽车舞台伊始,陷入了没人购买的窘境。整车企业的电动汽车形不成量产,难以实现规模经济,规划产能利用率严重不足,呈现为产能过剩。为了让电动汽车量产,专家们开始往多个方向发力,比如改变商业模式、政策扶持供需双方、扩增应用场景。

首先是通过商业模式来实现成本的降低,以低成本诱导消费者购买。电动汽车可以通过多种方式分摊成本，如车电分离、电池租赁、融资租赁等。通过多种多样的销售组合、金融服务来降低消费者的购买成本，从而拉动销量。

其次，国家通过政策来降低生产成本，提高消费者的购买信心。在电动汽车的供给侧，给予车企售车补贴，诱导车企自发降低车的售价；在电动汽车的需求侧，给予消费者用车激励，如充电补贴、牌照优惠、交通政策的便宜权等。

最后，为了拉动需求量，专家们寻找了许多电动汽车的应用场景：一是在政府政策杠杆可控的传统应用领域扩大购车规模，如公交、出租、公务、市政、邮政等领域；二是寻找新的应用场景，分时租赁就是这一个新的应用领域。我们在国外调研的过程中发现，国外的汽车共享也许是有利于电动汽车发展的应用场景。汽车共享对续航里程的要求不高，那么就可以使用容量小一点的电池，生产成本就可以降低，租车价格也会随之降低，需求链条能够打通。大部分人认为分时租赁是一种出行方式，不属于车辆工程的领域。其实，我们车辆工程的学者关心分时租赁，是为了从新应用场景的发现和培育来创造更大的应用市场，从而拉动电动汽车的需求量，促进其量产。

那么，我们找到的分时租赁是一种怎样的组织方式呢？

可以先简单地了解一下分时租赁的前世今生。国际上把汽车分时租赁叫作汽车共享（Car sharing），国内分时租赁的概念也是源于汽车共享。汽车共享最早出现在20世纪40年代，小轿车还没有进入普通家庭的瑞士。瑞士人组织了自驾车合作社，一个社员在用完车后，便将车辆钥匙交给下一个社员，从而实现社员之间的汽车共享。汽车共享在这个阶段是邻里间的共享，也是居民互助的体现。后来，在汽车共享几十年的蛰伏发展中，第三方运营公司出现了。这种第三方运营的汽车共享形态在优步（Uber）上得以体现。优步最早在2009年由特拉维斯·卡兰尼克和格瑞特·坎普成立，据说优步成立的契机是两人在风雪交加的巴黎街头打不到车，因此产生了推出随时叫车的应用服务的想法。遗憾的是，这种理想主义的私家车共享没能在中国茁壮成长。在我们将汽车共享引入中国后，汽车共享经过市场的演变，成了符合中国特色的分时租赁（Car renting by hours）。

对研究交通的学者而言，汽车共享是人类交通出行的七种方式之一。德国学者将人类的六种出行方式按照节能减排潜力及政府的鼓励程度进行了排序，分别是步行出行、自行车出行、公交车出行、出租车出行、租赁车出行、私家车出行。然后插入汽车共享，并排在了第四位，次于公交车，优于出租车。由此产生了第七种出行方式——汽车共享。这七种方式是并存的，可以在一定范围内进行局部替代或竞争，没有优劣之分。有的人会说，如果我有私家车了，就不会想用分时租赁车，我这样的私家车车主不会成为分时租赁车的客户。但事实是，拥有私家车的人仍会乘坐出租车，那么就也有可能会使用分时租赁车。因此，这七种出行方式不是非此即彼的。人们可以在这七种出行方式中选择，或许会有各种各样的因素影响人们的选择，使某种出行方式更具竞争力，但不会完全替代其他的出行方式。

对经济学家而言，汽车共享是一种商业模式或经济活动的组织方式。如果只是想喝一杯牛奶，为什么要买一头奶牛呢？如果只是想去某个地方，为什么一定要买一辆车呢？人们只需要共享一头奶牛、一辆车，这些问题就能迎刃而解。因此，共享承载了人类社会的很多理想，人们可以通过共享来降低成本、达成节约。而租赁可以实现人类共享的美好愿望。世界上多数有效率的、可持续的、成规模的共享，都是通过租赁的方式实现的，比如公共停车位、充电桩。共享是所有权和使用权的分离。租赁则是通过将使用权按计量单位收费，从而分离所有权和使用权。分时租赁的本质即是共享，汽车共享的理想可以通过分时租赁这样的商业模式来实现。

这一切听起来非常美好，电动汽车分时租赁却在近年来陷入了困境。

现在，分时租赁是一个买家满意、卖家不满意的市场。消费者觉得分时租赁能够满足他的需求，但卖家付出的成本太高，难堪重负，呈现出长期亏损的态势。如果买卖双方长期达不到一个平衡，产品的可持续性必然受到负面影响。

本书第10章对电动汽车分时租赁盈亏平衡进行了研究。与传统燃油车租赁运营商相比，电动汽车分时租赁呈现出了重资产、重运营的特点。投资人需要把更多的钱花在基础设施投资和日常运维成本上，比如巡检员人力投资、充电桩建设投资、停车位投资等。在如此高昂的投入下，运营商若想盈亏平衡，需要日均运营时长达4~5小时。2018—2019年，国内电动汽车分时租赁运营车辆单日运营时长大多在2~3小时，订单量与平衡点相距甚远。同时，由于分时租赁产品的定位和用户运营策略，消费者对分时租赁的低价印象已根深蒂固，企业很难涨价。因此，国内电动汽车分时租赁不能实现盈利也就不足为奇了。

共享对续航有限的电动汽车来说是一种适宜的应用场景，但电动汽车不一定是共享租赁理想的最佳搭档。虽然共享场景给了续航能力不强的电动汽车很好的发挥空间，但电动汽车比传统燃油车需要更多额外的投入，它的商业模式远不及传统燃油车清晰。

在重重困难之下，我们不得不去思考，如何才能走出困境？怎样才能将电动汽车分时租赁的理想坚持下去？我们可以从应用场景与经营模式进行新的突破。

首先，分时租赁适合的场景和用户群可以继续探索和验证。比如集团公司、厂区、博士公寓楼，这些场景同样适合续航能力不强的电动汽车，用户也有共享的需求，值得进一步研究。

其次，电动汽车分时租赁的成本需要分摊给消费者。我们需要调整消费者对分时租赁低价的印象，将运营方与消费者的观感统一起来，为运营方盈利谋求一些空间。

最后，分时租赁需要新的经营组合，可以长短租结合，以日租方式为宜。租赁是一个非常有效的商业形态，可以按时间划分为长租（3个月以上）、短租（30天以下，1天以上）和超短租（1天以下）。超短租业务对算法要求高、回报少，在分时租赁出现以前，没有商业公司做这项业务。现在参与超短租业务的很多公司把它当作了风险投资的场所。我们认为，电动汽车分时租赁未来会朝着两个方向发展：一是回归传统租赁业务，在出行生态上与传统的租赁服务深度融合，成为传统租赁框架下的超短租子业务，在租赁公司的土壤下茁壮成长为一个应用形态；二是在风险公司的土壤下，通过外来资本培育，用时间换空间，迎来新的生存可能性。

无论它最后去向何方，我们衷心地祝愿电动汽车分时租赁能够迎来拨云见日的美好未来！

符钢战
2020 年 8 月

前 言

分时租赁属于汽车共享的一种，是传统租赁在服务模式上的一种创新，是以使用时间（分钟或小时）等为计价单位，利用互联网等信息技术构建服务平台，为用户提供自助式车辆预订、取还和费用结算等服务的一种经营模式。若分时租赁车辆使用的是电动汽车，自然而然地就称之为电动汽车分时租赁。

作为一类新型交通服务方式，电动汽车分时租赁投入运营时间不长、规模不大，相关的特性分析基础薄弱，目前还难以全面和科学地评估其在城市综合交通体系中的作用和地位。而且，随着汽车"四化"（电动化、智能化、网联化及共享化）趋势的加速推进，电动汽车分时租赁未来的发展前景面临更多的不确定性，其业务系统架构、产品服务模式、商业运营方案以及政府扶持政策等，都可能出现一些新的特征和变化趋势，尚需进一步的研究，行业的发展也需要政、产、学、研、用同心协力，共同探索。

本书以电动汽车分时租赁构成要素和系统架构分析为核心，从理论上探求其存在的需求机理，从运营上分析其用户、流程、车辆、站点、定价、信息集成等关键资源要素的特征、集合方式与运作模式，从整体上对其盈利能力、环境效应进行综合评价，提出资产组合和投融资方案策略建议。

本书由三部分构成。

上篇为"基础理论研究"，是本书开展电动汽车分时租赁研究的理论基础部分。包括三章：第1章对共享经济、汽车共享、分时租赁与电动汽车分时租赁等基本概念、特征和运行机制等进行阐述；第2章主要研究电动汽车分时租赁产生的需求机理，从理论上分析其产生和存在的理由；第3章从市场接受度角度分析电动汽车分时租赁发展的相关影响因素。

中篇为"运营系统架构分析"，是电动汽车分时租赁运营实践的主体内容部分，含用户、车、桩、位、信息集成等。包括五章：第4章重点对电动汽车分时租赁的用户群体特征进行研究，据此提出会员选择方法和服务流程设计方案；第5章是对租赁车型选择的研究，提供车型选择和评价模型；第6章是对租赁站点选址的研究，内容有选址要素、布局策略、需求模型等，并提供基于上海数据的分析案例；第7章是电动汽车分时租赁动态定价策略研究；第8章从系统总体架构、云平台、车载终端以及CPS系统等角度，对电动汽车分时租赁信息集成系统进行研究。

下篇为"运营模式与运营评价"，从商业模式和运营经济性视角对电动汽车分时租赁运营进行综合评价,并基于盈亏平衡方法分析电动汽车分时租赁商业模式选择与投融资方案决策。包括四章:第9章是电动汽车分时租赁商业模式研究;第10章是电动汽车分时租赁盈亏平衡分析及关键要素的敏感性分析;第11章是电动汽车分时租赁资产组合模式与投融资方案研究;第12章是电动汽车分时租赁运营综合评价。

同济大学新能源汽车产业化研究中心是国内最早关注和研究电动汽车分时租赁的研究团队,早在2011年,研究课题组人员就曾经多次赴欧美各国考察Autolib、Car2Go和Zipcar等分时租赁的运营情况。基于实地考察和理论研究,课题组于2013年向科技部提出了"电动汽车分时租赁示范城市"课题指南的建议,当年年底科技部向全国发布课题指南,全国有多达十几个城市进行申报,最终4个城市的电动汽车分时租赁项目得到批复。

同济大学课题组联合深圳市政府、中国汽车工程学会、国家信息中心等单位,申报国家科技支撑计划"深圳市电动汽车分时租赁与集成示范研究"项目,成功获批并于2015年立项,同济大学课题组承担了其中第1子课题"深圳市电动汽车分时租赁系统总体架构研究"。在完成课题过程中进行的大量调研和搜集到的数据资料对本书的研究工作起到了重要的支撑作用,因此本书的完成离不开课题合作单位研究人员的贡献,尤其要感谢中国汽车工程学会的冯锦山、赵立金、王鹏飞、程蕊、陈敏,以及同济大学交通运输工程学院的叶建红等,他们共同参与和完成课题研究任务,也为本书部分章节提供了宝贵的数据资料。

本书由孔德洋统筹撰写,符钢战参与拟定写作框架并对全书稿进行审核。本书付梓前经历两稿,第一稿由同济大学新能源汽车产业化研究中心的研究助理唐茂钢博士负责统稿,于2018年10月完成,由于某些原因延误而未能及时出版;第二稿由孔德洋负责修订和统稿,于2019年12月完成。在书稿的写作过程中,同济大学新能源汽车产业化研究中心的各位同事、研究生和本科生,主要有杨帆、梁炉、操凌翔、柳文灿、王敏敏、马丹、唐闻翀、赵欣、夏渠红、麻殊捷、张文涵、王亭玉、黄偲蕊、戴增志、顾纯等,他们有的参与了书稿资料搜集、整理和数据分析工作,有的长期参与中心相关课题研究,他们共同的辛勤付出,为本书研究和撰写提供了基础性的支撑,在此一并致谢。

本书研究工作得到国家科技支撑计划"深圳市电动汽车分时租赁系统总体架构研究"(2015BAG11B01)课题的资助,并获得同济大学学术专著(自然科学类)出版基金项目资助。感谢同济大学出版社对本书出版的大力支持,感谢相关编辑的耐心审阅并提出宝贵修订意见。

因作者水平有限,疏漏在所难免,请同行专家及读者不吝批评指正。

孔德洋
2020年8月

| 目 录 |

序
前 言

上篇 基础理论研究

第1章 共享经济与分时租赁 ··· 003
  1.1 共享经济概述 ··· 003
  1.2 汽车共享概述 ··· 011
  1.3 电动汽车分时租赁 ·· 017

第2章 电动汽车分时租赁需求理论 ·· 023
  2.1 电动汽车分时租赁的交通定位 ······································· 023
  2.2 电动汽车分时租赁产生机理 ·· 025
  2.3 电动汽车分时租赁需求模型 ·· 027

第3章 电动汽车分时租赁市场接受度 ····································· 034
  3.1 市场接受度影响因素分析 ··· 034
  3.2 市场接受度调查：研究方法概述 ··································· 040
  3.3 市场接受度调查：数据采集与分析 ······························· 044
  3.4 研究总结 ·· 054

中篇 运营系统架构分析

第4章 用户需求分析与服务流程设计 ····································· 061
  4.1 用户需求特征研究 ·· 061
  4.2 会员的识别与选择 ·· 071
  4.3 用户服务流程设计 ·· 076

第5章 电动汽车分时租赁车型选择 ················· 094
5.1 电动汽车分时租赁车型需求调研 ················· 094
5.2 电动汽车分时租赁车型选择现状 ················· 098
5.3 用户视角的分时租赁车型综合评价模型 ················· 103
5.4 运营商视角的分时租赁车型评价模型 ················· 110

第6章 电动汽车分时租赁站点选址 ················· 115
6.1 文献综述 ················· 115
6.2 电动汽车分时租赁站点类型与选址要素 ················· 116
6.3 分时租赁启动站点布局策略 ················· 121
6.4 用户需求视角的站点选址 Logit 模型 ················· 125
6.5 站点选址 P-中值模型：以上海市数据为例 ················· 130

第7章 电动汽车分时租赁动态定价 ················· 140
7.1 研究问题与研究现状 ················· 140
7.2 电动汽车分时租赁动态定价模型 ················· 143
7.3 电动汽车分时租赁动态定价求解 ················· 150
7.4 EVCARD 分时租赁案例分析 ················· 151
7.5 研究总结 ················· 161

第8章 电动汽车分时租赁管理系统 ················· 163
8.1 系统总体架构设计 ················· 163
8.2 电动汽车分时租赁云平台设计 ················· 175
8.3 电动汽车分时租赁车载终端设计 ················· 183
8.4 基于 CPS 的共享场景 ················· 187

下篇 运营模式与运营评价

第9章 电动汽车分时租赁商业模式 ················· 197
9.1 商业模式基础理论 ················· 197
9.2 电动汽车分时租赁商业模式 ················· 201
9.3 电动汽车分时租赁运营要素及获取模式 ················· 205
9.4 模式创新案例："统一平台＋多运营商"模式 ················· 210

第10章 电动汽车分时租赁盈亏平衡分析 ················· 214
10.1 电动汽车分时租赁成本和收益 ················· 214

10.2 盈亏平衡分析：以深圳市为例 ·· 220
10.3 运营敏感性分析 ··· 222

第11章 分时租赁资产组合模式与投融资方案 ······························· 230
11.1 分时租赁资源要素整合模式 ··· 230
11.2 不同资产组合模式下的盈亏平衡测算 ···································· 231
11.3 电动汽车分时租赁投融资方案 ··· 234

第12章 电动汽车分时租赁运营评价 ··· 238
12.1 评价方法与指标体系 ·· 238
12.2 评价模型与测算方法 ·· 241
12.3 运营评价实例：以深圳市数据为例 ······································· 244

附录1 电动汽车分时租赁调查问卷 ·· 256

附录2 电动汽车共享车型需求的调查问卷 ···································· 261

附录3 深圳市电动汽车分时租赁用户满意度调查 ······························ 263

上篇　基础理论研究

第1章
共享经济与分时租赁

电动汽车分时租赁是共享经济的一部分,是在消费者需要用车而自己没有车的情况下,按时间(小时或者分钟)计算租赁电动汽车费用的一种新的共享出行方式。这种方式提供了新的出行选择,增加出行便利性,同时还可以降低出行费用。此外,可以让更多消费者了解和接受电动汽车,从而促进电动汽车的发展。因此,分时租赁是电动汽车极佳的推广应用方式,电动汽车与分时租赁完美地结合到一起,一定有其必然性。

本章将从总体上对共享经济与汽车共享的内涵与特征、运行机制、起源等进行理论和发展概述,在此基础上,对电动汽车分时租赁的概念、特征与发展情况进行综述。

1.1 共享经济概述

1.1.1 文献综述

对共享及共享经济的研究,现有文献主要从交易成本、认知盈余、产权和协同消费等角度对其理论框架、驱动因素和基本特征进行研究。

(1) 交易成本角度。卢现祥[1]指出,共享经济的本质在于交易成本,使原来不可交易的资源进入可交易的范围。共享经济不仅是通过共享平台来匹配供求双方从而降低交易成本、实现资源的最佳配置,而且是一场认知盈余的革命。共享经济成功实施的关键在于制度供给。刘奕和夏杰长[2]综合国内外对于共享经济的研究,认为交易成本理论、协同消费理论和多边平台理论是三个常用的理论分析框架,并概括出共享经济集中关注的几个问题:共享经济的驱动因素、非营利共享和营利性共享的区别和联系、共享经济的影响评估、共享服务与传统服务的异同、新兴业态的冲击与传统服务行业模式创新、共享经济企业商业模式创新等。

(2) 认知盈余角度。谢志刚[3]以哈耶克知识和自发秩序理论为基础,拓展了企业认

---

[1] 卢现祥.共享经济:交易成本最小化、制度变革与制度供给[J].社会科学战线,2016(9):51-61.
[2] 刘奕,夏杰长.共享经济理论与政策研究动态[J].经济学动态,2016(4):116-125.
[3] 谢志刚."共享经济"的知识经济学分析——基于哈耶克知识与秩序理论的一个创新合作理论框架[J].经济学动态,2015(12):78-87.

知聚焦组织模型,提出一个经济交往活动的知识结构分析框架,其中以显性知识与隐性知识的个体和社会知识结构定义了认知异质性,从而得到经济交往之中的合作与创新收益组合。将此模型应用于分析新兴的"共享经济"模式的基本逻辑,揭示和解释了其关键特征并不在于"共享",而在于社会知识结构动态优化,"共享经济"是"知识经济"的发展新阶段和哈耶克"自发秩序"的具体表现。

（3）产权和协同消费角度。Belk[①]认为,共享指的是将我们的东西分配给他人使用,或者从他人处获得货品或服务为我所用的行为或过程。Felson 和 Spaeth 在1978 年将协同消费定义为多人在共同参与活动中消费商品或服务的事件。协同消费涉及捐助、转售、交易、借贷、租赁、赠予和交换等内容,并通过协调资源的获取和分配来收取费用及其他形式的报酬(Belk,2014)[②]。交换和消费行为建立在个人与个人的关系上而非已有的市场主体上,无须发生所有权的转移。但是现有的研究没有将共享经济的供给方的成本和需求方的效用联系起来进行研究,更没有考虑消费者在可以购买物品或服务以及可以租借物品或服务二者之间进行选择时其决策和行为会有什么变化。

刘建军和刑燕飞[③]认为,共享经济的基本特征为借助网络作为信息平台,以闲置资源使用权的暂时性转移为本质,以物品的重复交易和高效利用为表现形式。王亚丽[④]认为,共享经济是一场深刻的革命,是解决产能过剩、产业结构失调、资源生态危机、技术创新能力不足等一系列问题的有效形式。共享经济所要解决的这些问题都具有供给侧的性质,共享经济可为供给侧改革提供更大的市场空间;反过来,供给侧改革又为共享经济快速发展提供了有力保障,可充分发挥出共享经济的作用,使其成为拉动经济增长的新路径,拓展出我国经济发展的新领域。

1.1.2 共享经济的内涵与特征

1. 共享

所谓共享(Sharing),即"共同拥有"和"共同分担"。《东周列国志》第七十一回:"(齐)景公曰:'相国政务烦劳,今寡人有酒醴之味,金石之声,不敢独乐,愿与相国共享。'"可视为对共享的描述,也即将一件物品或者信息的使用权或知情权与他人共同拥有,有时也包括产权。原始社会的共同劳动、平均分配是人类最初级的共享模式,即对财物共同所有的公有制。随着社会的发展,私有制开始出现,社会对所有权的共享机制被瓦解。社会分工和交易的出现,使得对物权的共享从原来所有权的共享转变为对使

---

① Belk R. Why not share rather than own[J]. Annals of the American Academy of Political and Social Science, 2007, 611(1):126-140.
② Belk R. You are what you can access: Sharing and collaborative consumption online[J]. Journal of Business Research, 2014, 67(8):1595-1600.
③ 刘建军,刑燕飞.共享经济、内涵嬗变、运行机制及我国的政策选择[J].中共济南市委党校学报,2013(5):38-42.
④ 王亚丽.供给侧改革视角下的共享经济[J].改革与战略,2016(7):87-90,154.

用权的共享,如借用、租赁、物物互换都是以使用为目的共享行为①。

发展至今,共享已出现在多个行业领域,共享的方式也多种多样,各国的共享平台也纷纷涌现。如美国的 Uber 和 Airbnb、英国的 P2P 借贷平台 Funding Circle、法国的长途拼车服务公司 BlaBlaCar、德国的家庭私厨平台 Shareyourmeal、加拿大的线上职业信息平台 Jobblis、韩国的自行组织聚餐平台 Zipbob 以及我国的滴滴出行等,其发展呈现出宽领域、多样化的特点,如图 1-1 所示。

共享已经成为当今社会一个热门的话题,各大行业都面临着共享时代带来的机遇和挑战,也可能因共享而焕发出勃勃生机。

图 1-1 多行业的共享

2. 共享经济

共享经济这个术语最早由美国德克萨斯州立大学社会学教授马科斯·费尔逊(Marcus Felson)和伊利诺伊大学社会学教授琼·斯潘思(Joel. Spaeth)于 1978 年提出。

共享经济是公众将闲置资源通过社会化平台与他人共享,进而获得收入的经济现象。由于共享概念出现在不同行业并得以应用,广泛覆盖了人们的生活领域,已逐渐成为一种经济现象被人们所接受。在中国,2016 年共享单车的兴起将共享的概念带入了人们的视野。2017 年,共享经济更加发展壮大起来,涉及行业不断增加,规模不断扩大。共享单车、共享汽车、共享雨伞、共享充电宝等种种创新展示了人们的想象力,同时也是对社会闲散资源进行合理利用的尝试。由此,"共享"概念入选"2017 年度中国媒体十大流行语"②。

《中国共享经济发展年度报告(2019)》中将共享经济解释为:利用互联网等现代信息技术,以使用权分享为主要特征,整合海量、分散化资源,满足多样化需求的经济活动总和。共享经济是信息革命发展到一定阶段后出现的新型经济形态,是整合各类分散资源、准确发现多样化需求、实现供需双方快速匹配的最优化资源配置方式,是信息社会发展趋势下强调以人为本和可持续发展、崇尚最佳体验与物尽其用的新的消费观和发展观。

共享经济有一个非常重要的现实意义就是避免资源浪费,它可以对资源进行整合再加以广泛利用,让闲置资源发挥更大的经济效益,增加就业机会,并带动 GDP 的增长。

3. 共享经济的基本特征

共享经济以大量信息数据为纽带,通过互联网平台来实现物品所有权和使用权分离,

---

① 董成惠.共享经济:理论与现实[J].广东财经大学学报,2016,31(05):4-15.
② 2017 年度中国媒体十大流行语:"共享"概念与"十九大""新时代"等一起上榜流行语[N/OL].澎湃网[2019-11-06].

出版《共享经济》一书的作者同时也是Zipcar公司的创始人罗宾·蔡斯被称为共享经济鼻祖,她有一个重要的观念,就是共享经济的使用者注重的是高质量低价格的服务,使用者更愿意只为资产使用的时间买单,而不关注资产的所有权问题。蔡斯将共享经济模式的基本特征提炼为三点,即闲置资源、共享平台和人人参与。这三点也是大数据共享经济区别于其他传统经济模式的主要特征[1]。

"闲置资源"是指社会上不充分利用的资源。经济不断发展的过程中,资源利用效率也在不断变化,部分资源会出现不充分利用甚至浪费的现象。在共享经济模式下,这些闲置资源被重新利用,被赋予新的价值,为共享经济的发展提供了"供给基础"。如今,已有越来越多的企业家把目光转向这些闲置资源,采取某种方式将其纳入统一运营平台,过渡商品使用权,赚取租金,这种方式催生了各种共享产品。比如闲置的单车、衣物、书籍等,这些物品不会每时每刻被我们使用或者搁置不用,这就造成了资源浪费,如果我们将它们共享化,既可以节约资源,又可以带来经济效益。

然而,闲置资源并非共享经济发展的前置条件。共享经济的本质是要让资源的流动率和使用效率提高,无论是闲置资源还是紧缺资源,都可以通过共享方式发挥作用。共享经济是资源的智能化匹配,无论是闲置资源还是紧缺资源,都可以通过智能化匹配发挥更大的价值。因此,共享经济的对象并不仅仅局限于"闲置资源",只要是未被充分利用的、需求强烈的资源都可以参与到共享经济中,其中包括完全闲置的资源、部分闲置的资源和非闲置的优质资源[2]。从共享经济领域的发展实践来看,许多新模式已经不再局限于所谓的闲置资源。比如共享单车,这显然不是闲置资源的共享,而是基于人们的需求创造出的共享的资源,它由平台企业拥有并投放市场。这种模式虽然目前存在诸多争议,但不可否认,它符合共享经济的本质属性——基于使用权的共享提高利用效率,解决了长期未被解决的"最后一公里"出行痛点。

"共享平台"是指利用电子终端设备及通信网络搭建的共享平台,主要是为了完成信息的交换,还可以降低准入成本,给用户更多灵活性。人们可以通过共享平台快速搜索附近可用产品,以便完成供需双方迅速匹配,实现资源转移。通过公共网络平台,人们对企业数据采取的是一种个人终端访问的形式。例如,房屋出租网站联通了旅游人士和家有空房出租的房主,用户可通过网络发布、搜索度假房屋租赁信息并完成在线预订。

共享平台是实现资源价值的载体和保证,它为共享经济提供广泛的信任基础。信任是促成交易的必备条件,没有共享交易平台,供需双方的信誉度都无法得知。若没有这样的平台加以监控和约束,交易不可避免会出现欺诈等不诚信行为,大大降低经济运行效率。

目前,国内已经出现了大量共享平台,其共享物品的种类日益丰富,使用人数也在

---

[1] 宋蓓蓓.共享经济:大数据下颠覆性的商业模式[J].广西质量监督导报,2019(9):174.
[2] 张新红,于凤霞.共享经济100问[M].北京:中共中央党校出版社,2019.

逐年增加。大家较熟悉的几个共享平台如图1-2所示。

图1-2　常见的共享平台

"人人参与"是指在互联网信息迅速发展趋势下形成的人人参与共享资源的现象，共享经济需要产业规模的支持，足够的规模才可以为共享经济资金流转和可持续发展注入动力。在共享平台的基础上，供需双方进行交易，一方参与者越多，另一方得到的收益越大，两个群体相互吸引、相互促进，从而创造更大的网络效益。且这种人人参与带来的不仅仅是经济效益，大众还可以通过公共平台获取信息、发表观点，形成知识共享。例如"知乎"App，它是国内非常有影响力的网络交流社区，有各行各业的人员参与，用户可以发表自己的见解，解答各类问题，大众通过该平台能查阅到高质量的信息，共享自己的思想和学识。

1.1.3　共享经济的运行机制

共享经济在短短几年间以其盘活社会资源和提升社会效益的内在特性，成为许多国家国民经济的重要组成部分。在我国，共享经济与社会主义市场经济体制有机结合，形成了中国特色社会主义共享经济运行机制，共享经济也将成为中国特色社会主义经济发展的新形态和强劲新动力[①]。

1. 所有权与使用权高度分离

所有权和使用权的分离，让共享成为可能，也是共享经济崛起的主要原因。在传统经济模式中，所有权和使用权统一，想要使用一个物品，你就得先购买获得其所有权然

---

① 李炳炎,余飞.从分享到共享:新时代中国特色社会主义经济运行机制的嬗变[J].当代经济研究,2019(4):21-37.

后才有使用权。但是,传统经济模式可能造成两种困境:一是家里买来的"无用"物品越来越多,二是为了省钱只好放弃部分低频使用物品的使用权。而共享经济的魅力就在于可以破除这两种困境,可以通过暂时让渡使用权的方式,重复、高频、高效使用社会资源,极大地缩减了个人占用资源要素的规模和时间,最终缓释了社会经济发展的能源资源压力。

2. 需求方与供给方高效匹配

传统消费模式下,消费者是被动地接受营销、折扣等促销手段,而互联网和信息技术的兴起和应用改变了这种模式,信息的不对称性大大降低,消费者的消费"主权"和"主动性"大大提升。因此,技术的变革推动了服务供给日益高效、便捷,迎合了消费者的消费取向。同时,在供给侧,通过机制、流程、技术、组织等创新,共享经济平台以低廉的交易成本为消费者的需求提供了多样化、低廉化的产品和服务供给,成为消费者参与共享经济的潜在驱动力。

3. 去中介、再中介的平台构建

从本质上看,共享平台作为第三方实体或虚拟组织,其构建是去中介化和再中介化的过程。一方面,共享平台削弱了传统服务中介机构的职能,以互联网金融为例,新兴平台弱化了银行等传统支付清算和信贷服务中介机构的作用,具有去中介的职能。另一方面,共享平台在削弱传统机构中介职能的同时,又需要强化自身的中介职能,形成共享服务需求与供给的新平台[①],实际上是一个再中介化过程。

4. 信用征集机制和信用硬约束建立

共享经济或平台的有效性是以信任或信用机制的建立为前提的。在广泛的、陌生的社会成员之间构建信用机制需要具备如下条件:有效收集、审核及公开信息;需求方的客观评价体系;供给方的信用等级;严格的失信甄别和惩罚机制。因而,共享经济的产品或服务提供者在面临与不确定的具有个性化需求的需求者博弈的过程时,最好的选择就是提升服务水平,从而获得用户好评。共享经济的这种以大数据为依托的"脱域"的信息透明过程,形成了自我强化的信用征集机制,构成了共享平台的信用硬约束。

5. 利基市场关注和长尾效应形成

一方面,共享经济通过机制、技术、流程、组织管理等的革新,弥补了信息不对称性的缺陷,从而降低了信息搜寻、谈判、缔约、履约监督以及违约处置等的交易成本;另一方面,在传统产品和服务机构所忽视的细分行业,共享经济给予特别关注,对细分行业的利基市场(Niche Market)进行全面渗透,而这些利基市场所提供的个性化、分散化的数量巨大的长尾需求,最终集聚而形成长尾效应(Long Tail Effect),会带来巨大的经济收益,甚至会高于传统市场的收益。

---

① 郑联盛.共享经济:本质、机制、模式与风险[J].国际经济评论,2017(6):45-69,5.

1.1.4　不同行业共享经济的案例

共享经济给整个社会带来了巨大的变革,我们的生活方式以及思维方式也因此慢慢转变。如今,为我们提供服务的不再限于传统的大中型企业,消费者也可以成为市场中的供给者。新兴的商业模式在共享经济的背景下不断产生,交通、住宿、饮食等多个行业都受到了共享的影响。以下将以几个具体的案例,展示共享经济的表现形式。

1. 共享住宿

共享住宿是共享经济发展新出现的交易模式,它是依托互联网诞生的一个新业态,发展迅速,创新日益活跃,发展潜力巨大,消费者可以通过社会化网络平台预定房屋,在一定时间内使用房屋的部分空间和设施,宾主共享生活空间,以获取经济和社会效益。近年来,已出现了多家提供房源的平台,如小猪短租、爱彼迎、榛果民宿等。

例如,小猪短租成立于2012年,是国内共享住宿代表企业,为用户提供民宿短租服务。截至2019年5月,小猪短租全平台共有超过80万间房源,分布在全球超过700座城市及目的地。小猪短租的房源包括普通民宿、隐于都市的四合院、花园洋房、百年老建筑,还有绿皮火车房、森林木屋、星空房等。在小猪短租平台上,房东可以通过分享闲置的房源、房间或是沙发、帐篷,为房客提供有别于传统酒店、更具人文情怀、更有家庭氛围、更高性价比的住宿选择,并获得可观的收益,而房客可以通过体验民宿,结交更多兴趣相投的朋友,深入体验当地文化,感受居住自由的快乐。小猪短租App如图1-3所示。

图1-3　小猪短租①

2. 共享服装

共享服装也是共享经济下催生的产物。服装被贴上了共享的标签,核心仍旧是租赁。用户通过网络平台缴纳一定的租金或者押金,按时间收费不限次数租借衣物,衣物通过快

---

① 图片来自小猪短租官网,http://www.xiaozhu.com。

递的方式在平台和用户之间交接,退换货和衣物清洗产生的费用完全由平台承担,平台回收衣物后再经过洗涤、消毒、熨烫等处理,之后再上架供新的客户挑选。目前,已经出现了衣二三、女神派和美丽租等共享平台,女神派 App 功能如图 1-4 所示。

图 1-4　女神派 App 功能①

共享服装网络平台提供的服装类别大多包括外套、上装、下装、裙子、鞋子和配饰等品类的组合。这些产品种类基本满足消费者的日常需求。还有个别品牌亦提供礼服及首饰类产品,以满足消费者在晚宴和一些商务场合的穿着需求。各个平台提供的服装品类众多,基本能够满足消费者的需求②。

目前,消费者对于共享服装这一新的理念接受度较低,不愿意穿陌生人的衣物,宁愿购置新产品来满足需求。共享服装没有完全推广开是因为存在着一些问题:尺码设置相对偏少、合适产品不易搜寻、产品适用人群较窄等。不过,最大的问题还是在于用户对服装卫生的担忧。尽管各大平台都表示自己的清洁卫生标准比酒店的级别更高,但要得到用户的信赖还需一定的时间。

3. 共享厨房

现有的共享厨房主要存在两种模式:第一种模式是经营者利用自己闲置的房屋为消费者提供就餐场所,消费者自己制作餐食,这种类型又包括提供食材和不提供食材两种;第二种模式是餐饮经营者为餐饮服务提供者搭建平台,为其提供厨房相关资源,从选取食材到配送形成产品链,提高运营效率,消费者通过 App 订餐,由共享厨房相关人

---

① 图片来自女神派 App。
② 张烁希.共享服装网络平台现存问题及对策研究[J].现代商业,2019(13):17-18.

员送到指定地点，然后消费者进行就餐①。

在一些高校附近也出现了共享厨房，它可以供学生自主制作食物，学生们将购买好的食材带入厨房，共同体验烹饪的乐趣。这一共享方式也为学生们提高生活技能、丰富课余生活提供了一种新的途径。

但是，共享厨房目前也存在一些问题，如监管依据不充分、监管主体及职责不明、资质审查标准模糊等。厨房作为提供人们食品的场所，其卫生水平要求非常严格，因此相关监管措施需要及时到位，为消费者提供安全保障。共享厨房是一种新业态，是共享经济与网络餐饮的融合，是互联网时代餐饮行业发展的一种必然趋势，可以为人们提供一种全新的生活方式，相信随着监管体系的不断完善，共享厨房模式的优势会进一步展现。

1.2 汽车共享概述

1.2.1 文献综述

对汽车共享的研究，现有文献主要集中在汽车共享对车辆所有权、车辆行驶里程、停车场需求、温室气体排放、能源消耗、政府政策等方面的影响。

1. 对车辆所有权的影响

Zhou 和 Kockelman②调查了 2008 年奥斯汀、德克萨斯的住户，发现所调查的住户中有 21% 比例将放弃至少 1 辆私人拥有汽车而参加汽车共享组织。一份 2008 年的美国全国调查称，汽车共享后，美国住户减少了 49% 的汽车拥有权，且其中大部分家庭是由拥有 1 辆车转向无车家庭（Martin 和 Shaheen，2011b）③。Martin 等人④得出以下结论：1 辆共享汽车将代替 9~13 辆私家车。费城的观察结果是：每辆 Philly 的共享汽车代替了 23 辆私家车⑤。其他北美研究估计平均的车辆替代率是：每一辆共享汽车将平均代替 15 辆私家车（Millard-Ball et al.⑥，Econsult，2010⑦）。汽车共享在一定程度可以减少私家车出行需求，促进居民家庭所拥有车辆数的减少。如果一辆汽车对于工作

---

① 裴潇雨.共享厨房监管法律问题研究[D].太原：山西财经大学，2019.
② Zhou B, Kockelman K M.(2011) Opportunities for and Impacts of Carsharing: A Survey of the Austin, Texas Market. International Journal of Sustainable Transportation 5(3), 135-152.
③ Martin, E. W., Shaheen, S. A., 2011b. The impact of Carsharing on Household Vehicle Ownership Access 38. http://www.uctc.net/access/38/access38_carsharing_ownerhip.pdf.
④ Martin E W, Shaheen S A, Lidicker J. Impact of carsharing on household vehicle holdings: results from North American shared-use vehicle survey. Transp. Res. Rec. 2010.
⑤ Lane, C. Philly CarShare: first-year social and mobility impacts of carsharing in Philadelphia. Pennsylvania. Transp. Res. Rec, 2005.
⑥ Millard-Ball A, Murray G, Schure, J, et al. Carsharing: Where and How it Succeeds. Transportation Research Board, Washington, DC, 2005.
⑦ Econsult(2010) The Economic and Environmental Impact of PhillyCarShare in the Philadelphia Region. PhillyCarShare by Econsult Corporation, Philadelphia, PA.

或非工作出行是有必要的,那么,家庭就会考虑拥有一辆汽车。但是,拥有汽车会带来购车的固定成本、可变的使用成本和停车成本。汽车共享减少了购车成本和停车成本,成为能够与拥有汽车相对竞争的交通出行模式。城市居民可以通过共享汽车来节省资金成本,消除汽车固定所有权成本和停车成本,并且可以逐渐适应不依赖汽车的生活方式。共享汽车通常停在城市中心地带或人流密集区域,在这些区域有足够的市场来支撑共享汽车的发展,这也促进共享汽车使用率的提升,从而带来整个城市私家车拥有规模的减少。对城市来说,私家车以停车和道路的形式占据了大量的城市空间,并使城市空间形态变得更加分散。汽车共享可以减少私家车拥有率,减少私家车所占据的城市空间,使城市空间形态更加紧凑,且汽车共享的停车位成为公共部门基础设施的一个组成部分,促进城市交通结构的可持续发展。

2. 对车辆行驶里程(Vehicle Kilometers of Travel,以下简称 VKT)的影响

居民加入汽车共享出行方式之后,导致汽车的使用量将会减少。使用车辆时,共享平台一般通过分钟或里程收费,使车辆的运行成本更加明显,家庭倾向于减少对车辆的使用。Sioui[1]发现,在蒙特利尔,常用汽车共享服务的家庭与不使用汽车共享服务的家庭相比,使用私家车的频率降低了 72%。Sperling 等人[2]估计汽车共享减少 VKT 的比例为 30%～60%。Frost 和 Sullivan[3]估计汽车会员通过汽车共享服务减少了 31%的汽车行驶距离。Cervero 等人[4]观察了旧金山城市汽车共享会员,发现从长期来看,汽车共享会员的年度 VKT 降低了 67%。Martin 和 Shaheen[5]通过北美调查研究发现,受访者的平均 VKT 在加入汽车共享计划后下降了 27%(从 6 468 公里/年降到 4 729 公里/年)。在欧洲,这些影响似乎更大。Muheim[6]估计,瑞士的移动汽车共享成员在加入共享计划的第一年后行驶距离减少了 72%。Meijkamp[7]报道说,荷兰汽车共享机构会员在成为汽车共享成员后年均行驶里程减少了 33%。

3. 对使用阶段能源消耗的影响

为了通过减少 VKT 来减少使用阶段的能源需求,汽车共享服务会员比非会员更倾

---

[1] Sioui L., Morency C., Trepanier M., 2012. How carsharing affects the travel behavior of households: a case study of Montreal. Canada. Int. J. Sustain. Transp. 7(1), 52-69.

[2] Sperling, D., Shaheen, S., Wagner, C.(2000) Carsharing—Niche Market or New Pathway? University of California, Berkeley, California. http://tsrc.berkeley.edu/node/452.

[3] Frost & Sullivan Research Service(2010) Analysis of the Market for Carsharing in North America. http://www.frost.com/prod/servlet/report-overview.pag?repid=N748-01-00-00-00.

[4] Cervero, R. Golub, A. and Nee, B.(2007) City CarShare: Longer-Term Travel Demand and Car Ownership Impacts. Transportation Research Record 2007, 70-80.

[5] Martin, E.W. and Shaheen, S.A.(2011b). The Impact of Carsharing on Household Vehicle Ownership. Access 38. http://www.uctc.net/access/38/access38_carsharing_ownership.pdf.

[6] Muheim, P.(1998). Mobility at Your Convenience: Carsharing, the Key to Combined Mobility. Berne, Switzerland: Energie 2000, Transport Section.

[7] Meijkamp R.(1998) Changing Consumer Behaviour Through Eco-Efficient Services: An Empirical Study of Carsharing in the Netherlands Business Strategy and the Environment 7(4), 234-244.

向于驾驶节能车。Martin 和 Shaheen[①]研究发现,共享车辆比它们替换的车辆更省油,共享车辆平均每升油能行驶 13.9 公里,被替换的车辆平均每升油只能行驶 9.8 公里。这种现象可能归因于汽车共享车辆较高的利用率导致的高替换率。美国的私有新车在被更换之前的平均使用时间为 71.4 个月,被替换的车辆可以作为二手车销售,或以旧换新,或替换不必要的车辆和严重损坏的车辆[②]。由于更多的 VKT 和更快的磨损,商务共享车每 2～3 年更换一次[③]。由于美国政府有平均燃油经济型标准的任务,以及燃油价格的上涨,平均而言,新车比旧车更节能,与私人车辆相比,共享车辆有助于提高燃油效率。

4. 对停车场需求的影响

汽车共享能够减少汽车所有权对基础设施的需求,特别是对停车场需求有潜在的影响。大多数执政当局对促进车辆共享的兴趣都是因为停车需求的减少[④]。许多研究定性地将车辆所有权和停车需求联系起来,很少有研究量化了影响的程度。由于许多汽车共享参与者使用公共交通和其他非汽车共享模式进行通勤,所以前面提到的 1～15 辆共享车辆对私人交通工具的替代率并不直接转化为对停车位数量高需求区域的影响[⑤]。大部分停车需求减少发生在私人车库和社会停车场。2004 年在英国对雇主的一项调查研究发现,实行共享汽车计划后,每个会员由 0.79 个空间下降到 0.42 个空间。Engel-Yan 和 Passmore[⑥]发现停放专用共享车辆的建筑对停车空间的需求比没有停放专用共享车辆的建筑少 50%。Stasko 等人[⑦]估计出汽车共享项目参与者的街道停车需求下降了 26%～30%,这些需求取决于一周中每天的需求和一天中的具体时间。

5. 对温室气体排放的影响

Martin 和 Shaheen 通过对北美 11 个汽车共享机构的家庭的温室气体减排情况进行分析后发现,虽然一些汽车共享机构成员增加温室气体排放量,而其他汽车共享机构的年度温室气体排放量则有所减少,但其净影响是每年减少约 0.58 吨的温室气体排放

---

① Martin, E. W. and Shaheen, S. A.(2011a). Greenhouse Gas Emission Impacts of Carsharing in North America. IEEE Transactions on Intelligent Transportation Systems 12(4), 1074-1086.
② Seng, M.(2012) Length of U. S. Vehicle Ownership Hits Record High. Polk View Report, R. L. Polk, February 2012. https://www.polk.com/knowledge/polk_views/length_of_u.s._vehicle_ownership_hits_record_high.
③ Mont, O.(2004). Institutinalisation of Sustainable Consumption Patterns Based on Shared Use. Ecological Economics 50, 135-153.
④ Millard-Ball, A., Murray, G., Schure, J., Fox, C. and Burkhardt J.(2005). *Carsharing: Where and How It Succeeds*. Transportation Research Board, Washington, DC.
⑤ Celsor, C. and Millard-Ball, A.(2007) Where Does Car-Sharing Work? Using GIS to Assess Market Potential. Transportation Research Record 1992, 61-69.
⑥ Engel-Yan, J. and Passmore, D.(2013) Carsharing and Car Ownership at the Building Scale: Examining Potential for Flexible Parking Requirements. Journal of the American Planning Association 79(1), 82-91.
⑦ Stasko, T. H., Buck, A. B., Gao, H. O.(2013) "Carsharing in a University Setting: Impacts on Vehicle Ownership, Parking Demand, and Mobility in Ithaca, NY." Transport Policy 30, 262-268.

量(每个成员家庭每年的二氧化碳当量),这一减少量大致相当于美国家庭每年与运输相关的温室气体排放量的11%～16%[1]。Finkhorn和Muller[2]使用来自德国乌尔姆的Car2Go成员的偏好数据,研究了移动排放量的影响以及停车和道路基础设施需求的变化,他们估计出的结果是每个成员每年减少146～312千克二氧化碳排放量,并且同时考虑到车辆所有权和汽车行驶距离(VKT)的减少。瑞士的机动车辆共享业务已经开发出一种环境清单工具,用于评估共享车辆从制造、维护到道路使用、基础设施提供和土地利用效应的效应。估计的结果是:与瑞士普通乘用车相比,移动共享车辆每公里行驶里程降低总体环境负荷(包括废气排放、燃料消耗、汽车和道路基础设施的物料使用、道路噪声的健康损害和机动车辆事故)的比例为39%,且这是在忽略了会员减少汽车行驶里程的情况下估计的[3]。Briceno等人[4]利用投入产出分析方法,通过预测反弹效应(Rebound Effect)拓展了共享车辆系统全生命周期分析(LCA)的广度(从会员的平均出行成本节省中获得增加的非交通消费的排放)。他们发现,如果挪威的汽车共享会员将其交通成本节省量统一分配到非交通物品上,则总体反弹效应是很小的。然而,如果出行成本节省量用于航空旅行,增加的(反弹)温室气体排放量很高,表明如何转向更加可持续的消费模式可能会产生非常意想不到的后果。正如Hertwich[5]所指出的那样,汽车共享通常会减少当地出行支出,但是在其他支出类别中使用这些成本节省会对环境造成负面影响。

6. 公共政策研究

公共政策研究主要分析公共机构和私人机构如何对变化因素进行管理以推动城市流动速度加快。有研究分析了技术转型如何更好地理解政府在推动驾驶行为变化中的作用(Geels,2002)。Dowling和Kent认为,地方政府能够在推动驾驶行为改变方面发挥关键作用。在悉尼,地方政府通过向居民发放解释汽车共享服务的小册子,以此推动汽车共享服务的发展。不仅如此,地方政府还专门为汽车共享业务制定了停车规定和制度,帮助汽车共享公司通过实施基于实践的干预措施来发展他们在悉尼的汽车共享服务(例如为汽车共享车辆分配专用停车位)。汽车共享服务的成功往往取决于提供汽

---

[1] USDOT(2011) Our Nation's Highways 2011. US Department of Transportation, Federal Highway Administration. https://www.fhwa.dot.gov/policyinformation/pubs/hf/pl11028/onh2011.pdf.

[2] Finkhorn, J., Muller, M., 2011. What will be the environmental effects of new free-floating carsharing systems? The case of car2go in Ulm. Ecol. Econ. 70(8), 1519-1528.

[3] Doka, G., Ziegler, S., 2001. Complete life cycle assessment for vehicle models of the mobility carsharing fleet Switzerland. In:Presented at the 1st Swiss Transport Research Conference, Ascona, Switzerland 〈http://www.strc.ch/conferences/2001/doka.pdf〉.

[4] Briceno, T., Peters, G., Solli, C., and Hertwich, E. (2004). Using Life Cycle Approaches to Evaluate Sustainable Consumption Programs:Carsharing. Presented at the Norwegian University of Science and Technology Industrial Ecology Programme, Trondheim, Norway, 2004.

[5] Hertwich, E. G., 2005. Consumption and the rebound effect:an industrial ecology perspective. J. Ind. Ecol. 9(1-2), 85-98.

车共享的公司与当地政府之间的有效合作，先进的共享流动性需要有效的公私伙伴关系的建立。

1.2.2 汽车共享的起源与发展

关于汽车共享的起源，最早可追溯至 1948 年，一个名为 Sefage 的合作社在瑞士的苏黎世成立，但是由于经济性原因，最终却以失败告终。此后，人们尝试了很多汽车共享项目，但均失败了。其中，比较有影响的是 1971 年在法国蒙彼利埃（Montpellier）成立的汽车共享计划"Procotip"，以及在荷兰阿姆斯特丹成立的 Witkar。

20 世纪 80 年代以后，得力于信息技术的发展，汽车共享得到了大力发展，在瑞士慢慢形成了两个比较大的组织 Car Sharing Cooperative ATG 和 Share Com。

在 20 世纪 90 年代，这两个组织的会员年平均增长率都高达 50%。1997 年，瑞士这两个地方性汽车共享组织在各自运营 10 年后合并成一家企业"Mobility Car Sharing Switzerland"，拥有 600 余辆汽车，会员超过 1.1 万人。到了 2002 年，Mobility Car Sharing Switzerland 的规模进一步扩大，拥有汽车超过 1 750 辆，会员超过 5 万人，服务网点更是遍布瑞士的 400 多个城镇。据统计，截至 2003 年 8 月，在整个瑞士所有拥有驾驶执照的人中，有 1.5% 的人员加入了 Mobility 组织。

在德国，最早出现的商业性汽车共享组织是 1988 年在西柏林成立的 Statt Auto Car Sharing GmbH。1998 年，它与 1992 年在汉堡成立的汽车共享组织 Statt Auto Hamburg Car Sharing GmbH 合并成为 Statt Auto Car Sharing Aktiengesellschaft，这也是世界上第一家在股票交易所上市的汽车共享公司。

联邦汽车共享联合会是德国汽车共享组织的最高机构。2000 年，据该联合会统计，全德国已有 95 个汽车共享组织，其中 65 个是联邦汽车共享联合会的成员。所有汽车共享组织共计拥有汽车约 2 500 辆，服务网点遍布全国各地，会员超过 68 500 人，几乎所有比较大的城市都有汽车共享组织。

德国和瑞士汽车共享组织有所不同，瑞士主要是由一家公司经营，而德国则由多个独立的汽车共享组织分散经营。不过，这种局面近年来开始有所转变，各地汽车共享组织也开始相互建立联系。

20 世纪 90 年代初期，汽车共享传入北美。截至 1999 年，在北美已经出现了 9 个具有一定规模的汽车共享组织。其中 4 个是商业性组织，其余 5 个是非商业性组织。这些组织拥有 115 辆汽车，约 1 600 名会员。加拿大是北美地区最早成立汽车共享组织的国家，第一个汽车共享组织 AmoCom 于 1994 年在魁北克成立。该组织在成立之初是一个非营利机构，在 1997 年转变成一个商业性公司。1995 年，第二个商业性汽车共享组织 Communaum 在蒙特利尔成立。

北美汽车共享的第一次示范是短期汽车租赁计划（Short-Term Auto Rental, STAR），于 1983 年在旧金山成立，示范车只有 55 辆，在经营 18 个月后终止。Walb 和

Loudon 对 STAR 进行了评估,发现 17% 的会员出售了车辆,43% 的会员推迟了车辆购买。

美国于 1998 年在波特兰市成立第一个汽车共享组织 Car Sharing Portland,该组织的出现使得北美汽车共享市场获得了快速发展。到 2004 年,美国已经有 20 多个城市发展了汽车共享服务组织。Flexcar 于 1999 年在西雅图华盛顿特区成立,Flexcar 的经营网点遍及西雅图、华盛顿、波特兰、旧金山、洛杉矶和圣迭戈等地区。Zipcar 成立于 2000 年,发展初期阶段,在波士顿、纽约、华盛顿和旧金山共有 5 万名会员和 900 辆汽车。在 2007 年 10 月 31 日,Zipcar 公司收购了其在美国的最大竞争对手 Flexcar 公司。到了 2009 年,Zipcar 公司已经成为世界上最大的汽车共享服务公司,拥有 6 000 多辆汽车,以及超过 27 万的会员。2012 年,Zipcar 公司占美国汽车共享市场的 80%,拥有会员数超过 73 万,投入运营车辆超过 1.1 万辆。

1.2.3 汽车共享的主要模式

汽车共享业务主要有以下四种模式:①往返式汽车共享(roundtrip carsharing),车辆在某一地点被借用后,要归还至相同的地点;②点对点汽车共享(peer-to-peer carsharing),共同使用由第三方机构经营的私人车辆;③单向汽车共享(one-way carsharing);④部分所有权汽车共享(fractional carsharing),它使用户能够共享车辆并分摊其成本和使用。

其中,单向汽车共享有两种模式:自由流动型和基于固定站点型。自由流动型共享模式允许车辆在指定操作区域内被使用,使用完后,用户只要将车辆放在任何指定操作区域内就可离开。基于固定站点型的共享模式需要用户将车辆返回到可用的车站。

近年来,主要汽车企业均开始在共享汽车领域加强布局,更多集中在分时租赁等重资产重技术的共享模式。2018 年,戴姆勒和宝马宣布将各自的共享汽车业务合并,双方分别持有新合资企业 50% 的股份。其中,戴姆勒旗下 Car2Go 在美国、加拿大、欧洲和亚洲共投放 14 000 辆汽车,注册用户 330 万;宝马旗下 DriveNow 投入近 4 000 辆汽车,全球拥有近 100 万用户。大众于 2011 年推出 Quicar 汽车共享项目,于 2018 年宣布将在重点城市推出名为"We Share"的纯电动车共享服务,提出要在 2025 年转型成为"优秀的全球智能出行服务提供商"。2018 年初,丰田在 CES 车展上宣布要转变成出行公司,密集开展共享汽车领域布局,后来已同 Uber、Grab 合作开展拼车服务,与 Getaround、Avis 合作开展汽车共享与租车服务[①]。

随着各大汽车厂商和服务商积极布局汽车分时租赁,汽车分时租赁未来可能成为汽车厂商和服务商发展的新方向和新思路。

---

① 赛迪智库工业经济研究所.汽车共享化发展趋势[N].中国计算机报,2019-08-19.

1.2.4 汽车共享在中国

在大量闲置汽车资源被闲置,同时私家车过多导致交通拥堵、城市基础运力不足、汽车排放污染的情况下,汽车共享开始在中国发展,并逐渐成为解决出行和节能减排需求的有效途径,共享模式也不断更迭。最早出现的汽车共享是传统经营性出租车,在互联网、大数据、云计算的催动下,汽车共享衍生出多种业务模式,包括顺风车、网约车、分时租赁、P2P租车等。中国汽车工程学会名誉理事长付于武对《新京报》记者表示:"与智能化、网联化、共享化不同,汽车共享化是一种新生态,在当前产业变革和技术革命背景下,大数据、云计算等技术为汽车共享化充分地整合资源提供便利。"随着共享模式的演化,汽车"共享化"也在不断被定义,越来越多的汽车生产商加入汽车共享化浪潮,并向汽车服务商转变,汽车共享也逐渐向便捷化、灵活化和精准化方向升级发展。[1]

中国汽车工程学会研究指出[2],在不同汽车共享出行模式中,顺风车和快车成为发展最快的共享出行模式。数据显示,2015年顺风车的渗透率为0.14%,2017年顺风车的渗透率增长了近12倍到1.78%;快车的渗透率在2015年为0.25%,2017年增长了近6.5倍到1.87%。相较而言,专车和分时租赁的渗透率增速较小。此外,在共享经济的刺激下,网约车市场也正在成为传统车企和造车新势力布局的"蓝海"。从目前的市场情况来看,网约车市场聚焦为三种发展模式:第一种即是以滴滴(不包含专车)、Uber为首的C2C发展模式;第二种则是以曹操专车、首汽约车、滴滴专车为代表的B2C发展模式,在这类发展模式下,车企通常表现为自建车队;第三种则是以高德、美团为典型的聚合平台发展模式。

《中国汽车智能共享出行发展趋势报告2019》对中国汽车共享发展趋势进行预测,认为中国汽车共享出行将经历行业积累期(2018—2025年)、快速成长期(2025—2040年)和发展成熟期(2040—2050年)三个发展阶段。其中,在行业积累期,平台技术逐渐发展成熟,新能源汽车初步普及,部分人会放弃私家车,汽车共享的市场渗透率在15%~25%之间;在快速成长期,新能源和无人驾驶汽车将大规模、低成本普及应用,汽车共享出行的渗透率有望增至80%;在发展成熟期,汽车共享出行渗透率可以稳定在80%左右,那时,拥有私家车将和拥有奢侈品一样,只是少数人才会有的消费偏好。

1.3 电动汽车分时租赁

1.3.1 电动汽车分时租赁的概念

传统燃油车分时租赁的典型代表是Car2Go。2009年,戴姆勒公司推出的汽车共享

---

[1] 共享化:解决出行和节能的有效途径[N].新京报,2019-11-05.
[2] 中国汽车工程学会.中国汽车共享出行发展趋势报告[R].2019-05-30.

品牌 Car2Go 是一种自由流动模式,用户不需要预约,可以在街道上随意选择一辆在指定地点可以找到的共享汽车,车辆使用完毕后,只要停放在任何指定地点即可,不需要为汽车加油。作为全球最大的汽车共享品牌,Car2Go 自由流动式汽车共享理念为未来城市提供了更加智能、绿色、创新的出行方案,最大限度地延伸了城市生活的可能性,还一定程度帮助解决了例如交通拥堵、环境污染等城市化过程中出现的问题。

"分时租赁"一词最早见于 2014 年 7 月国务院发布的《关于加快新能源汽车推广应用的指导意见》。鉴于当时我国在私人购买领域推广新能源汽车推进难的问题,国务院要求把"积极探索分时租赁、车辆共享的商业模式",作为加快推广应用新能源汽车的创新商业模式。2017 年 8 月,交通运输部、住房和城乡建设部联合发布《关于促进小微型客车租赁健康发展的指导意见》(以下简称《意见》),首次从交通行业管理角度明确了分时租赁的定义和定位等。

《意见》强调,分时租赁(汽车共享)属于汽车租赁管理范畴,鼓励用新能源汽车开展汽车共享。《意见》指出:分时租赁,俗称汽车共享,是以分钟或小时等为计价单位,利用移动互联网、全球定位等信息技术构建网络服务平台,为用户提供自助式车辆预订、车辆取还、费用结算为主要方式的小微型客车租赁服务。如果分时租赁使用的车辆是电动汽车,则称为电动汽车分时租赁。电动汽车分时租赁目前较适合短途出行,在国外已有了一些成熟模式,如美国的 Zipcar,它是一种新型的共用出行方式,对交通有重要影响。

随着私家车保有量的增长,路面交通压力日益增大。如果大家可以共享一辆汽车,那么,路上的私家车就可以减少。若这种出租方式灵活,用户体会到其益处后,会减少对私家车的购买欲,降低私家车保有量,这样的良性循环可以缓解道路交通压力。因此,电动汽车分时租赁作为汽车共享的一种形式,如果加以合理开发、布局,逐渐改变大众的消费观念和用车习惯,将会带来明显的交通状况改观,并促进国家节能减排目标的实现。

1.3.2 电动汽车分时租赁的特征

电动汽车分时租赁将电动汽车推广给大众,有效地提高了电动汽车的使用率,是让大众了解和接受新型汽车的一种有效途径。使用电动汽车开展分时共享,不仅有利于节能环保,而且从分时租赁与传统汽车租赁比较来看,电动汽车分时租赁与传统汽车租赁方式主要有三点差异。

(1) 租车时长。分时租赁与传统汽车租赁最明显的区别就表现在用车时长上。传统汽车租赁一般以天甚至月来计算时间,而电动汽车分时租赁则是以分钟或者小时为计价单位,是随取随用的一种租车方式,车辆使用效率会更高些。

(2) 租车网点。传统汽车租赁的地点一般是固定门店,消费者取车还车的地点不多,其网点通常分布在机场、火车站等交通枢纽的大型停车场,这对于距离网点远的用户来说，使用租赁汽车非常不便。而电动汽车分时租赁模式往往会根据用户的需求分布来布置租赁网点，通常分布在居民区、商业区等人流密集区域，覆盖面积广，消费者易于取车和还车，方便快捷。

（3）租车方式。传统汽车租赁的运营商通常设有具体的服务门店，消费者取车和还车一般都需要到实体店办理手续，经历证件审核、缴纳押金、验车提车等过程。电动汽车分时租赁运用了互联网和车联网技术，消费者在租车平台上进行注册，直接在网上预订车辆，在各个网点完成提车还车，省去了以往传统汽车租赁的烦琐手续。

1.3.3 电动汽车分时租赁的发展

法国巴黎是比较早的推广电动汽车分时租赁的城市，其推广品牌是 Autolib。Autolib 由巴黎市政府提出并于 2008 年 12 月公开招标运营，Bollore 集团最终中标，并于 2011 年 12 月 5 日正式投入运营。截至 2016 年 7 月 3 日，共有 3 980 辆经过注册的电动汽车被投入运营，配备 1 084 个停车点以及 5 935 个充电桩，并有超过 12.69 万名注册会员。该项目还得到了巴黎市政府的支持。政府专门设立了一个监管部门，巴黎市政府的投入由该部门汇总后提供给运营商，同时将运营商的土地占用费统一上缴该部门。随着 Autolib 停车点与充电设施日益完善，会员规模也在不断扩大，并先后于 2013 年和 2014 年在法国里昂市和波尔多市建设网点，其业务范围覆盖了巴黎及周边城市。

但是，由于经营不善和长期亏损，等不到 2023 年合同到期，2018 年 6 月 21 日巴黎市及周边地方政府撕毁了同 Autolib 运营商 Bollore 集团的合同，宣告 Autolib 共享汽车从巴黎撤出[1]。

美国的 Zipcar 也是一家分时租赁互联网汽车共享平台。该平台由罗宾·蔡斯（Robin Chase）与安特耶·丹尼尔斯（Antje Danielson）于 2000 年共同创办。Zipcar 主要以"汽车共享"为理念，其汽车停放在居民集中地区，会员可以通过网站、电话和应用软件搜寻需要的车辆，选择就近预约取车和还车，车辆的开启和锁停完全通过一张会员卡完成[2]。Zipcar 的租车模式减少了人工服务的费用，自助消费的模式也让消费者拥有很大的自主权。Zipcar 设有一名主管，专门负责精简流程，设法以科技系统取代人工。Zipcar 通过网络寄发电子账单，由会员的信用卡支付费用，所有费用均从信用卡上自动划账，方便快捷。

借鉴国外典型案例，我国的汽车分时租赁与电动汽车产业发展紧密结合，加之移动互联网与共享经济近几年快速渗透，如今，电动汽车分时租赁已迅速形成全球规模领先态势。我国电动汽车分时租赁的发展可以分为两个阶段：探索期和快速发展期[3]。

---

[1] 第一电动汽车网.全球头号共享汽车 Autolib 何以梦断巴黎？2018-6-26.
[2] 专访 Zipcar 创始人：创始人融资的时间节点越晚越好.腾讯财经，2015-11-27.
[3] 纪雪洪，吴敬敬.分时租赁在国内的兴起与发展[J].汽车与配件，2018(24)：46-47.

1. 探索期（2010—2014 年）

2010 年，我国首个商业化运营的汽车共享业务出现——杭州"车纷享"（EVnet）。它首批有 100 辆共享汽车上线运营，基于"分享—纷享"的理念，致力于打造开放式分时租赁的商业平台，为解决城市出行难、停车难问题，抑制私家车过度增长以及新能源汽车推广提供新的解决方案。"车纷享"建立了会员制，采用分时租车和其自主研发的汽车共享系统，运营模式在当时令人耳目一新。然而，当时分时租赁的概念还未被大众所接受，再加上本身模式的重资产运营属性，到 2013 年，杭州也只有 130 辆运营车辆。

2013 年，随着"互联网＋"的快速发展，国内出现了多家开展分时租赁运营的企业。杭州出现了"微公交"项目。2014 年年底，"微公交"在杭州达到了 5 000 辆车辆的运营规模。但"微公交"的模式因为在政策支持上受到一些质疑，后期发展乏力。

其后，上海国际汽车城借鉴巴黎市 Autolib 项目的做法，开启了分时租赁项目 EVCARD。到 2014 年年底，EVCARD 在上海嘉定区有近 50 个网点，投入运营车辆 350 辆左右。这一阶段，绿狗租车也是规模较大的分时租赁品牌，到 2014 年年底，绿狗在北京布局了 50 个租赁点，投放 1 500 辆纯电动车。

分时租赁主要萌发于推广新能源汽车的需求，是新能源汽车在车辆性能无法满足消费者期望时，采取的一种新的推广商业模式。在这一阶段，从规模来看，运营企业数量为个位数，车辆数量不足万辆。其发展模式较为单一、缺乏创新，以模仿国外企业为主。在运营上，车辆性能、科学运营、系统管理和客户服务等诸多方面很不成熟，整体处于摸索阶段。

2. 快速发展期（2015—　）

2015 年前后，分时租赁进入快速发展阶段。其中有两股重要的推动力量，一是新能源汽车产业链的发展推动车企以及相关方加快分时租赁模式探索，二是互联网创业的热潮让很多人认为分时租赁是网约车之后的下一个重要市场风口。因此，各类企业纷纷入局，主要包括整车企业、互联网创业公司、传统租车公司和汽车产业链相关企业等。

面对滴滴等企业的迅猛发展，整车厂纷纷宣布从车辆制造商向用户出行服务商转变。北汽较早布局分时租赁，除绿狗租车以外，先后发起了北京绿行、北京出行、轻享出行和摩范出行等分时租赁品牌。途歌于 2015 年 8 月成立，是基于移动互联网的汽车共享服务商，提供城市内的即时、短程出行服务。盼达用车由力帆集团控股，于 2015 年 11 月在重庆上线，采取换电模式，已进入重庆、成都等 7 个城市，投放车辆过万辆。2016 年年初，EVCARD 与上汽的 e 享天开合并，成立环球车享公司，很快成为车辆规模最大的分时租赁公司，到 2018 年 5 月，已经有 3 万辆电动汽车投入运营。即行 Car2Go 是国际知名豪车制造商戴姆勒旗下的汽车共享项目，主要采用奔驰 Smart 组成单程、自由流动式汽车即时共享体系。2016 年 4 月，即行 Car2Go 正式落户重庆，2016 年 10 月，重庆跻身全球十大即行 Car2Go 城市之一。此外，吉利在 2016 年推出了的蓝租车，长安在 2017 年 5 月推出长安出行，一汽、东风和长安于 2018 年宣布组建 T3 出行公司，联手进入共享出行市场。

很多带有互联网基因的创业者看好新能源及共享出行市场,也纷纷进入分时租赁领域。2017年8月,滴滴租车上线"分分租",在上海、武汉、成都三地试运营。在此前后,还出现了零派乐享、巴歌出行、京鱼出行、联程共享、Ponycar和大道用车等众多创业型公司,市场的需求也带动一些技术服务商如微租车、宝驾和飞驰镁物等公司的快速发展。

感受到分时租赁发展带来的冲击,传统汽车租赁企业开始启动业务的转型。宜租集团于2015年成立壹壹租车,在北京和浙江乌镇两地运营,车辆为700辆左右。GoFun出行于2016年2月在北京上线,在首汽集团背后强大资源的支持下,在全国一二线城市和旅游城市布局,到2018年年中,投入车辆超过3万辆,开通城市50余座。神州租车于2018年3月推出神州iCAR,神州希望将现有租车业务的大量闲置车辆投入到分时租赁板块,实现运营区域的高密度覆盖以及行业里的超低价,在北上广深等一线城市运营。

2017年主要分时租赁平台的覆盖率和活跃度如图1-5所示。

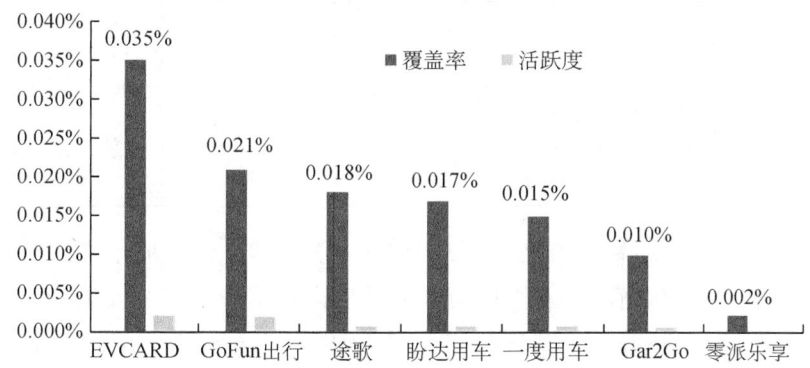

图1-5　2017年主要分时租赁平台的覆盖率和活跃度①

到2018年,我国分时租赁主要平台及企业如表1-1所示。

表1-1　分时租赁主要平台及企业②

背景分类	平台名称	背景单位	布局城市	运营规模
主机厂	GoFun出行	首汽集团	覆盖北京、上海等50余座城市	月度活跃用户近百万
	EVCARD	上汽集团	进驻北京、上海等60座城市	注册用户近200万
	盼达用车	力帆控股	重庆、杭州、成都、济源、绵阳、郑州、广州	投放车辆1.7万辆,用户数近250万

---

① TalkingData移动数据研究中心,《共享出行行业报告》,2017年3月.
② 来自中国电动汽车网 https://news.cnev.cn/Info_112925.html.

续 表

背景分类	平台名称	背景单位	布局城市	运营规模
科技互联网公司	PonyCar	—	深圳、北京、广州、西安	投放车辆超 3 000 辆
	一步用车	—	河南、安徽两省	投放车辆超 1 000 辆
	e出行平台	联程出行、PonyCar、车仆	深圳	投放车辆超 3 000 辆
大型租车公司	神州租车	神州优车	全国 600 多个网点＋省会城市全覆盖	服务的个人客户近百万，企业客户数千家
大型实业集团	小二租车	海航集团	海口、三亚、陵水等地（海南地区）	投放车辆 1 000 辆，用户近 80 万
示范运营公司	易微享租车	武汉电动汽车示范运营有限公司	武汉	投放 3 000 余辆电动汽车
	车纷享	—	杭州、北京、青岛、常州、宁波	投放 2 000 余辆电动汽车
联合运营	E＋租车	重庆市电力公司、力帆、长安汽车等 7 家单位	重庆	投放车辆超 5 000 辆

我国电动汽车分时租赁的普及，不仅减轻了交通压力，也增加了车辆的使用率，助力了电动汽车的发展，从而减轻环境压力。但是也出现了投入高收益低、车辆布局及服务不到位、风险管理欠缺等不良状况。因此，未来电动汽车分时租赁如何持续发展，还需要政、产、学、研各界进一步的研究和实践探索。

第 2 章
电动汽车分时租赁需求理论

第 1 章的研究文献从汽车共享对车辆所有权、行驶里程、能源消耗、停车场需求、温室气体排放的影响的角度对汽车共享与电动汽车分时租赁进行了综述性研究,大部分研究是基于对用户的调查而进行陈述性偏好分析(stated preference),没有对共享产生的原因和机理进行分析。

本章从电动汽车分时租赁在现代城市交通体系中的定位、经济利益和社会利益、共享需求模型等角度,研究汽车所有者和汽车租赁者之间共享需求产生的机理、汽车共享平台如何进一步降低交易成本等问题,从而让我们深入理解电动汽车分时租赁产生的原因和机理。

2.1 电动汽车分时租赁的交通定位

在"共享单车"波澜之后,电动汽车分时租赁更是成为社会各界关注的焦点,在此情况下,交通运输部会同住房和城乡建设部发布了《关于促进汽车租赁业健康发展的指导意见(征求意见稿)》,并向社会公开征求意见。如何认识和应对电动汽车分时租赁给城市交通服务供给体系带来的新变化,不是强调"互联网+服务""消费者权益"和"公交优先"等理念那么简单,而是涉及城市交通发展战略、供给侧改革和公共治理等深层次问题。由于我国城市的高密度特征,城市道路交通容量受限,城市不可能满足不受节制的小汽车交通需求,城市交通的核心问题是"难以节制个体交通需求与居住环境之间的矛盾"。因此,电动汽车分时租赁需要放到整个城市交通发展战略中加以考虑。

对于电动汽车分时租赁在城市道路交通体系中的定位问题,如下观点具有代表性:

(1) 电动汽车分时租赁主要还是属于私人交通性质。尽管由于电动汽车分时租赁车辆处于停泊状态的时间相比私家车要短,从停车资源的使用效率角度来看,具有优化资源使用效率的潜力,可以认为电动汽车分时租赁是城市不可或缺的交通服务模式,但同时必须注意到,从城市公共时空资源使用角度来看,分时租赁仍然是私人交通性质。也就是说,城市有限的空间资源和环境容量,不可能支撑电动汽车分时租赁的大规模使用。从而,电动汽车分时租赁的总体规模应该限于适度满足居民合理使用需求,而不是充分满足居民方便、随时使用。正是这种电动汽车分时租赁在城市综合交通体系中的定位,决定了它应该接受必要的市场规制。市场规制可能涉及的内容,包括投放的车辆总数、价格底线(不允许违背市场真实价格)、营业网点分布、服务模式(例如是否允许异地还车)等①。

(2) 电动汽车分时租赁介于传统公共交通和私人交通之间,其去私家车性质有助于城市交通转型。一般来说,构建以人为本的高效城市交通体系,其出行方式的排序,首先是地铁等大容量轨道交通,其次是公交、自行车出行,然后是有一定公共性的小汽车出行如出租车、网约车和共享汽车等,私家车出行应该排在最后的位置②。

从特性上来看,电动汽车分时租赁是汽车租赁模式在城市中心地区的运用,类似于共享单车,具有短时租赁、即借即还的特点。同时,分时租赁是自驾,是提供车对人的工具性服务,满足了城市中人们对机动车出行的多样化需求,在时空限定的情况下,共享汽车往往具有比出租车和网约车更大的便利性。电动汽车分时租赁的共享交通性质,有助于促进城市交通的转型。除了公交优先战略之外,很重要的是发展三种类型的共享交通,即定制公交或辅助公交等共享巴士、共享单车及共享小汽车。电动汽车分时租赁,可以给有特殊需要的需求者提供不求所有、但求所用的小汽车出行机会,在一定程度上减缓购买和使用私家车人口的高速增长。《关于促进汽车租赁业健康发展的指导意见(征求意见稿)》的出台,很大程度上是要明确汽车分时租赁在城市综合交通体系中的定位,助推中国城市交通体系可持续发展。

(3) 电动汽车分时租赁可以助力城市交通有序发展,但需要加强安全管理和规范化发展。电动汽车分时租赁是传统汽车租赁服务在模式、技术、管理上的创新,为城市出行提供了新的选择,在一定程度上可以减少个人购车意愿、降低城市私人小汽车保有量。但与公共汽车、地铁等大容量公共交通出行方式相比,电动汽车分时租赁仍然是一种非集约化的出行方式。因此,要科学确定分时租赁在城市交通出行体系中的定位,统筹考虑城市经济社会发展水平、道路交通、停车资源等实际情况,使其与公共汽车、地铁、出租汽车、共享单车等协调发展,共同满足多样化出行需求。

《关于促进汽车租赁业健康发展的指导意见(征求意见稿)》提出,落实汽车租赁身份查验制度,对身份不明或者拒绝身份查验的承租人,不应提供汽车租赁服务。由于经营者对租赁车辆的管控能力较弱,实名制租车有利于预防和降低车辆诈骗风险。同时,汽车租赁经营者掌握了承租人电话、信用卡、出行线路等个人信息,以及城市交通、地理位置等敏感信息,一旦发生泄露,将可能对国家安全和公民合法权益造成损害。意见稿还提出,分时租赁经营者应当遵守国家网络和信息安全有关规定,完善网络安全防范措

---

① 微文:对城市交通服务供给侧改革的思考之二:在城市交通战略背景下看"分时租赁",原创:杨东援,许青.悠闲老头看交通,2017-06-04.
② 诸大建.汽车分时租赁助推城市交通转型[N].光明日报,2017-06-08.

施,依法合规采集、存储、使用和保护个人信息,不得超越提供汽车租赁服务所必需的范围。这些规范性的要求,有利于汽车分时租赁的健康发展。总体而言,由于电动汽车分时租赁的发展刚刚起步,尚处于"婴儿"状态,可以从共享单车的发展中得到启示,前瞻性提出正面清单和负面清单相结合的管理措施,引导行业发展进入良性循环,真正达到助推中国城市交通体系战略转型的目的[①]。

2.2 电动汽车分时租赁产生机理

2.2.1 共享出行的经济利益

共享经济的核心是:供给方可以通过共享的模式将闲置和不充分利用的资源加以充分利用,提升物品或服务的使用效率,需求方可以较低的成本获得物品或服务的使用权,这既可以提升单个消费者的福利,也可以提高整个社会的福利水平。共享经济的本质在于降低交易成本,使原来不可交易的资源进入可交易的范围[②]。

以 Airbnb 和 Uber 为代表的行业模式在全球范围内的推广,标志着共享经济的诞生。共享经济借助于移动互联网技术、第三方支付、大数据、云计算等现代技术,将物品或服务的供给方和需求方互相联通,需求方从供给方暂时性地获得物品的使用权,需求方使用物品或服务完成之后,支付一定的租金,将所有权返还给供给方。共享经济成功的关键在于如何实现物品或服务的最优匹配,使交易量增长到实现零边际成本的规模,这需要从技术和制度方面解决。共享经济涉及三大主体,即商品或服务的需求方、供给方和共享经济平台。共享经济平台作为连接供需双方的纽带,通过移动 LBS 应用、动态算法与定价、双方互评体系等一系列机制的建立,使得供给方与需求方通过共享经济平台进行交易。对于供给方来说,通过在特定时间内让渡物品的使用权或提供服务,来获得一定的金钱回报;对需求方而言,不直接拥有物品的所有权,而是通过租、借等共享的方式使用物品。

人口规模的急剧增长、科学技术的飞速发展、城市化进程的快速推进,共同促进了共享出行的发展,使用户在不必拥有汽车、单车等交通工具所有权的情况下,通过互联网技术获得对交通工具短暂的使用权,以此最优化自身的出行方式。共享出行主要有分时租赁、实时打车、共享单车等模式。随着居民的消费升级以及消费品质的提升,消费者在选择是否持有车辆方面更加理性,在车辆使用方式上需要有更多的选择。互联网技术给出行方式赋予了新的模式和意义,优化了消费者的出行选择方案。

相比一般的公共交通(比如公交车和城市地铁),共享出行具有独特优势:共享出行

---

① 李红霞.汽车分时租赁助力城市交通有序发展[EB/OL].央视网,2017-06-06.
② 卢现祥.共享经济:交易成本最小化、制度变革与制度供给[J].社会科学战线,2016(9):51-61.

的通达性更强，基本可以帮助客户实现点到点的出行；共享出行的等待时间更短，可以更灵活地控制安排时间；相较于公共交通，共享出行的夜间优势尤为明显。电动汽车分时租赁是共享出行中的一种模式。根据《关于促进小微型客车租赁健康发展的指导意见》，分时租赁是指以分钟或小时等为计价单位，利用移动互联网、全球定位等信息技术构建网络服务平台，为用户提供自助式车辆预订、车辆取还、费用结算为主要方式的小微型客车租赁服务，是传统小微型客车租赁在服务模式、技术、管理上的创新，改善了用户体验，为城市出行提供了一种新的选择，有助于减少个人购车意愿，一定程度上缓解城市私人小汽车保有量快速增长趋势以及对道路和停车资源的占用，可降低私人使用电动汽车成本，弥补公共交通服务的空白区域，降低私人机动车保有量，减少空气污染，提高居民的节能环保意识，促进城市的可持续发展。

2.2.2　共享出行的社会利益

由于能源安全问题凸显，能源对外依存度尤其是石油对外依存度逐年升高，以及环境保护压力越来越大，国家大力推动以电动汽车为主的新能源汽车产业的发展。根据国家发改委能源研究所提供的数据，我国能源对外依存度由 2005 年的 6% 上升到 2015 年的 16.3%。其中，原油的对外依存度最高，由 2005 年的 39.5% 上升到 2015 年的 60.69%。能源尤其是原油对外依存度的快速上升导致能源安全问题凸显，机动车的使用消耗大量汽油。因此，必须减少燃油机动车的使用，大力发展新能源汽车。根据生态环境部《中国机动车环境管理年报 2016》，2010—2015 年全国 CO、HC、NO_x、PM 四项污染物排放总量由 3 587.6 万吨增加到 3 960.2 万吨，年均增长 2%。机动车污染物的排放总量居高不下，并且快速上升，环境保护的压力促使国家大力发展电动汽车，推动城市交通中电动汽车的推广应用。

但是，由于电动汽车存在着续航里程不足、充电基础设施不完善、价格昂贵等方面的问题，使得电动汽车难以获得消费者的普遍认可和实现大规模的推广。在电动汽车发展初期，各国政府都是通过政府补贴等财税政策和道路优先、牌照等非财税政策以引导消费者接受并购买电动汽车。

在上述背景下，为了应对当前电动汽车推广使用方面的困境和解决城市道路交通污染排放等问题，我国开始进行电动汽车分时租赁的探索和实践。一方面，分时租赁为电动汽车推广提供了一个有效的、极佳的应用领域；另一方面，电动汽车分时租赁也成为汽车共享出行方式新模式的一种探索。在国外分时租赁案例的启发下，我国的整车企业、互联网创业公司、传统租车公司和汽车产业链相关企业都纷纷建立共享平台，布局电动汽车分时租赁市场。过去几年，电动汽车分时租赁在我国经历的产生和发展，是有其合理性和必然性的。下文将运用需求理论来进一步解释电动汽车分时租赁产生的机理和原因。

2.3 电动汽车分时租赁需求模型

目前有大量文献对汽车共享的模式、汽车共享车辆所有权、汽车行驶里程、使用阶段能源消耗、停车场需求以及公共政策等进行研究,涉及用户需求的也只是基于对用户的调查研究和进行陈述性偏好分析,没有对其产生原因进行理论性分析。也就是说,从用户需求角度对汽车共享机理进行深入研究的文献还缺乏。本节试图分别建立无汽车共享平台和有汽车共享平台的需求模型,分析汽车所有者和汽车租赁者之间共享需求产生的机理、汽车共享平台如何降低交易成本,以及政府政策如何促进汽车共享平台的建立等问题。

在未出现共享出行方式时,居民选择出行主要有公共交通和私家车等方式,在时间较为紧急的情况下,乘坐公共交通的居民会选择乘坐出租车。在出现共享出行方式之后,居民的出行方式更加多元化,可以通过共享平台约出租车,可以通过分时租赁自驾等。通过私家车和出租车出行,虽然通达性较好,等待时间短,但是交通费用较高,私家车还需要一定的购买成本。乘坐公共交通,虽然交通费用比较低,但是等待时间较长,而且交通路线是固定的,不能实现点到点的出行,通达性不强,夜间便利性弱。

但是,拥有汽车的居民不是经常使用汽车的,其汽车有一定的闲置时间,而不拥有汽车的居民的出行需求得不到完全保障。这样,在拥有汽车和不拥有汽车的居民之间就会出现出行需求进行匹配的可能,拥有汽车的居民将汽车的闲置时间租给不拥有汽车的居民,拥有汽车的居民获得一定的租金,抵消一部分持有汽车的成本,而不拥有汽车的居民支付租金,自身的出行需求得到满足。拥有汽车和不拥有汽车的居民之间的需求匹配,可以通过自身解决,如在私人之间的拼车现象,也可以通过互联网技术下的共享平台解决。虽然这些共享出行方式能够解决一部分出行需求,但是,还不是能够完全解决用户之间或通过平台进行的需求匹配所产生的交易费用问题。电动汽车分时租赁在一定程度上能够解决交易费用的问题。

2.3.1 无共享平台时的需求模型

假设在没有共享平台的情况下,也会出现汽车所有者将汽车闲置时间租赁出去,或者汽车所有者和不拥有汽车的消费者之间进行拼车的情况。为了进行有效分析,做出如下假设:

(1)每一个消费者有一标准单位的时间可以分配到汽车使用的活动中,或者说将消费者使用汽车的时间标准化为单位1。

(2)汽车只有一期的使用寿命,即汽车报废以后不再使用。

(3)消费者决定分配比例为 $x(x \in [0,1])$ 的时间到汽车使用的活动中,这意味着汽车有比例为$(1-x)$的时间是闲置的,汽车所有者有权决定是否将其出租出去。

（4）使用汽车的边际效用递减,这符合一般商品使用的边际效用递减规律。

（5）汽车使用给消费者带来的收益为$b(x)=2\alpha x$,其中$\alpha\in(0,1)$,α代表消费者对该汽车使用的估价。

（6）汽车使用会产生一定的机会成本,机会成本为$c(x)=x^2$,$c(x)$是时间机会成本,随着花费在汽车使用上的时间而增长,而不是与某人时间的最佳替代使用有关。

1. 用户消费决策和市场需求

在给定x的情况下,汽车使用给消费者带来的效用函数为

$$u(x)=b(x)-c(x)=2\alpha x-x^2 \tag{2-1}$$

于是,对于消费者来说,其使用汽车的最优时间为$x^*=\alpha$,汽车使用给消费者带来的间接效用为$v(\alpha)=u(x^*)=\alpha^2$。

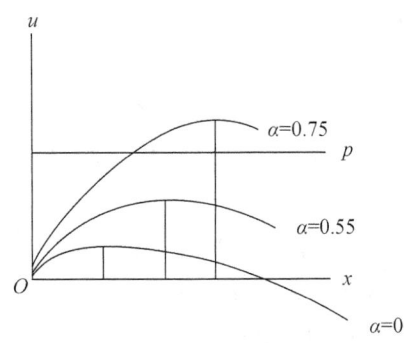

图 2-1 消费者汽车使用最优决策

假设汽车的购买价格为p,当$\alpha^2>p$时,即效用大于成本时,消费者将会购买该汽车。图 2-1 说明了在不同消费者对汽车估值的取值为α的情况下,其效用函数图像为不同的抛物线,由于间接效用函数为α^2,其最优使用曲线为$y=x^2$,间接效用α^2大于汽车价格p的消费者会选择购买汽车,间接效用α^2低于汽车价格p的消费者不会购买汽车。拥有汽车的消费者有$1-x^*$的时间不会使用汽车,这一部分自身未使用汽车的时间可以选择将该汽车出租出去,而且可以获得租金。

假设有两种类型的消费者α_H和α_L,由于时间成本或时间价值等因素,α_H为汽车高估值消费者,高估值消费者的比例为θ,α_L为汽车低估值消费者,低估值消费者的比例为$1-\theta$,且$\alpha_H>\alpha_L$。为了使得一部分消费者拥有商品,一部分消费者不拥有商品,假设商品价格p介于α_H^2和α_L^2之间,即$\alpha_H^2>p>\alpha_L^2$。

汽车的市场需求函数为

$$D(p)=\begin{cases}0, & p>\alpha_H^2 \\ \theta, & \alpha_H^2\geqslant p>\alpha_L^2 \\ 1, & p\leqslant\alpha_L^2\end{cases} \tag{2-2}$$

2. 未考虑市场成本时的一般均衡模型

通过一定的技术,可以使得高估值消费者将汽车闲置的时间租给低估值消费者,或者在上班的途中和低估值消费者进行拼车(即共享),先在不产生交易成本的理想情况下进行分析(实际上,高估值消费者和低估值消费者进行拼车,必须在他们路线一致的

情况下才可能实现,实际情况中是有交易成本的)。假设高估值消费者的汽车使用时间为 α_H,$1-\alpha_H$ 是其汽车闲置时间(因为在最优使用点处,$x^*=\alpha$),低估值消费者的汽车使用时间需求为 α_L。

假定汽车市场租金率为 r,汽车所有者面临的使用最优化问题为

$$\arg\max_x 2\alpha_H x - x^2 - p + (1-x)r \tag{2-3}$$

其中,$(1-x)r$ 为汽车租金收入。

汽车租赁者面临的最优化问题为

$$\arg\max_x 2\alpha_L x - x^2 - xr \tag{2-4}$$

其中,xr 为汽车租赁者的租金成本。

当 $2\alpha_L > r$ 时,最优化问题有内部解,汽车出租者和租赁者选择的使用量为

$$x^*(\alpha_i) = \alpha_i - r/2 \tag{2-5}$$

其中,α_i,$i \in \{H, L\}$ 是各自的使用参数值。

短期汽车租赁市场均衡由 r 和租赁数量决定,当短期汽车租赁市场均衡时,下式成立:

$$\theta(1 - x_H(r)) = (1-\theta)x_L(r) \tag{2-6}$$

其中,$x_H(r)$ 和 $x_L(r)$ 分别为汽车所有者和非所有者的使用量,θ 是高估值消费者的比例。

市场出清时的租金率为

$$r = 2[(1-\theta)\alpha_L - \theta(1-\alpha_H)] \tag{2-7}$$

均衡时租金率的含义如下:均衡时租金率与低估估值消费者自身拥有时的消费量 $(1-\theta)\alpha_L$ 正相关,与高估值消费者在短期汽车租赁市场留着不用的消费量 $\theta(1-\alpha_H)$ 负相关。式(2-7)说明了:租金率随着两种类型消费者的估值的增加而增加,随着高估值消费者的上升而下降,即 $\frac{\partial r}{\partial \theta} < 0 \left(\frac{\partial r}{\partial \theta} = \alpha_H - 1 - \alpha_L < 0 \right)$。

汽车出行交换的数量为

$$Q = \theta(1-\theta)[1 - (\alpha_H - \alpha_L)] \tag{2-8}$$

当 $\theta = 1/2$ 时,即高估值和低估值消费者同样多时,汽车出行交换的数量最多。汽车出行交换的数量随着低估值消费者估值的增加而增加(高估值促使低估值消费者需求更多的汽车出行机会),随着高估值消费者估值的增加而下降(高估值促使高估值消费者向市场供给更多的汽车出行机会)。短期汽车租赁市场的市场出清如图2-2所示。

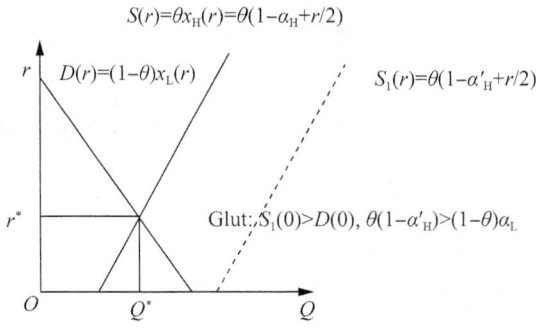

图 2-2　短期汽车租赁市场的市场出清

3. 汽车租赁市场的社会剩余问题

高估值消费者的消费量从 $x_H = \alpha_H$ 变化到 $x_H = \alpha_H - r/2$；低估值消费者的消费量从 $x_L = 0$ 变化到 $x_L = \alpha_L - r/2$。高估值消费者由于消费量减少导致的效用损失量为

$$\Delta v_H = [2\alpha_H(\alpha_H - r/2) - (\alpha_H - r/2)^2] - [\alpha_H^2] = -\frac{r^2}{4} \quad (2-9)$$

从式(2-9)中可以看出：当租金率 r 越大时，高估值消费者就越倾向于少消费，效用损失量就越大。

低估值消费者由于消费量增加导致的效用增加量为

$$\Delta v_L = \alpha_L^2 - \frac{r^2}{4} \quad (2-10)$$

忽略两种类型消费者之间进行转移的租金收入之后，整体社会剩余的变化量为

$$\Delta V = \theta \Delta v_H + (1-\theta)\Delta v_L = (1-\theta)\alpha_L^2 - r^2/4 \quad (2-11)$$

整个社会剩余为

$$V = \theta\alpha_H^2 + (1-\theta)\alpha_L^2 - r^2/4 = \theta\alpha_H^2 + (1-\theta)\alpha_L^2 - [(1-\theta)\alpha_L - \theta(1-\alpha_H)]^2 \quad (2-12)$$

4. 考虑市场成本时的均衡模型

假设 BTM(bring to market) 成本与投放到市场的数量成比例，且对于所有消费者是一样的。假设单位成本是 γ，汽车所有者的租金收益率为 $r-\gamma$，因此，$x_H(r) = \alpha_H - (r-\gamma)/2$。BTM 成本提高了租金率，降低了交易容量。有 BTM 成本的市场出清结果为

$$\theta\{1 - [\alpha_H - (r-\gamma)/2]\} = (1-\theta)(\alpha_L - r/2) \quad (2-13)$$

市场出清时的租金率为无 BTM 成本时的租金率加上单位交易成本与市场供给方

规模的乘积,即

$$r_{\mathrm{BTM}} = r_{\gamma=0} + \gamma\theta \tag{2-14}$$

汽车出行交换的数量为

$$Q_{\mathrm{BTM}} = Q_{\gamma=0} - \frac{1}{2}\gamma\theta(1-\theta) \tag{2-15}$$

其中,$Q_{\gamma=0}$ 是无 BTM 成本时的均衡数量。

2.3.2 有共享平台时的需求模型

当引入共享平台时,共享平台利用互联网技术,让有租车需求和提供租车服务的消费者能够实时匹配交易,节省交易成本,有利于消费者福利的增加,促进整个社会交易成本的减少。假设 p 代表消费者单次租车服务所支付的租金,租金一般由第三方平台设定,且随着需求的变化而实时变化。共享平台对于每次交易收取比例为 γ 的佣金 $(0 \leqslant \gamma \leqslant 1)$,汽车所有者所能得到的租金收入为 $(1-\gamma)p$。当汽车所有者决定在共享平台上出租其汽车时,其能成功匹配到汽车租赁者的概率为 α。当汽车租赁者决定在共享平台上租赁汽车时,其能成功租到汽车的概率为 β。汽车所有者购买汽车需支付固定成本 c,当汽车被租出后,产生的汽车磨损成本为 ω。汽车租赁者租赁汽车时,由于驾驶的不是自身拥有的汽车,会产生不便利成本 d。不失一般性,假设 $c,d,p,\omega \in [0,1]$,且假设 $(1-\gamma)p \geqslant \omega$。

不同的消费者在汽车使用过程中所获得的效用是异质的,与其使用水平 ξ 有关。汽车使用是外生给定的,不受协同消费的影响。消费者是拥有汽车、租用汽车以及拥有汽车后汽车使用程度均影响其效用。使用水平为 ξ 的消费者的效用记为 $u(\xi)$,$u(\xi)$ 为关于汽车使用水平 ξ 的递增凹函数。不失一般性,我们将使用水平 ξ 标准化至 $[0,1]$,$\xi=0$ 代表没有使用汽车,$\xi=1$ 代表自身完全使用汽车,$\xi \in (0,1)$ 代表 ξ 比例时间是自身使用,$(1-\xi)$ 比例的时间租给他人使用。令 $F(\xi)$ 代表总体中使用水平 ξ 的分布函数,$f(\xi)$ 代表其密度函数。

使用水平为 ξ 的汽车所有者的收益函数为

$$\pi_{\mathrm{o}}(\xi) = u(\xi) + (1-\xi)\alpha[(1-\gamma)p - \omega] - c \tag{2-16}$$

汽车租赁者的收益函数为

$$\pi_{\mathrm{r}}(\xi) = u(\xi\beta) - (p+d)\xi\beta \tag{2-17}$$

当 $\pi_{\mathrm{o}}(\xi) \geqslant 0$ 时,汽车所有者愿意参加协同消费,当 $\pi_{\mathrm{o}}(\xi) \geqslant \pi_{\mathrm{r}}(\xi)$ 时,汽车使用水平为 ξ 的消费者才愿意成为汽车所有者而不是汽车租赁者;与之类似,当 $\pi_{\mathrm{r}}(\xi) \geqslant 0$ 时,汽车租赁者愿意参加协同消费,当 $\pi_{\mathrm{r}}(\xi) \geqslant \pi_{\mathrm{o}}(\xi)$ 时,汽车使用水平为 ξ 的消费者才愿意

成为汽车租赁者而不是汽车所有者。因此,当存在 $\theta \in (0,1)$,使得 $\pi_o(\theta) = \pi_r(\theta)$ 时[其前提条件是: $\pi_o(\xi) - \pi_r(\xi)$ 关于 θ 单调递增,且 $u(\theta) \geqslant (p+d)\theta$],协同消费才会发生。$\theta$ 将消费者分割成汽车所有者和汽车租赁者两种类型,汽车使用水平 $\xi \geqslant \theta$ 的是汽车所有者,汽车使用水平 $\xi < \theta$ 的是汽车租赁者。令 $\omega = 1 - \theta$,则 ω 代表了消费者中汽车所有者的比例。

令 $D(\theta)$ 代表汽车租赁者的总需求,$S(\theta)$ 代表汽车所有者的总供给,于是

$$D(\theta) = \int_{[0,\theta)} \xi f(\xi) d\xi, \quad S(\theta) = \int_{[\theta,1)} (1-\xi) f(\xi) d\xi \tag{2-18}$$

汽车租赁者的需求和汽车所有者的供给要能相互匹配,即

$$\alpha S(\theta) = \beta D(\theta) \tag{2-19}$$

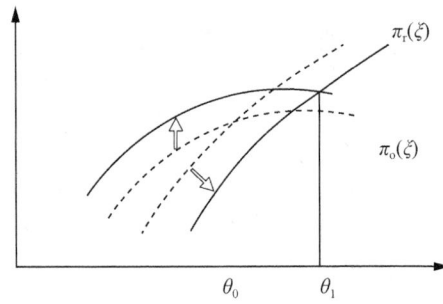

图 2-3 引入共享平台对参与汽车共享的消费者所占比例的影响

通过共享平台,能够增加汽车所有者能够成功搜寻到汽车租赁者的概率 α,以及汽车租赁者能够成功租到汽车的概率 β。当 α 增大时,$\pi_o(\xi)$ 的曲线上升;当 β 增大时,$\pi_r(\xi)$ 的曲线下降,这样会使得均衡时 θ 的值增大,如图 2-3 所示。θ 取值增大,意味着更多的消费者参与协同消费,即参与汽车共享的消费者所占比例增加,而拥有汽车的消费者所占比例 $(1-\theta)$ 下降。

这说明,汽车共享平台的引入,能够使得汽车所有者的比例下降,越来越多的消费者愿意参与汽车共享,更多的消费者参与汽车共享活动中,将增加汽车使用的频率,在汽车出行总次数既定的情况下,减少道路上的汽车总量,对缓解交通拥堵问题有一定的作用。同时,由于国家政策的影响,用于汽车共享的一般为以电动汽车为主,电动汽车在消费侧几乎不产生大气污染,且道路上汽车总量的减少对大气污染的减少也有一定的影响。因此,电动汽车分时租赁不仅能够带动共享经济的发展,缓解交通拥堵问题,同时还能促进大气污染的减少,促进城市绿色发展体系的建立,有利于城市的可持续发展。

当共享平台是私人资本或社会资本投资成立时,共享平台以收益最大化为经营目标,以收益最大化为目标的私人共享平台的效益最大化问题为

$$\max_{p,\gamma} v_r(p) = \gamma p \alpha S(\theta) \tag{2-20}$$

为简化计算,假设效用函数为线性形式: $u(\xi) = \xi$,且 ξ 服从 $[0,1]$ 区间上的均匀分布。于是,$v_r(p) = -\frac{1}{2}\theta(1-\theta)\gamma p\alpha$,当 $\theta \in (0, 1/2)$ 时,$v_r(p)$ 随着 θ 的增加而增加。

当共享平台是政府投资成立或政府参股成立时,共享平台以社会福利最大化为主要目标,以社会福利最大化为目标的共享平台的社会福利最大化问题为

$$\max_{p,\gamma} v_s(p) = \int_{[\theta,1]} [u(\xi) + (1-\xi)\alpha(1-\gamma)p - (1-\xi)\alpha\omega - c]f(\xi)\mathrm{d}\xi + \int_{[0,\theta]} [u(\xi\beta) - \mathrm{d}\xi\beta]f(\xi)\mathrm{d}\xi \quad (2\text{-}21)$$

仍假设效用函数为线性形式,且 ξ 服从 $[0,1]$ 区间上的均匀分布,于是

$$v_s(p) = \frac{1}{2}(1-\theta^2) + \frac{1}{2}\theta(1-\theta)\alpha[(1-\gamma)p - \omega] - c(1-\theta) + \frac{1}{2}(1-\mathrm{d})\beta\theta^2 \quad (2\text{-}22)$$

而 $\dfrac{\partial v_s}{\partial \theta} = c - \theta + \left(\dfrac{1}{2} - \theta\right)\alpha[(1-\gamma)p - \omega] + (1-\mathrm{d})\beta\theta \geqslant 0$

因此,随着参与汽车共享的消费者比例 θ 的增加,整个社会福利有所增加。汽车共享平台应该由政府投资成立或政府参股成立,但在发展初期,可以由民营企业带动整个汽车共享市场的发展。

2.3.3 研究结论与启示

在未出现汽车共享平台之前,对于拥有汽车的消费者来说,其汽车存在大量闲置时间,而同时,许多不拥有汽车的消费者的大量出行需求却得不到满足。于是,在拥有汽车的消费者和不拥有汽车的消费者之间,就存在匹配汽车租赁交易的需求,拥有汽车的消费者会将所拥有汽车的一部分闲置时间出租给不拥有汽车的消费者,以获得租金,此时会产生共享的均衡,且会产生一定的社会剩余。但是,在没有汽车共享平台的情况下,汽车所有者难以搜寻到有汽车租赁需求的消费者。引入汽车共享平台之后,汽车所有者容易搜寻到有汽车租赁需求的消费者,汽车租赁者也容易搜寻到与自身要求相符的汽车出租者,降低了交易成本。不仅如此,汽车共享平台的引入,还能够使得汽车所有者的比例下降,更多的消费者愿意参与汽车共享活动中,增加每辆汽车使用的频率,对缓解交通拥堵问题有一定的作用,同时还能促进大气污染的减少,促进城市绿色发展体系的建立,有利于城市的可持续发展。

基于模型分析结论,可以给出相关政策启示:①政府应合理确定汽车共享平台在城市交通体系中的发展定位,将汽车共享平台置于交通体系中进行统一规划,并建立与公众出行需求相符、与城市交通结构和道路资源相适应的汽车共享体系;②在政府补贴等财税政策上向电动汽车共享平台倾斜,鼓励新能源汽车尤其是电动汽车参与汽车共享,对参与汽车共享的电动汽车进行补贴,同时,对用于电动汽车共享服务的充电设施建设和运营也应给予补贴,以促进城市绿色和共享体系的建立,有利于城市的可持续发展。

第 3 章
电动汽车分时租赁市场接受度

作为一种新的交通出行方式，电动汽车分时租赁能以多快的速度进入市场以及能在多大程度上渗透到交通出行领域，取决于用户对这种新的出行方式的了解和接受程度。

本章在对电动汽车分时租赁消费者和市场接受度的概念、市场接受度的影响因素进行理论分析基础上，采用问卷调查方式，对当前电动汽车分时租赁市场接受度进行评价，识别出关键影响因素。一方面，从市场接受度视角帮助我们对当前的电动汽车分时租赁现状有个清晰的认识；另一方面，为后文的用户需求分析、会员选择以及用户流程设计奠定理论基础。

3.1 市场接受度影响因素分析

3.1.1 消费者划分及市场接受度

1. 消费者划分

电动汽车分时租赁需准确识别潜在消费者，从而实现持续稳定收益。目前来看，我国电动汽车分时租赁潜在消费者大致可分为三类：第一，城市上班族，主要是北京、上海等大城市具有传统汽车消费能力但又不能获得牌照的群体；第二，大学生，主要是有了驾照但是没有私家车，同时有极大的短途出行需求（如实习、结伴出游等）的群体；第三，大城市间规模和路线相对固定的流动人员，如商务差旅人士和旅游群体等。

根据消费者划分，进一步分析电动汽车分时租赁发展趋势。

（1）在政府的支持补贴和消费者的用车便捷性需求的推动下，电动汽车分时租赁模式将迅速发展。以小型电动汽车为主的汽车共享、分时租赁在欧洲已流行多年，在中国政府对电动汽车的大力补贴政策推动下，充电桩布局更加完善后，既无法律后顾之忧又能充分满足消费者便捷性需求的电动汽车租赁模式必会蓬勃发展。

（2）将会有更多专为汽车共享而制造的汽车投入共享服务。专为共享服务而制造的较低造价的汽车是有市场需求的，随着汽车共享市场的不断扩大，为共享而生的电动汽车也将不断增多。

(3) 汽车共享市场集中度将会变大,不具规模的小企业将被淘汰。无论哪一种汽车共享模式,核心都是必须拥有足够的可用车源,能够满足消费者多样化、随机性出行需求,而且要不断地获取更多客户,并使他们保持忠诚度。汽车共享本质上就是更便捷的汽车租赁,因此行业整合将是汽车共享企业的必由之路。

2. 市场接受度的概念

市场接受度是指消费者市场对一项产品的接纳程度。企业提供一项或多项产品或者服务,而市场对其提供产品或服务的反馈就是市场接受度。根据市场营销学的基本知识,市场的主体就是消费者,故市场接受度的研究,本质上就是研究消费者对一项产品或服务的反馈,在弄清楚消费者满意与否之后,还要深挖消费者的具体需求,以及消费者对产品或服务现有的状况有何不满意之处,以便企业做出决策,改良自身所提供的产品或者服务。

由此可见,市场接受度的研究对于新兴产品尤为关键。如果一项产品或服务的市场接受度非常低,那么,也就说明目前的消费者市场并不需要此类产品或服务,企业应对其做出调整,否则将面临亏损。在一项新产品上市和进行推广的过程中,势必存在着诸多因素影响其市场接受度。有三种主要的影响因素:一是提供产品或服务的企业本身,包括其产品或服务的概况、自身宣传手段、企业知名度等;二是消费者本身,包括消费者的人口统计变量(年龄、婚姻状况、受教育程度等)、对新事物的接受程度、价值感知等;三是社会环境,包括政府政策支持、社会客观条件等。

3. 市场接受度的现状

因为兼有公共交通的便利性与私人出行的灵活性,而且其价格相对低廉,相比于其他出行方式,电动汽车分时租赁对用户有一定的吸引力,获得了一定的市场认可。以上海 EVCARD 不同车型为例,分析电动汽车分时租赁的收费情况:荣威与奇瑞两种车型的收费标准为 0.6 元/分钟,另外每个订单附加 1～3 元不等的服务费,单车单日封顶租金为 219 元;芝诺车型的收费标准为 1.1 元/分钟,附加服务费规则与上述两种车型相同,单车单日封顶租金为 399 元。单日封顶租金与传统租车相比可能并不占优势,但考虑到分时租赁的出行目的大多是短途出行,很少有到租金封顶的情况,因而总体上比传统租车有明显价格优势。更由于其灵活性,在诸如上班、办事、逛街等短途出行上,电动汽车分时租赁可能成为都市居民的首要选择,尤其对于那些年轻、热爱新事物、有着迫切的短途出行需要的用户而言,更是如此。

然而,在低廉的价格、灵活的出行优势以及较好的政策支持背景下,目前电动汽车分时租赁模式并没有获得预期的市场接受度。市场接受度过低,也是导致目前分时租赁运营不具有经济持续性的重要原因。相关数据显示,对于分时租赁平台而言,一辆车每天必须要租出去 4 次,每次时长要 45 分钟以上,才有可能盈利。然而,EVCARD 目前的使用率甚至达不到标准使用率的 50%。根据深圳联程共享运营数据测算,单车每天需要运行 4 小时以上,才有可能实现盈亏平衡,但是目前国内大部分电动汽车分时租赁车辆运营时间每天只有 2～3 小时,还存在盈亏平衡缺口。

分析电动汽车分时租赁目前市场接受度不高的原因,主要有以下几点。

(1) 尽管价格便宜,但车和网点太少、异地还车困难。电动汽车因其本身的固有特性及对电力设施的依赖,导致了其不可能真正做到如共享单车一般自由地"随借随停"。在增大充电网点密度的同时,如何减轻车辆本身对网点的依赖,就成了电动汽车分时租赁平台首先需要解决的问题。有业内专家认为,网点密度需达到每 250 米至 300 米一个,才能达到"随借随停"便利性的要求。从目前来看,国内电动汽车分时租赁的网点密度与需求标准还存在很大差距,其灵活性和便利性并没有发挥出来,这是影响其市场接受度的重要原因。

(2) 诸多问题导致电动汽车分时租赁用户体验不佳。主要问题有:高峰期找不到停车位,打客服电话却常常无人接听,因此造成的时间损失和相应费用都要客户自己买单;车辆行驶过程中,开始显示续航里程足够的车辆也会突然出现电池电量不足而导致抛锚的情况,再加上后续与客服沟通困难的原因,用户体验受到影响;在遇到客户违章时,平台对客户通知的及时程度与手续的办理均不能使用户满意,甚至有用户反映,在其违章数天甚至数月后才接到违章的短信通知;在处理如爆胎、车灯损坏等事故时,存在责任划分不清问题,用户却需要承担偏高的赔偿金。此外,由于目前大部分分时租赁运营企业都采用重资产运营模式,所有运营车辆均为企业自有,相比"以租代购"的运营模式,需要承担更大的固定成本开支。同时,分时租赁车辆由于使用人次多,使用者对车辆的爱护不够、使用者驾驶技术参差不齐,带来更高的维修、维护和保养方面的成本。高昂的运营成本,导致无法实现收支平衡,企业在资金方面出现困难时,必然会将精力更多地分散在其他方面,诸如争取政府补贴、寻求融资机会等,在服务能力和服务质量上就更无法保证。一方面,害怕失去客户而不敢背离宣传初衷实施服务加价;另一方面,因成本问题使得服务水平下降,陷入恶性循环。运营企业在追求用户良好体验与实现收支平衡目标中顾此失彼,经营陷入困局。

(3) 电动汽车分时租赁的宣传还不到位,民众对这种模式还存在很多疑虑。据调查,大部分民众对电动汽车分时租赁这种出行模式都存在着诸多担忧和怀疑,如对电动汽车不太了解,担心电动汽车的安全性和可靠性,担心网点不够会浪费更多时间,押金退还问题导致的租赁押金风险等。对这些用户疑虑的问题,需要制定有针对性的营销宣传手段,让更多的人去了解分时租赁以打消其疑虑,从而提高市场接受度。

3.1.2 一级影响因素

市场接受度影响因素可大致分为三类:一是提供产品或服务的企业本身,包括其产品或服务的概况、自身宣传手段、企业知名度等;二是消费者本身,包括消费者的人口统计变量(年龄、婚姻状况、受教育程度等)、对新事物的接受程度、价值感知等;三是社会环境,包括政府政策支持、社会客观条件等。结合现有研究文献,可以进一步梳理出电动汽车分时租赁市场接受度的一级影响因素。

1. 分时租赁使用体验

分时租赁使用体验是指分时租赁所使用的产品本身是否有着良好的技术性能以及分时租赁的模式能否得到消费者的认同。咸文文[1]通过案例分析等方式对分时租赁模式进行研究后发现,电动汽车分时租赁系统设计的合理性与完善性是保证电动汽车分时租赁高效运营的前提和基础。Peng-Sheng You 等人[2]的研究表明,租车公司所提供的电动汽车的驾驶体验与取车还车的网点分布是被调查的消费者首先需要考虑的因素。

2. 消费行为与消费特点

消费行为与消费特点指的是消费者的人口统计特征(包括性别、年龄、受教育程度、婚姻状况等)与其个性特征(包括是否追求新鲜感、环保意识是否强烈、是否重视便捷等)。Kramer 等人[3]在调查中发现,被调查者中 40 岁左右、受过高等教育的男性对电动汽车共享接受度较高,绝大多数人在体验过电动汽车共享后都表示愿意在今后继续使用这样一种出行模式。张长令[4]在完善电动汽车分时租赁模式的研究报告中指出,电动汽车分时租赁的潜在消费者应对分时租赁服务有着迫切需求,具有较大规模且数量相对固定,有能力支付分时租赁开支。Himmel 和 Zaunbrecher[5]在实地调查"移动代理"这款应用程序在电动汽车分时租赁项目中的使用体验时,将被调查群体选定为对新科技感兴趣的大学生,因为他们具有对便宜、便捷且环保的出行方式的需求。Kim 等人[6]在对韩国首尔的 533 名调查者(男性占比为 86.9%,20 岁到 30 岁之间的被调查者占比为 77.9%)进行调查研究后发现,被调查者的社会地位和经济状况会极大程度地影响其使用电动汽车共享的意愿。Kopp 等人[7]通过对位于德国慕尼黑和柏林的电动汽车分时租赁共享俱乐部"Drivenow"的会员以及从未使用过该种出行模式的人群进行研究后发现,经常使用电动汽车分时租赁作为出行方式的人受教育程度和收入都要显著地高于从不使用该种出行模式的人群,同时他们的出行意图大部分都是短途和商务出行。

---

[1] 咸文文.电动汽车分时租赁运营模式研究[D].北京:北方工业大学,2016.
[2] Peng-Sheng You, Yi-Chih Hsieh. A study on the vehicle size and transfer policy for car rental problems[J]. Transportation Research Part E, 2014(64): 110-121.
[3] Steffi Kramer, Christian Hoffmann, Tobias Kuttler. Electric Car Sharing as an Integrated Part of Public Transport: Customers' Needs and Experience[J]. Evolutionary Paths Towards the Mobility Patterns of the Future, 2013(9): 101-112.
[4] 张长令.完善电动汽车分时租赁模式[J].中国发展观察,2014(11):67.
[5] Simon Himmel, Barbara S. Zaunbrecher, Martina Ziefle. Chances for Urban Electromobility[J]. Design, User Experience, and Usability: Novel User Experiences, 2016(DUXU): 472-484.
[6] Daejin Kim, Joonho Ko, Yujin Park. Factors affecting electric vehicle sharing program participants' attitudes about car ownership and program participation[J]. Transportation Research Part D: Transport and Environment, 2015(05): 96-106.
[7] Johanna Kopp, Regine Gerike, Kay W. Axhausen. Do sharing people behave differently? An empirical evaluation of the distinctive mobility patterns of free-floating car-sharing members[J]. Transportation, 2015 (05): 449-469.

3. 出行成本与出行环境

出行成本与出行环境是指配套设施是否完善、使用成本是否可以承受、企业宣传是否到位等。Leurent 和 Windisch[1] 在分析世界各国的电动汽车相关的公共政策研究中指出，政府对能源短缺和环境污染的宣传有助于促进其居民选择新能源汽车作为出行方式。Calef 和 Goble[2] 在对法国和美国加利福尼亚州推行电动汽车的研究中得出结论，在加利福尼亚州采用立法支持和对整车厂的技术性要求后，新能源汽车产业有了长足发展，居民更倾向于采用电动汽车出行。李强[3] 在工业和信息化部的一次"新能源汽车分时租赁启动会"上指出，政府政策支持将会助推位于首都的新能源车企对分时租赁出行模式投入更多资源，并对现有模式进行创新。Coninx 和 Claes[4] 通过期望法和分散控制研究得出，充电设施网络的构建是决定充电多少以及充电时间的重要因素，而良好的预期能够极大地节省用户在充电上所耗费的时间。Herrmann 等人[5] 通过对分时租赁中智能分配系统的调查得知，96 名被调查者中 95% 的人都不希望等候时间超过 30 分钟，也就是说如果充电设备效率不高，他们将不会选择电动汽车分时租赁作为出行模式，转而选择其他出行模式。荣萍[6] 在对 2016 浦江创新论坛的报道中指出，上海国际汽车城在推广电动汽车时，正好处于电动汽车的国际示范区环境下，在分时租赁创新模式中，上海国际汽车城是示范的有力推手。徐和清[7] 在对基于汽车租赁消费的感知价值对消费者选择租赁行为的激励机制研究中提出，目前使用分时租赁的低廉的价格是吸引消费者的最主要因素之一，也是目前扩大其市场的绝佳方式。

4. 消费者利益与风险感知

消费者利益与风险感知是指消费者所能感知到的利益与其在获取产品或服务时所付出的成本进行权衡后对产品或服务效用的总体评价，包括风险感知与利益感知。在风险感知方面，Georg Brandstätter 等人[8] 在对电动汽车分时租赁系统进行优化的过程

---

[1] Fabien Leurent, Elisabeth Windisch. Triggering the development of electric mobility: a review of public policies [J]. European Transport Research Review, 2011(12): 221-235.

[2] David Calef, Robert Goble. The allure of technology: How France and California promoted electric and hybrid vehicles to reduce urban air pollution[J]. Policy Sciences, 2007(3): 1-34.

[3] 李强.互联网＋分时租赁,造就绿色出行[J].互联网经济,2015(06):16-19.

[4] Kristof Coninx, Rutger Claes, Stijn Vandael, et al. Anticipatory Coordination of Electric Vehicle Allocation to Fast Charging Infrastructure[J]. Advances in Practical Applications of Heterogeneous Multi-Agent Systems, 2014(18): 74-85.

[5] Sascha Herrmann, Frederik Schulte, Stefan Voß. Increasing Acceptance of Free-Floating Car Sharing Systems Using Smart Relocation Strategies: A Survey Based Study of car2go Hamburg[C]. González-Ramírez R.G.: International Conference on Computational Logistics, 2014.

[6] 宋萍.智慧园区出行首推分时租赁:EVCARD 从张江示范区走向全国高新区[J].中国高新区,2016(18):59-61.

[7] 徐和清.感知价值对消费者选择租赁行为的激励机制研究——基于汽车租赁消费的调查分析[J].消费经济,2012(01):48-52+64.

[8] Georg Brandstätter, Claudio Gambella, Markus Leitner, et al. Overview of Optimization Problems in Electric Car-Sharing System Design and Management[J]. Dynamic Modeling and Econometrics in Economics and Finance, 2016(22): 441-471.

中指出,消费者目前对电动汽车的不了解导致了不信任,不信任则导致消费者对每天经过不同消费者使用多次的电动车的安全性能持怀疑态度。对于电动汽车,消费者缺乏相应的产品知识,因此会感知到风险。消费者感知到的风险越大,其电动汽车市场接受度就越小。在利益感知方面,陈逸君[①]认为分时租赁目前低廉的价格最能够吸引消费者,而如果其价格优势丧失,消费者则不会倾向于使用这款产品。

3.1.3　二级影响因素及指标体系

在一级影响因素确立的基础上,进而分析电动汽车分时租赁的二级影响因素,从而构建指标体系。

1. 电动汽车分时租赁车辆产品技术性能等因素

电动汽车与传统汽车相比,驾驶体验有一定的优势,比如起步加速时间较短、自动挡易于操控、安全性较高、噪声小等,但是其续航里程短、动力性不足等制约着它的大规模推广;同时,分时租赁系统的合理性是影响电动汽车分时租赁的重要因素,这将直接影响到消费者的使用体验。如果网点足够密集、分布足够合理且预约、使用与还车足够便利,消费者将会切身体会到分时租赁的灵活与便利。

2. 消费者的消费心理与消费行为特点

首先,考虑到电动汽车分时租赁模式所提供的产品皆为纯电动汽车,则使用该种出行模式会减少大气污染物的排放这一特性,都市人群中喜欢使用环保产品的人势必会对此种出行模式更加青睐,因此消费者的消费动机与需求会对分时租赁的接受度产生影响;其次,分时租赁是最近几年内流行于上海等城市的出行模式,而年轻人大都喜欢尝试新鲜事物并标榜自身与众不同,这一类人群总体上对采用电动汽车出行的态度是十分积极的,也欢迎电动汽车分时租赁作为一种介于私家车出行与公共交通出行的有机结合体,渐渐地融入城市居民的出行结构之中,因此消费者的消费结构的改变也会对分时租赁的接受度产生影响;再次,消费者的消费个性也会影响到电动汽车分时租赁的市场接受度,都市年轻人倾向于使用打破陈规、大胆创新的出行模式,在满足自身的出行需求的同时,也能获得消费所带来的满足感,而分时租赁目前还是一项新型产品,各项法律法规并不完善,因此在消费个性为追求平稳的消费者群体中,分时租赁的推广将会受到阻碍。

3. 电动汽车分时租赁的出行成本与出行环境也是必不可少的外部因素

充电设施是否完备、停车点布局是否合理等是都市居民十分看重的。诸多停车点在高峰时期无车可用,在非高峰期却无处可停,导致了消费者反映使用体验较差;目前分时租赁的主要使用群体较为年轻,其经济实力不是十分雄厚,比较热衷于共享经济,对价格比较敏感;就目前的客观环境而言,诸如相关宣传是否到位、政策的支持力度是

---

① 陈逸君.电动汽车分时租赁,何时叫好又叫座[N].解放日报,2016-01-05(004).

否足够等也会对大众对电动汽车分时租赁模式的接受度产生影响。

4. 电动汽车分时租赁的感知价值同样影响着电动汽车分时租赁的市场份额

在风险感知方面,鉴于电动汽车分时租赁是一种新的出行模式,目前我国还没有立法确定这是属于公共交通还是私人交通,消费者可能对这种模式还不是十分熟悉,同时有些消费者对电动汽车存在着种种担忧;在利益感知方面,消费者在使用环保经济的车型出行后可能会感觉良好,或者可以象征着他们时尚、新潮的消费观念,也满足了他们猎奇、时尚的消费心理。

因此,基于上述分析,可将电动汽车分时租赁市场接受度的影响因素归纳为:分时租赁使用体验、消费行为与消费特点、出行成本与出行环境和消费者利益与风险感知,并且假设这四大因素均对电动汽车的接受度有显著影响。同时在一级因素下设二级因素,根据其所属关系,构建指标体系如表 3-1 所示。

表 3-1 电动汽车分时租赁市场接受度指标体系

分时租赁使用体验	消费行为与消费特点	出行成本与出行环境	消费者利益与风险感知
电动汽车驾驶体验	消费动机与需求	配套设施	感知风险
分时租赁模式合理性	消费结构的改变	价格与时间成本	感知价值
	消费个性	客观应用环境	

3.2 市场接受度调查:研究方法概述

3.2.1 数据采集方法

通过设计调查问卷,让受访者填写问卷以获得所调查对象的信息,是市场调查中运用较为普遍的方法。本研究将采用问卷法,通过对数据进行信度检验、各题项均值与标准差描述性检验以及多重共线性的检验,验证以上理论研究出的影响因素的合理性,并对其分析,从而得出结论。

问卷填写的方法如下:在一级影响因素下设若干问题,采用李克特量表,并由被调查者进行打分评级。根据被调查者的打分评级,最后借助数据分析工具量化影响因子,最终达到研究目的。

本研究以 EVCARD 为研究对象,设计调查问卷,进行数据采集和分析。共发放 200 份问卷,收集有效问卷 184 份,有效率为 92%。基于已有的消费者购买意愿理论以及前文的文献综述,问卷被划分为四个部分。第一部分为人口统计变量,包括被调查者的性别、年龄、学历等。第二部分为被调查者的出行意愿,包括日均出行里程、期望的续航里程、私家车拥有情况等。第三部分为设计的影响因素变量指标。问卷内的问题囊括了前文所述的所有指标。每一个题目都用李克特量表进行测量,1 代表完全不同意,

5代表完全同意。第四部分为消费者对电动汽车分时租赁模式的使用意愿的调查。具体问卷见本书附录1。

在总结初期发放问卷时的经验后发现，对于完全不了解电动汽车分时租赁这种出行模式的人来说，问卷无法填写；即使填写，得到的数据也无法通过信度检验。根据调查目的，在EVCARD停车点附近向使用者发放问卷，被调查者绝大部分是将要驾驶EVCARD出行或刚刚还车的人，包括驾驶者身边的同行者。很多大学生和企业员工都选择找到一个EVCARD的会员，在下班或者出游时与其拼车。然而，在调查中发现，很多同行者以及驾驶员已经有了EVCARD的会员卡，但是他们不愿意使用或仅仅是偶尔使用，这样，被调查者涵盖了经常使用者和那些对这种出行方式有所了解却有所顾虑的人群，以保证填写问卷者所填写的数据更能够反映他们实际的想法，同时也使得调查数据更为真实可信。

在得到问卷所有结果后，对问卷进行可靠性分析，以确保问卷所得数据结果真实有效且有研究价值。由于此前所有的问题都采用李克特量表来测量，因此采用 Cronbach's α 系数来衡量量表的信度。如果信度分析通过，接下来将会对所得数据进行分析以便评估。目前比较流行的统计学软件有 SPSS(AMOS)、SAS、Stata、Excel、R(R Studio)和 Origin 等。SAS、Stata 和 Origin 主要是数据图形化展示软件，而 Excel 和 R(R Studio)的统计学基础功能并不完善。

考虑到需要计算得出已知数据的均值、标准差，并将对已知数据进行卡方检验；同时，为了减少分析过程不必要的计算量，也减弱各题项之间的多重共线性，将原有变量综合成少数几个因子，运用主成分分析法求出各个题项对不同因子的因子载荷大小，以便对因子进行命名，从而替代原有变量参与回归建模；最后，将会采用多元线性分析，得出各个二级因子与因变量之间的结构方程模型。因为多元线性回归的计算十分复杂，并且需要对多元线性回归的结果进行误差修正，因此借助计算机软件，以便更为准确地量化二级影响因子的影响能力。综合研究目的和可实施性，SPSS 21.0 是比较适合本研究方法的数据分析软件，其基本功能包括数据管理、统计分析、图表分析、输出管理等。其统计分析过程包括描述性统计、均值比较、一般线性模型、相关分析、回归分析、对数线性模型、聚类分析、数据简化、生存分析、时间序列分析、多重响应等几大类。

3.2.2 数据分析方法

1. 卡方检验

卡方检验是一种用途很广的计数资料的假设检验方法。它属于非参数检验的范畴，主要是比较两个及两个以上样本率以及两个分类变量的关联性分析。其根本思想在于比较理论频数和实际频数的吻合程度或拟合优度问题。它在分类资料统计推断中的应用包括：两个率或两个构成比比较的卡方检验、多个率或多个构成比比较的卡方检验以及分类资料的相关分析等。本研究采用的就是多个率或多个构成比比较的卡方检验。

卡方检验的目的就是统计样本的实际观测值与理论推断值之间的偏离程度,实际观测值与理论推断值之间的偏离程度就决定卡方值的大小。卡方值越大,越不符合;卡方值越小,偏差越小,越趋于符合;若两个值完全相等时,卡方值就为0,表明理论值完全符合。

对于离散型随机变量来说,首先提出原假设 H_0:观察频数与期望频数的差别,其总体 X 的分布律为 $P\{X=x_i\}=p_i, i=1,2,\cdots$;接下来,将总体 X 的取值范围分成 k 个互不相交的小区间 $A_1, A_2, A_3, \cdots, A_k$,如可取 $A_1=(a_0, a_1], A_2=(a_1, a_2], \cdots, A_k=(a_{k-1}, a_k], \cdots$;然后,把落入第 i 个小区间的 A_i 的样本值的个数记作 f_i,成为组频数(真实值),所有组频数之和 $f_1+f_2+\cdots+f_k$ 等于样本容量 N;接下来,当原假设 H_0 为真时,根据所假设的总体理论分布,可算出总体 X 的值落入第 i 个小区间 A_i 的概率 p_i,于是,np_i 就是落入第 i 个小区间 A_i 的样本值的理论频数(理论值);最后,若原假设 H_0 为真,n 次试验中样本值落入第 i 个小区间 A_i 的频率 f_i/n 与概率 p_i 应很接近,若原假设 H_0 不真时,则 f_i/n 与 p_i 相差很大。基于这种思想,皮尔逊引进如下检验统计量:

$$\chi^2 = \Sigma(f_i - np_i)/np_i \quad (i=1, 2, \cdots, k) \tag{3-1}$$

在原假设 H_0 成立的情况下,χ^2 服从自由度为 $k-1$ 的卡方分布。

由公式(3-1)可知,当观察频数与期望频数完全一致时,χ^2 值为0;观察频数与期望频数越接近,二者之间的差异越小,χ^2 值越小;反之,观察频数与期望频数差别越大,二者之间的差异越大,χ^2 值越大。换言之,大的 χ^2 值表明观察频数远离期望频数,即表明远离假设。小的 χ^2 值表明观察频数接近期望频数,接近假设。因此,χ^2 是观察频数与期望频数之间距离的一种度量指标,也是假设成立与否的度量指标。如果 χ^2 值小,研究者就倾向于不拒绝 H_0;如果 χ^2 值大,就倾向于拒绝 H_0。至于 χ^2 在每个具体研究中究竟要大到什么程度才能拒绝 H_0,则要借助于卡方分布求出所对应的 p 值来确定。

2. 描述性统计变量

选择李克特量表的各题项的平均数与标准差来作为描述性统计变量,以初步对各题项进行描述性统计。

平均数是表示一组数据集中趋势的量数,是指在一组数据中所有数据之和再除以这组数据的个数。它是反映数据集中趋势的一项指标。本研究计算的是李克特量表的加权平均数,即将各数值乘以相应的权数,然后加总求和得到总体值,再除以总的单位数。权数是一个相对的概念,是针对某一指标而言。某一指标的权重是指该指标在整体评价中的相对重要程度。权重表示在评价过程中,是被评价对象的不同侧面的重要程度的定量分配,对各评价因子在总体评价中的作用进行区别对待。事实上,没有重点的评价就不算是客观的评价。因此,根据不同的权重计算而得的李克特量表的加权平均数,能够初步反映被调查者对各题项的满意程度。

标准差在概率统计中最常使用作为统计分布程度上的测量。标准差定义是总体各单位标准值与其平均数离差平方的算术平均数的平方根。它反映组内个体间的离散程度。标准差是反映一组数据离散程度最常用的一种量化形式，是表示精确度的重要指标。在统计学中样本的标准差的自由度为 $n-1$，其中 n 为样本总体。仅仅用加权平均数无法反映总体样本的离散程度，因此引入标准差，如果标准差越大，则说明被调查者对该题项的意见的离散程度就越大，即有两极分化的趋势；如果标准差越小，则说明被调查者对该题项的意见的离散程度就越小，即被调查者关于此题项的意见趋于统一。

3. 因子分析

主成分分析法的基本思想为：在实证问题研究中，为了全面、系统地分析问题，必须考虑众多影响因素。这些涉及的因素一般称为指标，在多元统计分析中也称为变量。因为每个变量都在不同程度上反映了所研究问题的某些信息，并且指标之间彼此有一定的相关性，因而所得的统计数据反映的信息在一定程度上有重叠。在用统计方法研究多变量问题时，变量太多会增加计算量和增加分析问题的复杂性，人们希望在进行定量分析的过程中，涉及的变量较少，得到的信息量较多。主成分分析正是适应这一要求而产生的，是解决这类问题的理想工具。

由于本书附录 1 问卷中有 31 个问题，导致逐一代入结构方程做线性回归所需工作量较大，并且各题项之间可能存在多重共线性的问题，导致线性回归后的标准化回归系数无法真实地反映各题项对因变量影响能力的大小。因此，将用少数几个因子替代原有变量参与回归建模，并以这些因子来描述诸多指标或因素之间的联系，从而大大减少分析过程的计算工作量，减弱原来变量之间的多重共线性，为后面回归模型的准确性奠定基础。

主成分分析也称主分量分析，旨在利用降维的思想，把多指标转化为少数几个综合指标。在统计学中，主成分分析是一种简化数据集的技术，它是一个线性变换。这个变换把数据变换到一个新的坐标系中，使得任何数据投影的第一大方差在第一个坐标（称为第一主成分）上，第二大方差在第二个坐标（第二主成分）上，依次类推。主成分分析经常用减少数据集的维数，同时保持数据集的对方差贡献最大的特征。这是通过保留低阶主成分，忽略高阶主成分做到的。这样，低阶成分往往能够保留住数据的最重要的方面。

采用主成分分析法，以求出各题项在各个二级因子中的因子载荷。由于本研究实现通过理论研究选定了因子数量，因此可以借助求出因子载荷完成对因子的命名，也可以在后期分析具有显著性的因子时，根据因子载荷大小进行排序，以获得该二级因子下设题项对该二级因子的影响能力大小。

4. 线性回归

回归分析是对客观事物数量依存关系的分析，是数理统计中的一个常用的方法，是处理多个变量之间相互关系的一种数学方法。所谓线性回归模型就是指因变量和自变量之间的关系是直线型的。通过上一部分的因子分析,本研究提取出了10个二级因子,这10个二级因子全部作为自变量,并会对因变量(市场接受度)施加影响。在一个因变量和几个自变量有依存关系的情况下,几个影响因素主次难以区分,通过线性回归所计算出的标准化回归系数,可以很好地体现不同的自变量对因变量的影响能力。在回归分析中,具有显著性的自变量对因变量有很大影响,值得深入分析。

多元线性回归的模型为

$$Y = a_0 + a_1 X_1 + a_2 X_2 + \cdots + a_k X_k + \cdots + e \tag{3-2}$$

在公式(3-2)中,a_1,a_2,$\cdots$ 为回归系数,即:a_1 为当 X_2,X_3,$\cdots$,X_k 固定时,X_1 每增加一个单位对 Y 的效应,即 X_1 对 Y 的偏回归系数。e 为标准误差。在 SPSS 软件中进行多元线性回归时,软件可以对标准误差进行修正,并得出标准化的回归系数。标准化的回归系数则能够更好地反应自变量对因变量的影响能力大小。因此,本研究采用标准化的回归系数来构建结构方程模型,以研究各观察指标与潜在变量之间的关系以及各潜在变量与电动汽车分时租赁使用意愿之间的关系,并最终对影响因子的影响能力大小进行排序。

3.3 市场接受度调查:数据采集与分析

3.3.1 样本描述统计分析

1. 人口统计特征

表 3-2 列出了被调查者人口统计特征变量。在被调查者中,男性比例为 73.9%,远高于女性比例。而年龄段方面,被调查者以中青年为主,集中在 18~30 岁,占到样本总数的 95.7%。这一年龄段的人群比较年轻,对新事物的接受能力比较强,并且他们的短途出行需求较高,是电动汽车分时租赁出行模式的主要使用人群。在学历方面,由于调查地点主要选择在高校以及企业园区内,因此绝大部分被调查者的学历水平偏高,这类人群对新技术也十分感兴趣;同时,这一部分人接受了更多的教育,对事情有自己的看法和观点,因此他们在样本中占较大的比例同样会对研究的结果增添说服力。而在职业方面,以大学生和职员为主。在私家车拥有情况方面,由于被调查者以大学生以及刚工作的职员为主,调查数据显示 79.3% 的被调查者都没有私家车。

表 3-2 样本人口统计变量描述性统计

样本特征		比例
性别	男	73.9%
	女	26.1%

续 表

样本特征		比例
年龄段	18~25 岁	79.8%
	26~30 岁	15.8%
	31~40 岁	2.2%
	41~50 岁	2.2%
学历	高中	1.1%
	大专	2.2%
	本科	65.2%
	研究生	28.3%
	博士生	2.7%
	博士后	0.5%
职业	普通职员	23.9%
	公司管理人员	4.3%
	学生(实习生)	31.0%
	学生	40.8%
有无私家车	有	20.7%
	无	79.3%

2. 消费者对电动汽车分时租赁的接受度

表 3-3 所示的是被调查者关于电动汽车分时租赁的市场接受度。在调查中发现，有 63.0% 的被调查者是愿意使用电动汽车分时租赁作为其出行模式的。但是被调查者更倾向于偶尔使用电动汽车分时租赁，真正愿意将其作为自己固定的一种出行模式并经常使用的被调查者仅占 13.6%。由此可见，电动汽车分时租赁的市场接受度并不算高，真正愿意频繁使用其作为出行模式的人群比例在被调查者中比较低。

表 3-3　电动汽车分时租赁市场接受度

因变量	选项		数量	百分比
是否愿意使用电动汽车分时租赁出行	不愿意		68	37.0%
	愿意	仅会偶尔使用	91	49.4%
		经常使用	25	13.6%
有效数量			184	100.0%

为进一步了解消费者对电动汽车的接受度在人口统计变量上的差异，采用交叉列联表和卡方检验来分析人口统计变量与消费者接受度之间的相关性。皮尔森卡方检验

适用于非连续性变量的差异分析,其虚无假设为:一个样本中已发生事件(类别变量)的次数分布会跟从某个理论分布,总体方差代表其离散程度。这里采用交叉列联表来检验两个事件的独立性。假设显著水平 α 为 5%,如果所计算出的概率 p 值 <0.05,或 χ^2 大于其在 0.95 的分位数,则应该拒绝虚无假设,也就是说,两个变量不独立,存在相关性。详细数据如表 3-4 所示。

表 3-4 人口统计变量与市场接受度交叉列联表

样本特征		电动汽车分时租赁市场接受度(人)			合计(人)
		不愿意使用	偶尔使用	经常使用	184
性别	男	30	83	23	136
	女	38	8	2	48
年龄段	18～25 岁	56	69	22	147
	26～30 岁	11	15	3	29
	31～40 岁	1	3	0	4
	41～50 岁	0	4	0	4
学历	高中	0	0	2	2
	大专	1	1	2	4
	本科	45	65	10	120
	研究生	20	23	9	52
	博士生	2	2	1	5
	博士后	0	0	1	1
职业	普通职员	10	33	1	44
	公司管理人员	6	1	1	8
	学生(实习生)	4	38	15	57
	学生	48	19	8	75
有无私家车	有	25	9	4	38
	无	43	82	21	146

在性别方面,男性当中不愿意使用者占比 22.1%,而女性当中不愿意使用者占比达到了 79.2%。同时,男性中愿意经常使用者占比为 16.9%,而女性中愿意经常使用者仅占比 4.2%。卡方检验结果表明,性别对电动汽车分时租赁的市场接受度有显著影响 $[\chi^2=49.668>\chi^2_{0.95}(2)=5.991, df=2, p=0.000<0.05]$。

在年龄方面,18～25 岁年龄段与 26～30 岁年龄段的被调查者占主要,为 95.7%。在这其中,不愿意使用电动汽车分时租赁的比例分别为 38.1% 和 37.9%。卡方检验结果表明,年龄对电动汽车分时租赁的市场接受度无显著影响[$\chi^2 = 6.022 < \chi^2_{0.95}(6) = 12.592$, $df = 6$, $p = 0.421 > 0.05$]。

在学历方面,本科学历中愿意经常使用者占比仅为8.3%,而在研究生学历中,这一比例提高了1倍多,为17.3%。卡方检验结果表明,学历对电动汽车分时租赁的市场接受度有一定影响[$\chi^2 = 40.992 > \chi^2_{0.95}(10) = 18.307$, $df = 10$, $p = 0.000 < 0.05$]。

在职业方面,在校大学生中64.0%的人都不愿意选择电动汽车分时租赁出行,而在有实习工作的大学生中,这个比例仅仅为7.0%。同时注意到,75.0%的刚上班的职员与66.7%的有实习工作的大学生群体都选择了将电动汽车分时租赁作为偶尔使用的出行方式,仅有26.3%的有实习工作的大学生愿意经常使用,而在刚上班的员工中,这个比例跌到了2.3%。最后,75.0%的公司管理人员都不愿意使用电动汽车分时租赁模式出行。卡方检验结果表明,职业对电动汽车分时租赁的市场接受度有显著影响[$\chi^2 = 65.883 > \chi^2_{0.95}(6) = 12.592$, $df = 6$, $p = 0.000 < 0.05$]。

在有无私家车方面,有私家车的群体中,65.8%都不会选择电动汽车分时租赁出行,而在无私家车的群体中,这个比例仅为29.5%。绝大部分无私家车的群体都选择了偶尔使用电动汽车分时租赁作为自己的出行模式,占比为56.2%。卡方检验结果表明,私家车拥有情况对电动汽车分时租赁的市场接受度有一定影响[$\chi^2 = 15.535 > \chi^2_{0.95}(2) = 5.991$, $df = 2$, $p = 0.000 < 0.05$]。

通过交叉列联表和卡方检验可以得到如下结论:性别、学历、职业和私家车拥有情况对电动汽车分时租赁市场接受度有影响,而年龄对电动汽车分时租赁市场接受度无显著影响。

在对以上结果分析后,可以得出结论:学历较高(研究生及以上)的男性、刚工作不久或者在实习且目前没有私家车的人群,对电动汽车分时租赁模式接受度普遍较高;而学历为本科的男性、作为在校大学生且目前没有私家车的人群,倾向于偶尔使用电动汽车分时租赁模式出行,频率不会太高;而大部分女性以及目前在30岁以上、学历较高、在企业担任管理人员且有私家车的人群,对电动汽车分时租赁模式的接受度普遍偏低。

3. 消费者的实际出行特征和期望里程

如果分时租赁使用的是纯电动汽车,就会涉及续航里程的问题。目前的技术水平还不足以让电动汽车像传统燃油车一样不受续航里程的困扰。因此,消费者的日均出行里程以及其期望的续航里程同样影响着电动汽车分时租赁模式的市场接受度。根据问卷调查,被调查者的日均出行里程大多集中在40公里以下,其中选择"5公里以下"和"5~20公里"的比例分别为23.4%和26.1%。而选择"20~40公里"的人数占比则为48.4%。仅有2.1%的被调查者的日均出行里程在40公里以上。

然而,被调查者的期望续航里程则多集中在80~150公里。这个区间占比53.9%。同时,22.8%的被调查者对电动汽车的续航里程的期望值在150公里以上。

从续航里程来看，电动汽车目前的里程数足够满足消费者的要求。但是被调查者所表现出的对续航里程的期望远远高于其真正需求。

4. 量表变量的描述性统计

从电动汽车驾驶体验与分时租赁模式合理性来看，消费者普遍认为电动汽车的行驶噪声小，驾驶感觉较为舒适，并且电动汽车没有变速箱，都是自动挡，易于操控；涉及电动汽车的安全性问题以及电动汽车的动力性问题时，两极分化较为严重；在续航里程方面，被调查者也表现出两极分化的趋势；在涉及分时租赁模式本身的时候，消费者明显地表达出了对网点布局以及车辆的投放情况的不满；消费者对客服的处理问题的能力与速度也表达出了一定程度上的不满；而在 App 使用体验方面，一部分消费者表示还车时经常出现已经插入充电桩但是无法还车的问题，造成耽误用户时间还要自己承担额外费用的情况。

从消费者行为与消费特点来看，大部分被调查者在消费动机方面表示出了他们对环保产品的重视，也愿意在生活中优先选择使用环保产品，并且较多的消费者认为，使用环保产品能够让自己感觉良好，不过如果使用环保产品需要付出更多的成本时，消费者对环保产品的使用意愿稍有下跌；而在消费结构改变方面，在自身出行方式选择与他人不同时，更多的消费者还存有一定的疑虑，而关于出行方式是否特立独行，消费者意见并不统一；对比消费个性上来看，被调查者的追求时尚的心理比较均衡，标准差接近于 1，而对新技术的接纳能力更呈现出均衡的趋势，消费者意见较为统一。

从应用环境与成本方面来看，消费者对充电设施存在诸多不满，具体表现在充电设施效率低下，会出现失灵的情况，浪费消费者的时间；关于价格与时间方面的使用成本，绝大多数的被调查者都认为目前分时租赁的价格是十分廉价的，然而，如果分时租赁未来涨价，绝大多数的消费者都不同意自己仍然会选择这种消费方式出行，在涉及违章与事故赔偿和手续办理的时候，大多数消费者都抱怨其时间成本偏高，并且赔偿的金额并不合理；关于其客观应用环境，根据均值与方差分析，相关企业的广告投放效果并不出众，在实地调查中，大部分消费者表示他们是通过同学和朋友介绍才获知这一出行模式，同时也表示很少在市中心人口密集区看到关于 EVCARD 的广告与宣传。

从消费者利益感知与风险感知上来看，大部分人同意使用电动汽车分时租赁可以使其感觉良好；而在风险感知方面，被调查者对充电网点布局不合理、电动汽车的续航里程、电动汽车有抛锚风险以及电动汽车安全性能方面表现出了不同程度上的担忧，具体为安全性能方面的风险感知两极分化较为严重，同时大部分被调查者都担心网点分布不够合理。

31 个题目的描述统计结果如表 3-5 所示，其中包括最小值、最大值、平均值以及标准差。

表 3-5　问题项量表的描述统计（$N=184$）

问题	Min.	Max.	Avg.	Std.
Q1. 电动汽车起步时间短,动力足够强	1	5	2.826	1.565
Q2. 电动汽车没有变速箱(自动挡),易于操控	1	5	3.636	1.472
Q3. 电动汽车安全性能好	1	5	2.870	1.706
Q4. 电动汽车行驶噪声小,驾驶感觉舒适	1	5	3.908	1.394
Q5. 电动汽车续航里程足够长,足够我使用	1	5	2.625	1.615
Q6. 车辆数量分配很合理,我可以随时随地取车还车,而不需要等待太久	1	5	2.375	1.447
Q7. 网点布局合理,取车还车都不用使用其他交通方式即可达到出行目的	1	5	2.293	1.616
Q8. 客服服务态度很好,处理问题十分迅速	1	5	2.380	1.675
Q9. App 的取车和还车的界面都很人性化,步骤并不烦琐费力	1	5	2.772	1.356
Q10. 我总是优先选择环保产品	1	5	3.332	1.502
Q11. 使用环保节能产品能够得到人们的尊重	1	5	3.147	1.333
Q12. 我愿意为环保付出同等或稍多的成本	1	5	2.973	1.538
Q13. 我不喜欢特立独行的出行方式	1	5	2.913	1.600
Q14. 当我的选择与他人不同时,我会有些犹豫	1	5	3.239	1.425
Q15. 我会倾向于选择我周围的人经常使用的出行模式	1	5	3.103	1.381
Q16. 我喜欢追求流行、时尚与新奇的东西	1	5	3.087	1.256
Q17. 我总是比别人更容易接受新技术	1	5	3.016	1.180
Q18. 从预约到刷卡上车再到还车,整个过程易于操作,相关器材极少失灵	1	5	2.315	1.493
Q19. 充电设备很完善,好用并且充电效率很高	1	5	2.446	1.564
Q20. 停车点和取车点的环境、路况等让我满意	1	5	3.076	1.648
Q21. 分时租赁目前的定价是经济划算的	1	5	3.799	1.158
Q22. 如果分时租赁价格提升,我仍然会选择使用这种方式出行	1	5	2.016	1.450
Q23. 预约、办卡等流程手续简单且便宜	1	5	2.636	1.453
Q24. 如果我违章或损坏车辆,赔偿的手续和赔偿的价格都是合理的	1	5	2.065	1.413
Q25. 相关企业的广告宣传让我很动心	1	5	2.571	1.528
Q26. 有关电动汽车分时租赁的政策支持的相关报道让我很动心	1	5	2.451	1.503
Q27. 使用分时租赁可以彰显我的独特品位,让我感觉良好	1	5	3.245	1.493

续表

问题	Min.	Max.	Avg.	Std.
Q28. 电动汽车分时租赁可以彰显我的环保主张	1	5	2.772	1.476
Q29. 我担心电动汽车的安全性能不过关	1	5	2.918	1.623
Q30. 我担心电动汽车续航里程不够，有抛锚风险	1	5	3.114	1.487
Q31. 我担心因充电效率低或网点布局不合理，我每次要浪费大量时间	1	5	3.766	1.397

3.3.2 问卷的信度分析

信度分析是一种度量综合评价体系是否具有一定的稳定性和可靠性的有效分析方法，又称可靠性分析。信度包含三个部分：内在信度、重测信度和复本信度。内在信度是指内部的一致性，使用 Cronbach's α 系数；在本研究中，由于测量量表中的变量用李克特量表来测量，也没有经过重测，因此以 Cronbach's α 系数来衡量量表的信度。一般认为 Cronbach's α 系数越大，表示量表的内部一致性越高，也代表量表测量的数据愈加真实有效。具体到数值上，有着如下规则：α 值大于 0.70，表示量表信度相当高；若 α 值在 0.35~0.70，量表信度尚可；如果低于 0.35，则表示信度低，必须拒绝。本研究中量表信度分析的结果如表 3-6 所示。从信度分析结果可以看出，各分量表的 Cronbach's α 系数位于 0.842~0.965，表明问卷具有较好的信度，亦说明量表的大部分问题能够提供可供分析的结论，为后面的因子分析与线性回归做好了铺垫。

表 3-6 样本量表自变量描述性统计和信度分析

一级因子	二级因子	题项	Cronbach's α 系数
分时租赁试用体验	驾驶体验	Q1, Q2, Q3, Q4, Q5	0.957
	模式合理性	Q6, Q7, Q8, Q9	0.924
消费行为与消费特点	消费动机与需求	Q10, Q11, Q12	0.937
	消费结构改变	Q13, Q14, Q15	0.951
	消费个性	Q16, Q17	0.842
出行环境与出行成本	配套设施	Q18, Q19, Q20	0.930
	价格与时间成本	Q21, Q22, Q23, Q24	0.925
	客观应用环境	Q25, Q26	0.932
消费者利益与风险感知	感知价值	Q27, Q28	0.965
	感知风险	Q29, Q30, Q31	0.964

所谓多重共线性问题,是指自变量(X_n)有共同解释的部分,个别的自变量(X)无法确认对因变量(Y)有多大影响。考虑到本问卷题项共有31项,一一分析并线性回归工作量较大,并且各题项之间的确存在多重共线性问题。因此,研究将用如表3-6所示的少数几个二级因子替代原有的31个问题选项参与回归建模,并以这些因子来描述许多指标或因素之间的联系,从而大大减少分析过程的计算工作量;对题项进行降维也能减弱原来变量之间的多重共线性,为后面回归模型的准确性奠定基础。

3.3.3 问卷的因子分析

所谓因子分析,是指能以少数几个因子来解释一群相互存在关联的变量,使之最能代表原题项,即最多的解释原来题项所包含的信息。实现降维可以通过四种方法:特征值法、碎石图法、理论决定法以及变异的百分比法。特征值大于1的含义是变量能解释的变异超过1时,就表示很重要,可以保留下来;若是小于1,就表示不重要,可以舍弃。而理论决定法则是研究人员根据文献或者理论架构来选取因子,在做因子分析之前,已经知道选取多少个因子。在本研究中,已经确认了所存在的因子,因此选取理论决定法,确定10个二级因子,确认结构成分之后,可使用因子分析进行汇总和降维,最终通过因子旋转,确定因子载荷。

所谓因子载荷,就是其代表着变量和因子之间的关系,高的因子载荷代表着变量影响因子的代表性也较高,通过旋转的方式可以使变量更加明确地坐落在某个因子上。得出因子载荷的目的为:将原有的变量通过因子载荷排序的方式,综合成少数几个因子替代原有变量,并根据因子载荷大小对因子进行命名,从而建立起因子与题项之间的联系,再根据显著性原则选取出有研究价值的因子,进行回归建模。本研究采用SPSS对其进行分析,利用最大方差法旋转因子以获得因子载荷。

不同的样本量,具有显著性的因子载荷数也不同。根据Hair在1998年提出的理论,样本量为200时,因子载荷±0.4以上即有显著性[①]。在SPSS中进行分析时,因子数量确定为10个,问卷中31个题项为变量,通过因子旋转,得出了10个因子以及每一题项对不同因子的因子载荷。这10个因子将会替代原有的31个题项参与回归建模。综上,对因子的命名是有必要的。

因子命名规则如下:对每一个因子而言,通过对各题项的因子载荷绝对值从大到小进行排序,从而得出对该因子影响能力最大的数个题项,再参照表3-6,如果表3-6内某二级因子下设题项的因子载荷均排在前列,则说明该因子能够很好地描述上述选定的二级因子的特征,则据此对该因子进行命名。代表因子载荷的旋转原件矩阵以及命名情况如表3-7所示。

---

① 萧文龙.实战SPSS统计学[M].北京:中国水利水电出版社,2015.

表 3-7 旋转原件矩阵

题项	配套设施	模式合理性	风险感知	驾驶体验	价格与时间成本	消费结构改变	消费个性	利益感知	消费动机与需求	客观应用环境
Q1	0.811	0.522	0.066	0.168	0.067	0.047	0.003	0.009	0.058	0.007
Q2	0.622	0.371	0.266	0.581	0.116	0.001	0.125	0.036	0.074	0.097
Q3	0.574	0.622	0.259	0.328	0.147	0.027	0.252	0.042	0.017	0.007
Q4	0.429	0.327	0.463	0.683	0.022	0.033	0.015	0.005	0.065	0.014
Q5	0.626	0.710	0.089	0.200	0.055	0.087	0.009	0.010	0.082	0.009
Q6	0.397	0.853	0.106	0.254	0.051	0.031	0.114	0.048	0.007	0.063
Q7	0.476	0.824	0.033	0.181	0.101	0.113	0.041	0.001	0.103	0.054
Q8	0.867	0.269	0.244	0.021	0.012	0.075	0.000	0.035	0.312	0.016
Q9	0.608	0.600	0.328	0.256	0.079	0.177	0.114	0.098	0.032	0.011
Q10	0.753	0.341	0.353	0.344	0.117	0.163	0.054	0.008	0.106	0.028
Q11	0.399	0.520	0.599	0.245	0.147	0.269	0.053	0.084	0.010	0.005
Q12	0.881	0.326	0.203	0.182	0.140	0.048	0.031	0.058	0.031	0.000
Q13	0.336	0.567	0.572	0.304	0.215	0.195	0.062	0.066	0.069	0.061
Q14	0.194	0.466	0.706	0.297	0.083	0.337	0.006	0.026	0.041	0.031
Q15	0.377	0.278	0.821	0.177	0.134	0.078	0.061	0.128	0.029	0.036
Q16	0.255	0.251	0.621	0.477	0.436	0.015	0.171	0.084	0.105	0.036
Q17	0.604	0.551	0.331	0.203	0.232	0.047	0.075	0.277	0.058	0.029
Q18	0.517	0.703	0.346	0.074	0.147	0.152	0.069	0.126	0.033	0.132
Q19	0.595	0.748	0.176	0.153	0.048	0.028	0.055	0.025	0.005	0.017
Q20	0.880	0.390	0.080	0.169	0.053	0.003	0.042	0.050	0.056	0.061
Q21	0.545	0.374	0.463	0.501	0.021	0.093	0.026	0.025	0.023	0.250
Q22	0.348	0.617	0.422	0.022	0.535	0.042	0.090	0.002	0.052	0.012
Q23	0.762	0.501	0.178	0.205	0.145	0.190	0.001	0.063	0.018	0.104
Q24	0.382	0.783	0.197	0.106	0.285	0.271	0.029	0.028	0.054	0.025
Q25	0.482	0.677	0.346	0.243	0.275	0.127	0.096	0.000	0.042	0.062
Q26	0.730	0.628	0.187	0.068	0.049	0.053	0.046	0.015	0.012	0.002
Q27	0.760	0.387	0.292	0.358	0.116	0.108	0.019	0.008	0.081	0.038
Q28	0.685	0.453	0.377	0.236	0.223	0.127	0.054	0.173	0.019	0.071
Q29	0.001	0.079	0.967	0.075	0.035	0.115	0.098	0.013	0.043	0.059
Q30	0.014	0.017	0.972	0.098	0.115	0.059	0.063	0.050	0.008	0.006
Q31	0.206	0.070	0.937	0.029	0.094	0.116	0.027	0.118	0.063	0.053

在对因子载荷进行排序后发现,表 3-7 中配套设施、模式合理性、风险感知、驾驶体验以及价格与时间成本中因子载荷最大的题项的载荷数值均大于 0.4。因此,通过因子分析,以上 5 个影响因子对电动汽车分时租赁模式的市场接受度有着显著的影响。在接下来的回归建模中,将着重分析以上 5 个影响因子。

3.3.4　多元线性回归分析

基于以上因子分析的结果,将提取出的因子代替原有题项进行线性回归分析。在回归分析之前,首先应该对重新命名的因子进行多重共线性诊断。在诊断和回归之前,应选取因变量。因变量 Y 有三个水平,分别是:不愿意使用电动汽车分时租赁(设 $Y=0$)、愿意偶尔使用电动汽车分时租赁(设 $Y=1$)和愿意经常使用电动汽车分时租赁(设 $Y=2$)。自变量 X_n 为以上得到的 10 个因子(即 $n=10$)。若多个维度特征值均接近于 0,或者多个维度条件指数大于 10,则可能存在多重共线性。对其进行多重共线性诊断后发现:对所有维度来说,其特征值和条件指数均显示为 1.000(保留 3 位小数)。因此,本研究通过主成分分析以及最大方差法旋转后降维后所得的因子不存在多重共线性问题,可以进行线性回归分析。表 3-8 为结构方程模型参数估计结果。

表 3-8　结构方程模型参数估计结果

模型	非标准化系数		标准化系数	显著性
	B	标准误差	Beta	
常数	0.766	0.016		0.000
配套设施(X_1)	0.293	0.016	0.436	0.000
模式合理性(X_2)	0.295	0.016	0.438	0.000
风险感知(X_3)	−0.431	0.016	−0.641	0.000
驾驶体验(X_4)	0.172	0.016	0.256	0.000
价格与时间成本(X_5)	−0.028	0.016	−0.042	0.074
消费结构改变(X_6)	−0.023	0.016	−0.034	0.145
消费个性(X_7)	−0.079	0.016	−0.118	0.000
利益感知(X_8)	0.017	0.016	0.026	0.277
消费动机与需求(X_9)	−0.110	0.016	−0.163	0.000
社会环境(X_{10})	0.036	0.016	0.054	0.023

Beta 系数,又称回归系数,在对自变量(X_n)与以标准化之后,标准化后的变量不会受到不同尺度衡量的影响,由标准化的自变量(X_n)所计算而得到的回归系数即为 Beta 系数,拥有 Beta 系数越高的自变量(X_n),对因变量(Y)的影响能力也越大。假设显著水平 α 为 5%,如果所计算出的概率 p 值 < 0.05 则说明该因子具有显著性。由表 3-8

可知,线性回归分析的结构方程如下:

$$Y = 0.293X_1 + 0.295X_2 - 0.431X_3 + 0.172X_4 - 0.028X_5 - 0.023X_6 - 0.079X_7 + 0.017X_8 - 0.110X_9 + 0.036X_{10} \tag{3-3}$$

由公式(3-3)得:因子载荷显著的 5 个因子中,配套设施、模式合理性、风险感知以及驾驶体验的 Beta 系数的绝对值排在前 4 位,同时其显著性系数均小于 0.05,说明上述 4 个因子对电动汽车分时租赁模式的市场接受度影响显著。综合线性回归分析和最大方差法旋转而得的因子载荷分析后的结论是:配套设施、模式合理性、风险感知以及驾驶体验这 4 个因子影响能力最大,排序为风险感知＞模式合理性＞配套设施＞驾驶体验。

在上述 4 个因子之中,配套设施、模式合理性以及驾驶体验的 Beta 值为正数,表明它们与电动汽车分时租赁的市场接受度成正相关的关系,即电动汽车分时租赁模式所提供的配套设施越齐全、用户使用体验越良好以及电动汽车的技术性能越优异,表示用户对电动汽车分时租赁模式的接受度会越高。感知风险这一项的 Beta 系数为负数,表示它与电动汽车分时租赁的市场接受度呈负相关的关系,即消费者感知到的风险越大,对电动汽车分时租赁模式的接受度越低。

3.4 研究总结

3.4.1 风险感知

在电动汽车分时租赁的风险感知因子中,三个问题的因子载荷排序为 Q30＞Q29＞Q31,即:消费者对电动汽车续航里程不够最为担忧,其次担忧电动汽车的安全性能不过关,最后对充电网点布局不合理而造成的时间浪费表示担忧。

1) 对电动汽车续航里程的担忧

消费者最担心电动汽车因为续航里程不够而抛锚在路边,这样会给自己带来时间和金钱方面的损失。而事实上,根据本研究中问卷调查结果显示,EVCARD 所提供的电动汽车的续航里程能够满足绝大多数消费者的日均出行需求。一些负面新闻加剧了消费者在此方面的担忧。如 2017 年 1 月 23 日发生在上海市邯郸路隧道的 EVCARD 车辆事故,就是因为用户即使在车辆显示还有 59 公里的续航里程的情况下,还会产生里程担忧,采取突然停车行为而造成后车严重追尾的案件。

2) 对电动汽车安全性能的担忧

电动汽车是最近几年比较热门的新产品,消费者对此并不了解,这就可能带来对新产品保持怀疑态度。例如,早在 2012 年,就有深圳比亚迪电动出租车起火事件。该事故责任本应为多方面导致,然而,民众本就对新技术存疑,经过媒体报道后,深圳民众一度出现抵制乘坐电动出租车的行为,从而极大地降低了电动汽车安全性能方面的公信力。

3) 对充电网点布局的担忧

电动汽车网点布局不够合理、无处停车、无法充电等问题一直在困扰着消费者。电动汽车分时租赁以高度灵活性以及省时省钱作为宣传卖点,如果网点布局不能合乎用户心意,造成用车不方便,就会违背宣传初衷,造成用户流失。

针对上述用户风险感知的问题,一方面需要进一步在技术上攻关,提升电动汽车续航里程,并把故障发生的概率降到最低,同时对于续航里程的焦虑问题,需要对其进行正确的宣传,以打消大众的疑虑,降低消费者的风险感知。另一方面,在电动汽车分时租赁网点布局上进行优化,以提供基础设施上的便利性和保障,从而带来好的用户体验,降低风险感知。

3.4.2 模式合理性

在电动汽车分时租赁的模式合理性因子中,四个问题的因子载荷排序为 Q6＞Q7＞Q9＞Q8。即:消费者最注重车辆数量的分配,其次注重网点布局,再次注重取车与还车的使用体验,最后看重客服所提供的服务。

1. 车辆数量的分配

EVCARD 网点多设置在居民区或大学附近,在高峰期时根本无车可用。例如,同济大学嘉定校区内设置有 22 个 EVCARD 停车位,然而每天早上 7 点左右所有车辆就已经驶出校园,"无车可用"这个情况一般要到下午 3 点左右才能得到缓解。调查中,很多对 EVCARD 持观望态度的消费者或是那些仅仅偶尔使用的消费者表示,想用车时无车可用是阻碍他们经常使用 EVCARD 出行的重要原因之一。

2. 网点布局

网点布局不够密集也是目前在电动汽车分时租赁中客观存在的一个问题,消费者往往需要换乘其他交通工具才能达到出行目的,对于有车一族来说,EVCARD 的网点不够密集是导致他们宁可使用更贵的私家车出行也不愿意使用 EVCARD 的原因之一。而对于大学生群体来说,绝大多数人没有私家车,而网点分布也满足不了他们的出行目的,因此很多人宁可选择耗时较久的公共交通系统也不选择 EVCARD。

3. 取车与还车的使用体验

关于取车与还车的使用体验,由于充电设施和私家车占用停车位等问题,消费者往往无法做到立即还车,消费者反映经常在还车这个问题上耗时过久。而由于预约系统中存在漏洞,车辆预约过程并不顺利,同时车辆本身因为设备问题也会存在刷卡无法开车门等情况,浪费用户的时间。

4. 客服所提供的服务

诸多消费者反映,EVCARD 的客服无法解决问题,经调查后发现,EVCARD 公司目前大多数客服都只是实习生,有些人对公司业务不甚了解,造成了客户与客服之间的误解。同时,客服数量不够,高峰期打电话无人接听这一现象屡屡发生,造成用户对其印象不好。更为严重的是,在出现车辆抛锚、追尾等状况时,客服往往无法及时提供此种情况下的标准化解决措施。

针对上述问题,电动汽车分时租赁企业应注重车辆投放情况和网点布局,安排专人进行车辆调度是一个可行方案,即在某网点取车高峰时派遣专门人员将空余车辆驶入该网点,而在该网点还车高峰时派遣专门人员将该网点囤积车辆驶离,确保用户有车可用。同时企业应该继续扩建服务网点,以减少有意愿用户的流失。关于电动汽车分时租赁的取车与还车的界面设计问题,应该从用户角度出发,切实为用户的使用体验考虑,减少不必要的步骤,并且确保充电设施能够正常工作,不为用户添麻烦。关于客服方面,建议多配备一些专业的客服人员,一是能够缓解高峰时期的客服压力,二是能够为用户解决实际问题,涉及诸如违章赔偿、道路交通事故办理、车辆损失状况认定、用户与企业责任划分等一系列专业的问题,用户不清楚企业政策,企业应该指派专门人员研究各类案例并为用户提供咨询,解决用户的疑惑,避免浪费时间。

3.4.3 配套设施

在电动汽车分时租赁的配套设施因子中,三个问题的因子载荷排序为Q20>Q19>Q18。即:消费者最看重取车点与停车点周围路况,其次看重充电设备的工作情况,最后看重预约刷卡上车到还车等整个过程是否顺利。

1. 取车点与停车点周围路况

由于EVCARD停车点和取车点多在郊区,周围路况并不十分出色,有一些停车点较为隐蔽,很多初次前往某些停车点的消费者无法找到该网点,要浪费大量时间。例如"吉盛伟邦国际家具村"停车点,位于家具村最南边,若从家具村内进入,只能通过一条土路开入,若从停车点对面高架方向行驶至此,除非逆行,否则绝无办法进入,需要绕一大圈再从家具村内走土路驶入。同时,网点被私家车占用情况严重。很多人驾驶到目的地时,发现该网点被私家车占据,打客服电话却被告知只能开往最近网点,而由此造成的时间损失却要用户承担。

2. 充电设备的工作情况

充电设备的工作状况时有不佳是导致消费者无法还车的原因之一。而且,充电设备效率不够高,且充电用时过久导致消费者时常面临有车无电的尴尬情况。同时在调查中发现,很多充电设施存在设备老化无人维修的问题。

3. 预约—刷卡—上车—还车过程

根据一些被调查者反映,EVCARD的预约系统的源代码有漏洞,在没有预约的情况下,也能将别人预约好的车通过刷自己卡的方式打开车门,甚至造成了财务损失乃至纠纷;同时,有时蓝牙降地锁的功能会失灵,会员在自行操作多次无果后只能致电客服解决,而浪费的时间以及该时间产生的费用均由用户承担,导致用户体验不佳。

针对上述问题,电动汽车分时租赁企业急需提高配套设施的充电效率,并定期派出专门的维护人员对各网点进行维护,对网点周围的路况进行综合管理与统筹,对乱停乱放的私家车进行处理,或设置地锁等措施防止私家车停放,以保证配套设施不会出现问题。

3.4.4　驾驶体验

在电动汽车分时租赁的驾驶体验因子中,五个问题的因子载荷排序为 Q4＞Q2＞Q3＞Q5＞Q1。即：消费者对电动汽车的行驶舒适度最为看重,其次看重电动汽车的操控性,第三是电动汽车的安全性能,第四是电动汽车的续航里程,最后是电动汽车的动力性。

1. 电动汽车行驶噪声与操控性

消费者对于"电动汽车行驶噪声小,驾驶感觉舒适"以及"电动汽车没有变速箱(自动挡),易于操控"两项都给了很高的分数。从技术角度上来看,电动汽车全都是自动挡,且行驶噪声确实是小于传统燃油车,这是电动汽车自身的固有优点,可以进一步宣传,增强消费者认知。

2. 电动汽车安全性

调查数据显示,关于电动汽车安全性方面的问题标准差都较大,说明消费者对电动汽车的安全性的态度两极分化较为严重,大部分消费者还是不够了解电动汽车这个产品本身,势必心存疑惑,而那些驾驶过电动汽车的人中,很大一部分都认同了电动汽车的安全性能。

3. 电动汽车续航里程

涉及电动汽车的续航里程问题时,部分消费者表现出了不满,但实际上,电动汽车分时租赁主要的业务就是短途出行,目前续航里程能够满足大多数消费者的出行需求。

4. 电动汽车动力性能

对于追求驾驶乐趣的人群而言,电动汽车的动力性可能无法满足他们的需求,尤其在高架或高速上,其动力性劣势更为明显。

针对上述问题,公司应该对自身产品进行定期的保养与维护,同时开发和选用更多的车型以供用户选择。EVCARD 有着收费更高的芝诺以及宝马 i3 车型,以满足那些对动力性有更高要求的用户。关于不同车型之间数量的确定,还应该根据市场需求进行宏观调控。同时,建议提升车辆养护的频率与质量,从用户的需求角度出发,解除用户使用过程的忧虑。

中篇　运营系统架构分析

第 4 章
用户需求分析与服务流程设计

一般而言,电动汽车分时租赁模式的形成主要包括确立运营主体、识别潜在消费者、整合关键资源和提供服务等环节。用户价值主张是任何商业模式形成的终端构成要素。因此,电动汽车分时租赁商业模式的构建,首先需要对用户需求进行分析,准确描述电动汽车分时租赁用户的需求特性和有效识别潜在用户群体,其次才是车辆选型、会员选择、站点选址等服务产品开发和服务提供的过程。

4.1 用户需求特征研究

从已有的城市交通体系中,准确识别出符合分时租赁交通出行模式的用户群体,是一个难点。对于分时租赁运营商而言,首要问题就是要确定哪些人会使用分时租赁交通模式,进而确定服务站点的选址和布局问题。国际上的经验是先布设很多网点,以吸引用户来使用,一方面收集用户数据,以达到识别用户的目的,另一方面,根据网点使用情况再调整网点布局。通常采用的用户识别和选择方法是,首先选择一些特征区域如大学城、科技园、大型社区等,以集团用户作为首批会员,结合网点土地获得性、充电设施建设的可能性进行网点布局建设,然后再逐渐扩大网点和用户,吸引散户使用,以带动会员的发展。

下文拟采用典型案例类比分析和潜在用户调研与访谈两种方法进行电动汽车分时租赁用户需求特征的研究。

4.1.1 典型案例类比分析

1. 分时租赁用户社会经济特征

分析国内外分时租赁的用户年龄、性别、家庭收入等基本社会经济指标,可以发现,国内外分时租赁用户具有类似的社会经济特征。以年轻、男性群体为主,学历普遍较高,家庭收入为中等及以上,如图 4-1、图 4-2 所示。

2. 分时租赁用户用车需求

根据影响用户用车体验度和用户实际体验值,可以将分时租赁用户需求要素分为四个象限,如图 4-3 所示。

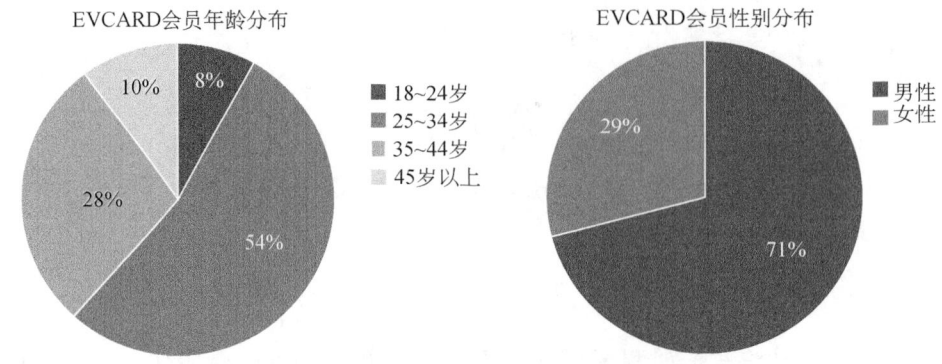

图 4-1　上海 EVCARD 分时租赁会员年龄与性别

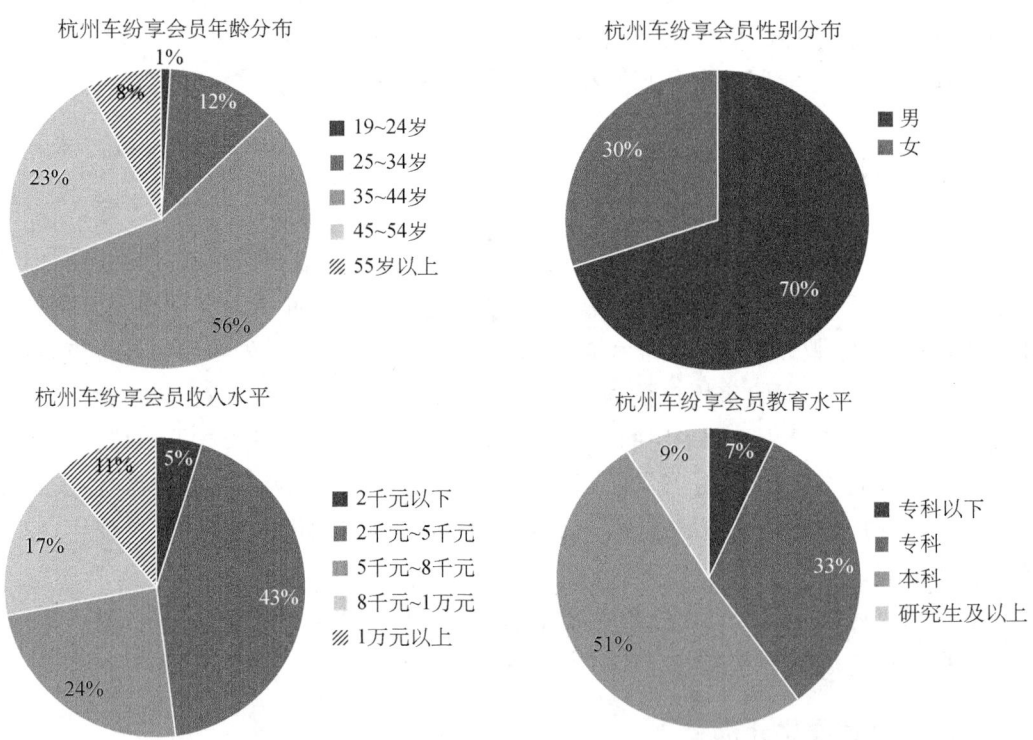

图 4-2　杭州车纷享分时租赁会员社会经济特征

第一象限：客户感觉重要的，分时租赁也做得好的地方，是分时租赁的优势，需要发扬光大；

第二象限：客户感觉不重要的，但分时租赁做得好的地方，应转换客户的认知，或重新分配分时租赁运营资源，调整运营策略；

第三象限：客户感觉不重要的，分时租赁表现也一般的地方，可以维持现有的状况；

第四象限：客户感觉重要的，但分时租赁表现一般的地方，是用户需求的痛点，应立

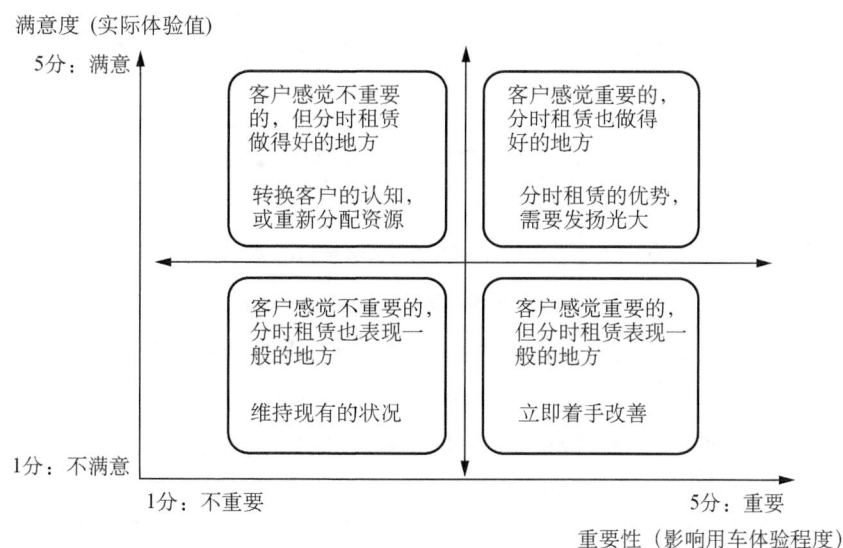

图 4-3　分时租赁用户需求要素二分法

即着手改善，根据用户使用需求提升分时租赁运营服务水平。

根据上述分时租赁用户需求分析的基本理论，结合对上海 EVCARD 用户的调研，从约车、提车、用车、还车以及客服五个阶段，对用户主要关注点及需求进行总结。

1) 约车阶段

约车阶段用户最关注的是网点是否有足够车辆及到网点的距离，如图 4-4 所示。

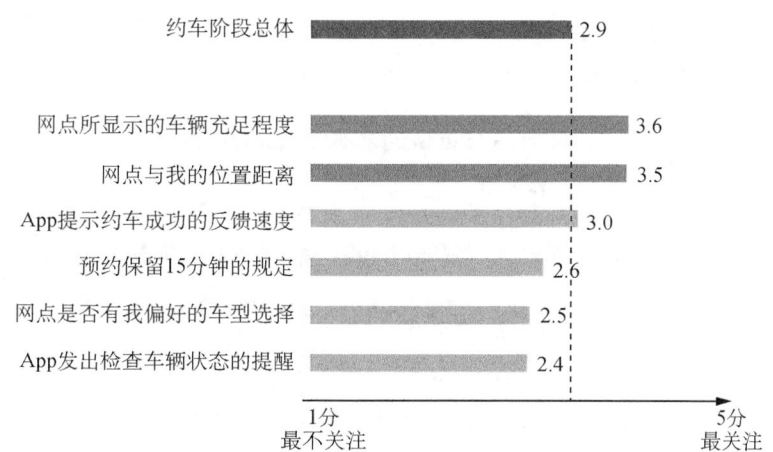

图 4-4　约车阶段分时租赁用户关注要素

"取车网点距离家比较远""网点车子偏少，某些地区几乎全是 0""非常方便，就是小区家门口没有""内部限制得不是很好，有车却用不了"等都是用户反映最为频繁的问题。

2）提车阶段

提车阶段用户相对重视的是否能顺利找到网点，轻松启动车辆，并看到准确续航里程，如图4-5所示。

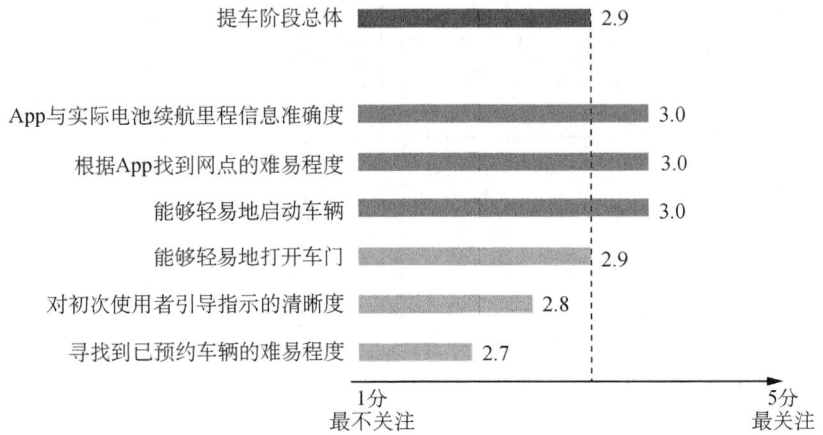

图4-5　提车阶段分时租赁用户关注要素

"GPS定位的车辆一定要准确，今天租了两次车，第一次预约的车辆和我实际到网点取的车不一样，导致我上班迟到""第一次驾车时App没有提示如何启动车辆，导致毫无头绪地浪费了近20分钟""第一次体验不顺利，对汽车内部不熟悉，耽误时间长，手刹放不下，客服电话打不通"等是用户反映较多的问题。

3）用车阶段

用车阶段用户最关注的是车辆的卫生/气味，尤其是高频用户，他们用车较多，在车内的时间更长，如图4-6所示。

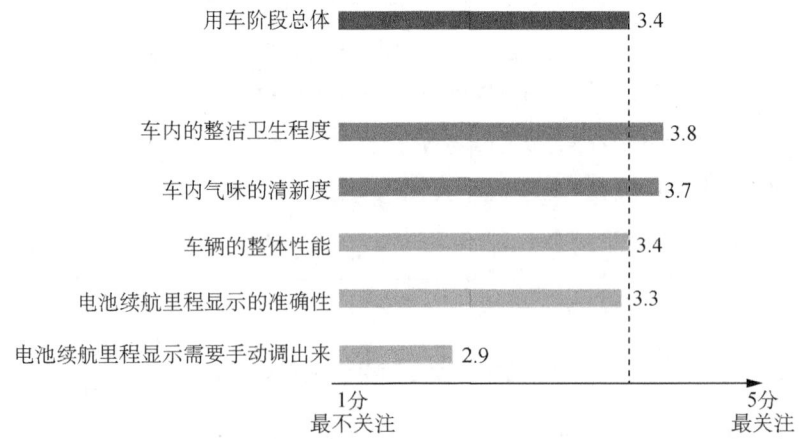

图4-6　用车阶段分时租赁用户关注要素

"外表有点脏,里面有点乱,希望有人维护和打扫""车内清洁差,到处是烟灰和垃圾""后排座位很脏,前排还可以,希望能够铺上罩子,定期清洗""车内环境不够干净,最好定期清洁,并贴上标语警示用户""车子有异味,烟味很大""后来有留意到划痕很多、很厉害,车子像玩具,里面很脏,都是烟灰,像黑车一样"等是用户反映的主要问题。

4)还车阶段

还车阶段用户最关注能否顺利还车,包括通过 App 的提示轻松找到网点和停车位,然后顺利在 App 上还车,如图 4-7 所示。

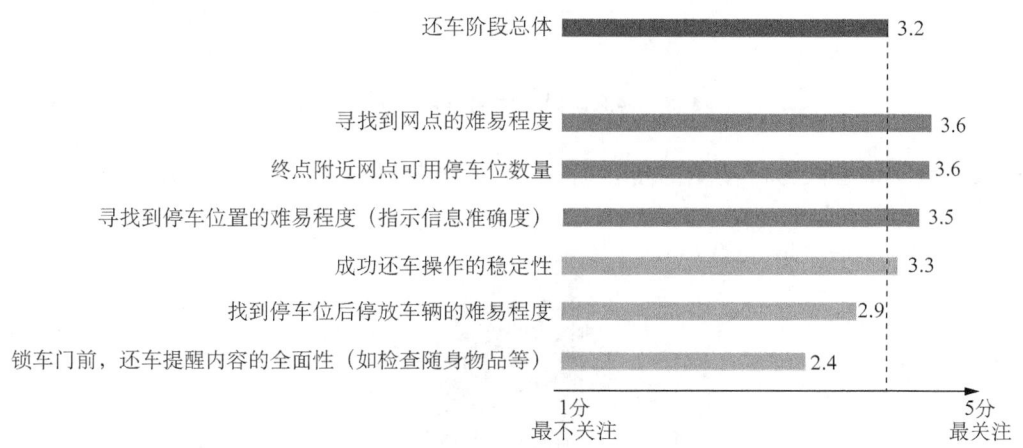

图 4-7 还车阶段分时租赁用户关注要素

"租赁点常常没有车位而耽误还车时间,有时候在租赁点找不到车""停车点少了点,有个要去的停车点被封起来了,进不去又兜了一圈""还车的时候,还车点 App 上显示还有一个位置,可是被一辆社会车辆霸占掉了位置"等是用户反映的主要问题。

5)客服阶段

客服阶段用户最在意的是客服接通的速度,尤其是高频客户。客服人员解决问题的能力以及速度、态度也是用户关注的重要方面,如图 4-8 所示。

"车子行驶到还有 17 公里的时候抛锚了。在城市开车,17 公里是可以开到很多地方的。但是,打电话给客服,却被告知这算没电了。可是,无论用户手册,还是 App,都没有一处地方提醒,原来 30 多公里就算没电了,开出去很容易抛锚""客服的回答都不一样,都没个统一标准""服务热线电话打不通,打了五个都没接通……"等是典型的客服阶段用户反馈的问题。

3. 分时租赁用户需求的特征指标

1)出发地至站点时间与距离

出发地点至取车站点的时耗或距离决定了分时租赁的取车便捷性。根据相关调

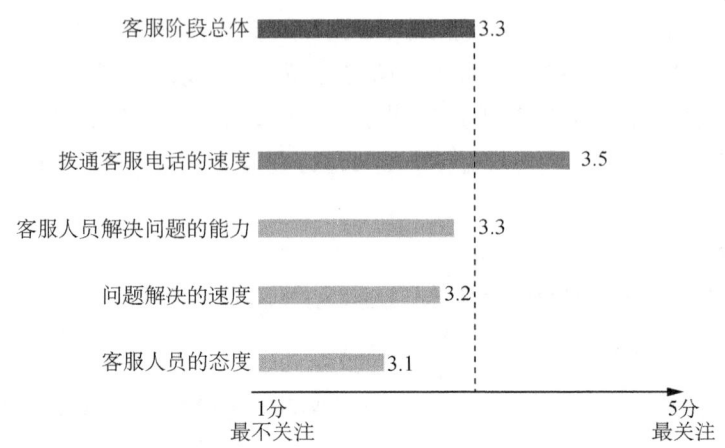

图 4-8　客服阶段分时租赁用户关注要素

查,大多数受访者认为可接受的步行时间为 15 分钟以内,步行距离不超过 1 公里,如图 4-9 所示。

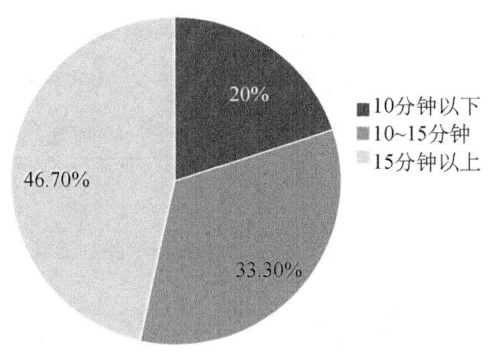

图 4-9　分时租赁出行出发地至取车点的时耗意愿

2) 车型与价格

小型车能满足一般的出行,大型车能满足集体用车以及搬运行李等为目的的出行。针对上海的一项调研显示,近 1/4 的受访者认为有大车型可供选择非常重要,分时租赁运营公司需要提供不同的车型以满足不同的用车需求。

关于分时租赁的价格,针对北京的一项调查认为,受访者可接受价格为 5～50 元/小时,平均每小时 25 元;0.5～5 元/公里,平均每公里 2 元。

4.1.2　潜在用户调研与访谈

以深圳电动汽车分时租赁为例,通过潜在用户调研与访谈,分析电动汽车分时租赁用户的需求特征。

1. 潜在用户调研

为了掌握深圳市电动汽车分时租赁潜在用户类型及用户需求,采用小组座谈的形式进行用户调研。本研究一共开了4组座谈会,每组分别招募6名受访者。4组人群基本特征为：20～29岁年轻有车消费者、30～45岁中年有车消费者、20～29岁年轻无车消费者、30～45岁中年无车消费者。受访人员的招募条件如下：

- 态度上接受电动汽车分时租赁服务；
- 不排斥使用他人的车辆或租赁车辆,不绝对要求拥有一辆汽车；
- 混合招募居住和工作都在城区的被访者,以及在城区居住但在近郊或较远的工业开发区工作的被访者；
- 混合招募单身、结婚、有小孩、没有小孩的被访者；
- 混合招募各种收入水平被访者；
- 教育水平在高中及以上的被访者；
- 拥有驾照1年以上；
- 熟练使用智能手机,并常使用App应用程序购物或获取服务；
- 混合招募使用各种交通方式的被访者：开车、打车、公车、地铁、电瓶车等；
- 混合招募拥有不同出行习惯的被访者：远距离和近距离、公事出行和私事出行等。

2. 典型受访者画像

1) 大学生群体

以深圳大学及南方科技大学为代表的10所高等学府为潜在大学生群体对象,探索高校学生的日常出行习惯及对电动汽车分时租赁的需求点(图4-10)。

19～24岁,从外地到深圳读大学的学生；家人每月给他们生活费,自己通过兼职赚到一些零花钱,消费能力有限；刚从外地来深圳,大多独自在深圳生活,渴望拓展生活圈；想多去不同的地方走走看看,长见识；希望多结交朋友,丰富社交圈子,同时有更多生活乐趣；丰富的课余生活,常与朋友一起外出、聚会或是约会。

他们善于接受新兴事物,善于利用网络资源寻找各种优惠及降价活动；他们成长于互联网时代,喜欢自助服务；他们从外地到深圳上大学,对所有新鲜事物都充满兴趣。

图4-10　大学生群体访谈

2) 刚起步的白领

22～32岁年轻人,刚到深圳没多久；较多在以知识为导向的新行业工作,如IT、金融、高新科技等,事业还在起步阶段,深圳生活成本较高,消费能力有限；深圳娱乐活动丰富,社交机会较多,他们向往多姿多彩的生活。

有限的消费能力及对享乐的要求,让他们拥有了精明消费的理念,同时善于接受新兴事物的他们,常利用网络资源寻找各种优惠及降价活动。向往有车的享乐,却暂时没法买车或是买不起车。他们也是成长于互联网时代,喜欢自助服务,事业刚起步的打拼族,渴望多姿多彩的生活。

3)向往第二辆车的家庭

多为年龄 32~45 岁的已婚家庭,并且已经有了孩子;他们多在传统行业工作,如制造、零售、批发、物流,大多为公司中层管理或自营小公司的个体户。思想比较传统,对新兴事物与科技有好奇心,但是不会先有行动;生活中处处都在享受他人提供的服务,所以更加重视方便性与服务水平。即相对富裕、传统,习惯于依赖周到的实体服务。

他们大多习惯了有车的生活,一些家庭甚至已经前后换了好几辆车,极度依赖私家车的方便性。私家车成为生活的一部分,就算停车困难,也会尽量选择自己开车,除了特殊出行场景,比如高峰期堵车严重,而目的地就在地铁站附近;或是目的地无法停车,或是不确定目的地是否可以停车。

4)企业用户

招募了 4 名用车企业负责人,探讨各类企业对电动汽车分时租赁的需求(图 4-11)。企业用户招募条件如下:

- 混合招募不同类型企业(大、中、小型企业,国企、民企等);
- 混合招募有租车经验和没有经验的企业;
- 受访者需要有企业用车决策权。

图 4-11　企业用车群体访谈

30~300 人规模的中小型企业,包括传统企业(如制造业和物流)、新兴企业(如项目投资公司和金融投资公司)。公司没有统一或规范的用车计划/政策,各公司根据自己本身资源、员工出行需求,有以下主要用车解决方案:

(1)老板自己的车在不用时,可供员工使用;

(2)从汽车租赁公司租车(临时单日租车或每月打包价租赁汽车,同时搭配司机);

(3)员工私车公用,公司每月发放固定津贴补助(包括油费、停车费等);

(4)公司购车供员工使用,公司车被占用时,员工自行打车,公司报销。

将上述四类典型受访者画像总结如表 4-1 所示。

表 4-1 四类典型受访者画像

典型受访者\特征	大学生群体	刚起步的白领	向往第二辆车的家庭	企业用户
年龄	19~24岁	22~32岁	32~45岁	规模：30~300人的中小型企业
职业	在深圳上大学的大学生	刚工作的年轻人；从事以知识为导向的行业，如IT、金融等	中层管理/个体经营；从事传统行业，如制造、零售、批发、物流等	用车需求：(1) 见客户：有车辆档次及车型大小要求；(2) 外出办事：以效率和实用为主
消费观	精打细算，在能力范围内追求享受	追求享受但精打细算	消费能力强，重视服务水平	
对买车的态度	还不能负担自己买车，但对用车十分向往	存在少数年轻车主，但大多数没有车，不能负担买车，或希望买车却因为牌照的控制而无法达成	车是生活必需品，家里必须有车	
对IT及网络熟悉度	热爱高科技产品，习惯了在网上自助获取服务		对高科技和网络不算熟悉，希望在消费过程中获取人对人的服务	希望在保障企业办公效率的前提下，降低企业用车成本

4.1.3 分时租赁潜在用户需求特征

在典型案例类比研究基础上，结合分时租赁用户群体的职业、经济状况、用车场景等调查研究，可以总结潜在用户需求特征。

1. 大学生群体需求特征

大学生群体外出活动主要依靠公共交通（公交车、地铁），出行范围和出行时间受到限制。比如，休闲娱乐只能去就近商圈；由于交通成本较高，偶尔才能去近郊游一次；跨区出行受到限制，坐公交车太花时间，打车又太贵；朋友聚会或是约会时不能太晚回校，否则错过公交末班车，晚上打车会更贵（深圳出租车晚上11点之后加收30%费用）；在一些特殊出行场景下也会使用打车等方式，如与异性约会，或者外出聚会较晚回校。

大学生群体成长于互联网时代，受互联网文化影响大，习惯并善于自助在网上解决生活需求，但消费能力有限。他们使用分时租赁的需求主要体现在以下方面：

- 服务过程自主化，利用手机App可以完成约车、取车、用车、还车整个过程；
- 用车价格比出租车低；
- 在校区附近以及区内大型商圈铺设网点，满足出行需求；
- 用信誉取代押金，不能收过高的押金费用。

2. 刚起步的白领群体需求特征

一般情况下公交解决日常出行需求，在成本可控的前提下，希望尽可能享受休闲时光。刚起步的白领有强烈的购车欲望，但受制于经济能力，无法马上买车。市中心停车位难找、停车贵，也一定程度压抑了他们买车的欲望。他们主要的潜在用车场景包括近郊旅行、购物、私密出行等。

刚起步的白领群体使用分时租赁的需求主要体现在以下方面：
- 自助服务，利用手机 App 可以完成约车、取车、用车、还车整个过程；
- 在大型社区、写字楼、商场以及娱乐和近郊旅行的景点铺设网点，满足日常用车需求；
- 用车价格低于出租车。

3. 向往第二辆车的家庭需求特征

由于整个家庭对车的依赖，他们非常希望再买一辆车或是换新车，但牌照的控制让他们无法达成愿望，有钱也不能再买车，但对第二辆车仍有需求。如夫妻各自外出，都需要用车；车被借走或是送去保养/维修时，无法用车。

向往第二辆车的家庭对分时租赁的概念和操作过程并不熟悉，他们在工作/日常生活中，习惯了享受周到的服务，不熟悉网上注册和操作。因此，他们的服务需求与大学生及刚起步的白领有显著差异，希望有工作人员全程提供服务，主要体现在：
- 注册：可以直接在网点注册，携带证件、全程有工作人员协助；
- 提车：简化手续和操作流程，客服能人性化解决问题；
- 还车及充电：每个网点能有工作人员负责，遇到问题或者不熟悉操作时可以由工作人员及时处理。

除了人工服务外，向往第二辆车的家庭群体希望网点设置足够密集、显眼，而且能够提供送车上门服务。

4. 企业用户需求特征

企业用户的服务需求重点是希望提供多元化的车型配置，以满足不同的用车场合，具体体现在：
- 提供豪华车型维持公司形象。接见大客户、新客户，或接客户参加推广活动时，需要使用奥迪 A6 或更好的车。
- 提供中档车增添亲切感。约见普通客户，并有其他社交活动或需要一同外出就餐时，使用丰田凯美瑞、大众帕萨特等车型。
- 提供实用车型满足其他场合需要。约见供应商或老客户（之后没有其他应酬活动）、行政和财务人员外出办事时，使用丰田花冠、大众捷达等车型。

电动汽车分时租赁的车辆档次和车型大小限制了企业用户的使用场景，通常情况下只适合对车辆档次要求不高且同行人数不多的用车场景，如约见普通客户或老客户且没有后续应酬社交活动时以及行政和财务人员到政府部门或银行办事时。另外，电动汽车续航里程不足,在需要出城会见供应商或查看厂房时无法使用。

企业用户的员工出行重视效率,因此对网点的方便性要求极高,只接受步行 10 分钟内可以到达的用车网点。大部分企业将私车公用补贴作为员工福利的一部分,如果取消私车公用而开始使用分时租赁,一些本来可以拿到私车公用补贴的员工可能产生排斥心理。

4.2 会员的识别与选择

4.2.1 会员识别方法

识别潜在用户对于新的商业模式发展初期具有重要的意义。筛选出具有最大消费潜力的用户可以帮助企业在初期实现市场的扩张。在计划开展电动汽车分时租赁前,应从启动资源、使用分时租赁的驱动力和接受分时租赁障碍三个方面考量优先争取的消费者群体。

1. 启动资源:主要由消费者对方便性的要求决定

(1) 网点资源:网点建设是分时租赁发展的基础。消费者对网点建设密度和广度的要求、网点分布密集程度、网点设置显眼程度等要素较为重要,同时要注意与不同的合作伙伴(政府、桩企、物业、开发商等)合作,提升网点资源的掌握程度。

(2) 车辆资源:对分时租赁车辆使用频率的高低,如使用时间分散,则每辆车的利用率更高,可最大程度地利用车辆资源,降低车辆购置成本。

因此,网点建设资源投入低而车辆使用率高是最理想的状况。

2. 使用分时租赁的驱动力:取决于使用分时租赁可以带给消费者的利益大小和重要性

针对不同的族群,分时租赁可能创造出不同的价值。使用分时租赁带来的实际价值:更有效满足出行需求,如降低时间成本,降低金钱成本及满足方便性等;使用分时租赁带来的情感满足,如自由、享受、私密感等。

3. 接受分时租赁障碍:取决于类别使用的经验

(1) 对电动汽车性能及目前电动汽车发展水平不了解:如续航里程有多少,能开多快,是否可以上高速,驾驶性能与传统燃油车有多大的差别,电池是否可靠,能解决什么类型的出行问题,驾驶技术的要求是否有不一样的地方等。

(2) 汽车租赁的经验缺乏:如谁负责保险,出了事情谁负责,路上坏了怎么办,怎么界定是谁的责任,要缴多少押金,可以接受缴多少押金,如何解决开车的后顾之忧等。

(3) 对分时租赁不了解:如概念模糊,不清楚分时租赁对个人和社会可以带来的利益点,对收费规则不清楚,对每分钟收费的好处不了解,不了解"用时再租,快租快还"的利益点,认为与传统租车差不多,是 A 借 A 还模式,所以在到达目的地后,需支付停车费且不用车时电动汽车不会停止计费,回程时无法保证还能借到车等。

（4）对分时租赁自助服务模式不了解：主要是对使用流程不熟悉,对找车便捷性不确定。

综上所述,分时租赁理想用户特征是出行相对固定（减少初期建点压力,减少调度成本）,出行频率高且出行时间分散（提供网点和车辆的利用率）,乐于尝试新事物,清楚分时租赁相关概念,对自助服务适应性较好。

4.2.2　会员选择经验借鉴

1. 传统汽车共享

2010 年以前的很多汽车共享项目将居民区和商业区作为首要市场。这些项目主要考虑到差异化的出行,商业出行主要在工作日的工作时段,而居民区出行则主要在工作日非工作时段和周末,与工作时段出行形成互补以提高车辆利用率。虽然市场不同,但其能提供的有效经验是尽量占满,而与此同时也发现了一些特殊的市场,如高校、公寓及远郊小镇。

（1）高校。高校内存在大量停车,与整个校园氛围不符,校方希望在不显著影响出行的情况下改善校园环境,同时高校有大量高学历、有环保意识的"早期采用者"。处于市区的高校附近用地混合度高,停车位稀缺,公交发达,拥车率低,是良好的汽车共享市场,并且车辆不仅被校内人员使用,还会有学校附近人员使用,能保证较高的车辆利用率；而处于郊区的高校则环境更为隔离,主要满足校内人员的出行需求,多数与周边商业区发生联系,提供生活休闲的高品质出行。

（2）公寓。该类市场通常连接各种人群,如 Zipcar 将部分站点设置于公寓附近的临街道路边,使各类人员均可达,这些群体收入中等偏低,拥车成本相对较高,而同时又有汽车出行需求,因此存在大量用车潜力；City CarShare 出于同样的原因将站点布设于哈佛公寓的车库中,向所有人开放。

（3）远郊小镇。这一市场在欧洲较为常见,开展该类市场的主要原因是：在人口密度不高而分散的区域,发展一定服务水平的公共交通反而不经济,这时靠汽车共享提高这些区域的出行可达性不失为可行性良好的方案。如澳大利亚在人口少于 1 000 人的村庄提供汽车共享服务,瑞士、英国等国都有类似市场开辟。该市场良好运行的启示是,优先发展公交并非在任何区域任何情况都合理,在人口密度低而公交服务水平难以改进的区域,用汽车共享服务补充公共交通的缺失也是一种可行方案。同时控制车辆拥有水平,待中远期经济发展、人口密度提高、公共交通跟进发展之时不至于出现公共交通无法和小汽车竞争的情况。

2. 上海 EVCARD 项目

EVCARD 从郊区开始发展,逐渐进入市区。在郊区环境下,高校学生有大量出行需求而因公交不发达无法得到基本满足,因此有大量稳定的需求。EVCARD 初期仅在同济大学两个校区布设两个点就取得了较好的反响,截至 2016 年 11 月,该校两校区网点依然占据日订单量前 10 的位置,其中处于远郊的同济大学嘉定校区更是长期雄踞榜首。在运营早期,两校区的出行量甚至能占 EVCARD 总出行量的 40%,因此高校用户在 EVCARD 项目中占据重要位置。而同济大学两校区的用车差异也体现出公交不发达区域的大学生更倾向使用分时租赁,以替代服务水平低下的公共交通和相对成本高昂的出租车。

3. 云租车

2016 年 10 月底,云杉智慧新能源技术有限公司旗下纯电动汽车分时租赁业务——云租车,在广州大学城投入试运营。云租车纯电动汽车分时租赁配置的是零排放的纯电动汽车奇瑞 EQ。同时,云租车采用无人值守的模式,手机 App 智能管理租车和还车流程,并在广州大学城范围内的购物商圈、体育中心、酒店、地铁站的交通枢纽等核心区域停车场设置了 24 个无人值守的取还车网点。

云租车选择大学生群体作为首批会员,其初衷是:"分时租赁作为一种共享出行模式,对缓解城区交通拥堵的意义非比寻常,从年轻人着手更能逐渐改变消费者的传统消费习惯。首先,大学城的消费者相对年轻化、注重环保、提倡低碳出行;其次,租车的价格对无收入或低收入的大学生来说很有吸引力。"

4.2.3 会员选择方案:深圳案例

1. 会员选择思路

根据创新扩散理论,对于一种提供新型交通方式的创新产品,其创新扩散过程中必然存在五类群体,如图 4-12 所示。

第一类为"创新者"。这类群体整体较为年轻,分散于各阶层各领域中,不用专门宣传,也会主动寻求自己感兴趣领域的创新产品进行尝试,这类用户的最大动机是尝试,满足现实需求在其次。

第二类为"早期采用者"。这类群体没有"创新者"对新事物狂热,但依然乐于尝试

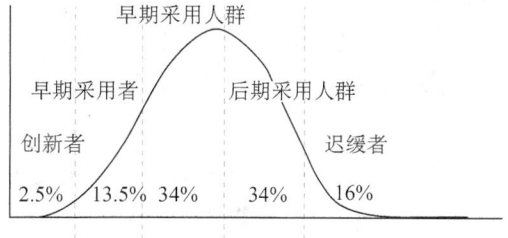

图 4-12　创新扩散过程

新事物,相对更为关注创新产品对自身需求的满足,对产品的不足有较强包容,这类用户有可能成为忠实用户。

第三类为"早期采用人群"。待使用的人群达到一定规模,产品不足得到更多修正,更多的人因亲友推荐或各种途径的宣传开始采用创新产品,产品快速增长期到来,该群体相比前两类群体更为关注产品实用性,有可能成为忠实用户。

第四类为"后期采用人群"。待产品进一步成熟,使用人群更多,开始成为流行产品

时,这类群体开始使用,他们仅关注产品品质。

第五类为"迟缓者"。因主客观原因,理论上永远也不会使用创新产品,除非传统产品被完全替代,才会被迫使用新产品,这类群体在分时租赁的发展初期基本可以不用考虑。

因此,分时租赁要想长足发展,首先必须找到"早期采用者",即初期用户。

理想的初期用户应该包含以下两个基本特征。

(1) 用户使用频率较高。这意味着初期用户最好有较为稳定的出行需求。使用频率高意味着营收有一定保障,同时易形成用车氛围,有利于随后进一步发展。根据国内外研究及运营经验,初期用户具备以下特点:男性,20~44 岁中青年群体,收入中等水平,学历较高(本科及以上),无小孩,大多数家庭无车或仅有一辆小汽车,具有环保意识,乐于尝试新事物。这部分用户不仅加入会员更积极,而且用车频率也更高。

(2) 用户出行范围较小,出行地点固定,出行时间分散。由于租赁点布局是一个由少到多、由疏到密、从局部到全面覆盖的渐进过程,前期租赁点的布设在密度及覆盖度上肯定不能满足所有人的需求。在运营初期一味追求高覆盖必然导致网点密度低,网点密度低则意味着用户可达性低,虽然覆盖了较大区域,但并未覆盖更多的"有效用户",反而降低服务水平,使初期用户体验下降。

2. 深圳电动汽车分时租赁会员选择方案

结合前文对深圳电动汽车分时租赁用户需求特征分析,以及会员识别与选择方法,对深圳电动汽车分时租赁会员选择方案进行分析。

1) 启动初期的会员选择

基于首批会员遴选的总体思路,结合国内外首批用户的选择经验,以大学生群体作为深圳项目启动初期的目标用户进行优先培养推广,其中地处郊区、公交发展不完善区域的大学生群体是首批重点发展对象。

① 大学生群体符合理想首批用户的基本原则:稳定而持续的汽车出行需求、相对固定的出行目的和出行区域,以及相对分散的出行时间。此外,大学生群体初领驾照而很少实际驾驶车辆,初期的驾驶热情很高,半年到一年会逐渐降低用车频率,但一年的高频使用正是分时租赁发展初期必要的支撑,且每年都会有新的潜在"热情驾驶者"入学,而"非热情驾驶者"则会毕业,因此这个群体会一直保持活力。

② 地处郊区甚至远郊的大学生群体,由于公共交通服务水平有限(如到公交或地铁站点可达性低、发车间隔大、等待时间长、车况差、舒适性低),而因经济能力限制,出租车出行相对昂贵,所以成本相对低廉同时更为便捷灵活的分时租赁方式必然会以较高比例替代服务水平低下的公共交通和服务价格昂贵的出租车(以前是被迫使用)。因此,用车强度比市区同类用户高。

2) 发展阶段的会员选择

从启动资源多少、消费者使用电动汽车分时租赁的驱动力大小和消费者接受电动汽车分时租赁障碍大小三方面来考量,根据发展各阶段最易争取的使用人群,制定深圳市电动汽车分时租赁各阶段会员选择策略。

① 大学生是可以首先考虑的用户群体

• 启动资源低。大学生活动范围较固定,对网点分布的要求较低,在学校附近及主要商圈设点,可以基本满足他们的需求;大学生时间安排不定,出行时间较为灵活,对网点车辆调度压力较小。

• 驱动力高。目前公交的收班时间和大学生的经济能力限制了大学生的出行时间和范围,但是大学生有强烈的拓宽生活圈子和享受娱乐生活的要求;分时租赁给大学生提供了低成本用车、自由享受娱乐时光的机会。

• 接受分时租赁障碍低。新一代年轻人成长于互联网时代,高度接受网上自助服务;0.5 元/分钟的价格,与公交、大巴、出租车价格相比,性价比较高;主要障碍为分时租赁的押金收取。

② 随着网点覆盖面及一定的市场推广活动,可开始争取刚起步的年轻白领群体

• 启动资源较高。白领群体居住、工作、娱乐地点范围较分散,需广设网点,覆盖各商圈、居民区及各大 CBD 等;用车时间集中,无法自由安排出行时间错峰出行,对车辆使用率和网点车辆调度构成压力。

• 驱动力高。成本可控,提前享受用车乐趣。刚起步的白领群体一般情况使用公共交通解决日常出行需求,但是在成本可控的前提下,他们也希望尽可能享受休闲时光;向往自己有车的自由和享受,有强烈买车欲望,但无法马上买车,养车成本的不断增加及停车位难找,在一定程度压抑了他们买车的欲望;使用分时租赁,提前享受用车乐趣;对电动汽车和分时租赁这样的新鲜事物感兴趣,愿意尝试。

• 接受分时租赁无明显障碍。成长于网络时代的年轻一代,高度接受网上自助服务。

③ 随着分时租赁网点与服务各方面的成熟,可开始争取向往第二辆车的家庭

• 启动资源高。需建设范围广,密度较大的网点,且网点需设置在比较显眼的地方;已经习惯私家车带来的高度方便性,为满足他们对方便性的高度要求,需建设密度较高且容易找到的网点;出行范围分散:居住、工作地较分散,且因为家里已经有车,他们的活动范围更广,需建设范围广的网点。

• 驱动力中等。这些有车的家庭,在日常生活中已经离不开车,极度依赖私家车的方便性;因为家庭成员都需要用车,他们对第二辆车有需求,但受到车辆牌照的控制和用车成本的限制,无法购买第二辆车;使用分时租赁作为家庭的第二辆车,比再买一辆车划算。

• 接受分时租赁的障碍较大。对方便性要求高,但不熟悉自助服务;在服务业发达的深圳,日常生活中,他们习惯了享受周到的人工实体服务,提出了对送车上门和网点工作人员帮忙操作的要求。

④ 企业用户

• 启动资源中等。员工出行重视效率,对网点方便性要求较高,需在各区 CBD 商

业楼密度较高处设点;员工外出到银行和政府部门办事,目的地相对固定,减轻网点建设压力;办公出行可错开高峰,减轻网点车辆调度压力。

- 驱动力中等。在保障效率的前提下,节约用车成本。企业用车主要考虑点:重要场合维持公司形象,普通外出办事以实用为主;分时租赁作为企业用车,有明显的成本优势,可节省购车、租车、养车、油费、停车费、司机工资、员工用车补贴等费用。
- 接受分时租赁障碍大。一般的分时租赁车型只适用于行政、财务人员出行或销售拜访老客户等活动;电动汽车续航里程不适用于需要出城拜访工厂及供应商的情况。

总结上述分时租赁各阶段会员选择策略,如图4-13所示。

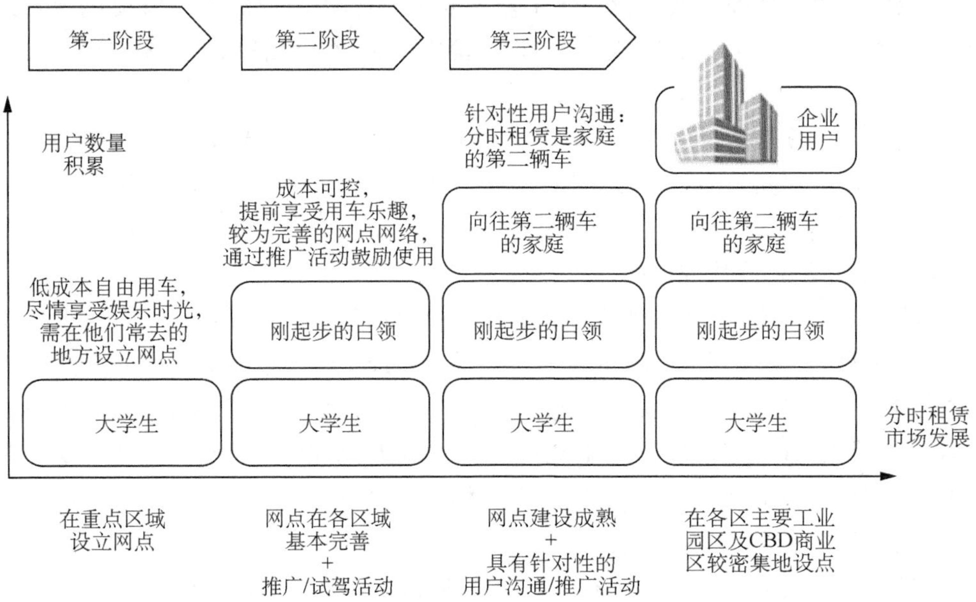

图 4-13 深圳市分时租赁各阶段会员选择策略

4.3 用户服务流程设计

4.3.1 基于用户的设计要素

电动汽车分时租赁用户服务流程设计是分时租赁服务模式中的一个重要环节。服务流程的好坏,对于用户租车体验、分时租赁企业营收、服务流程推广应用起着决定性的作用。一个较为完善的分时租赁用户服务流程不仅可以吸引越来越多的用户使用该服务,同时对于企业运营模式的推广也起着积极的促进效果。

基于用户的设计要素主要是站在各种类型用户的角度,考虑从开始接触电动汽车分时租赁,到注册使用,再到反馈注销等一系列使用操作流程。在讨论基于用户需求的设计要素之前,首先应考虑分时租赁的总体服务流程,可分为用户注册、预约用车(包含支付结算)和反馈评价三部分。用户注册是指运营公司通过官网或手机 App 对用户的信息采集及审核；预约用车是指用户预约可用车辆、取车、用车、还车、充电以及线上支付、结算这一系列的过程；反馈评价是指用户在使用前、使用中或使用后对租车过程中出现的问题、租车服务的满意度评价等反馈工作。

大部分汽车分时租赁公司采用会员制，其服务流程大致如图 4-14 所示。

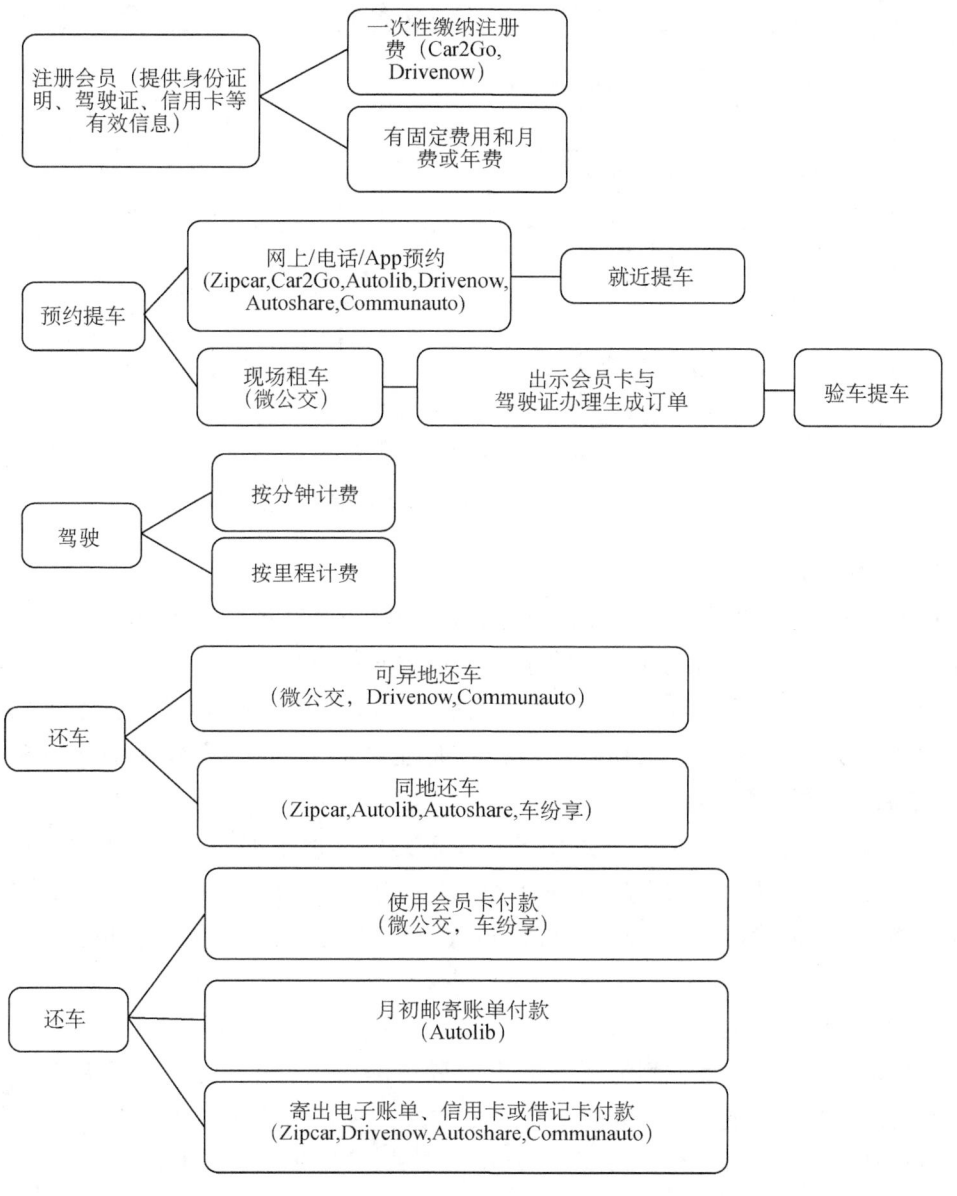

图 4-14　会员制服务流程

注：车纷享默认为同站还车，但可办理异地还车业务。Communauto 注册会员时可选是否缴纳一定费用，若缴纳一定费用在租车时会得到优惠，并且提供异地还车服务。

然而,也有一些会为非会员考虑,在采用会员制的同时非会员也可以租车,例如微公交、车纷享,其服务流程大致如图4-15所示。

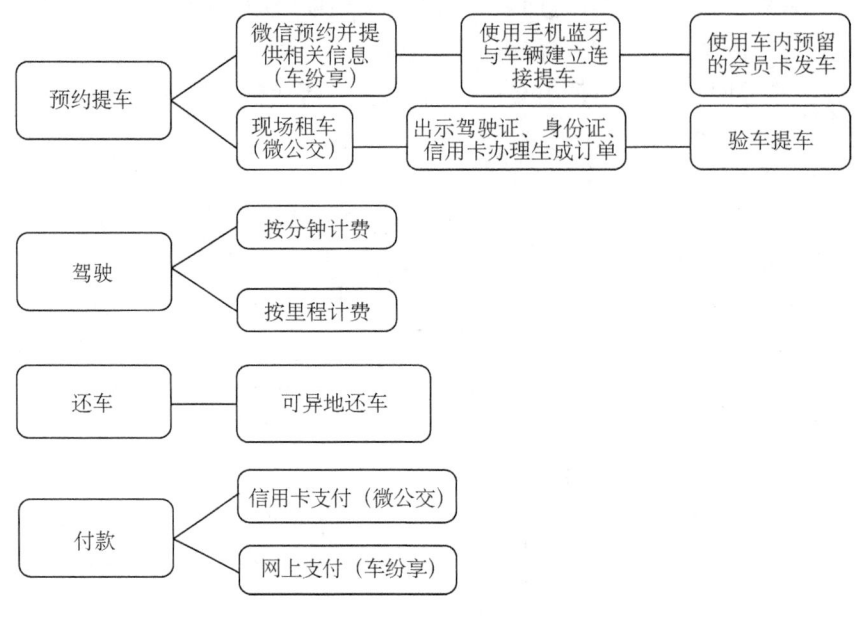

图4-15 非会员制服务流程

1. 用户注册

对于绝大多数分时租赁服务而言,在使用电动汽车分时租赁服务前,用户首先需要注册成为会员,之后才可以使用分时租赁公司提供的各项服务。

用户注册流程主要包含使用者在官网或手机App上填写手机号、登录密码,提交身份证、驾驶证及信用卡等有效信息,等待审核,通过审核,并一次性缴纳注册费或按月/年缴纳费用等一系列流程。

而一些公司还提供了非会员使用服务,一般是针对由于加入会员门槛过高或并非经常性使用分时租赁服务的用户,例如杭州的车纷享、微公交,因为其旅游业较为发达,考虑到游客在该时段的短暂需求,车纷享和微公交都为这类需求提供了相应的非会员服务。

2. 用户预约用车

会员预约用车的大致流程为预约提车、驾驶车辆、还车以及付款这几个步骤。

预约用车分为线上预约和现场租车两种方式。线上预约是指通过手机App、官方网站或拨打服务电话进行预约,并在附近找到车辆,验车提车,采用此种方式的运营公司有Zipcar、Car2Go、Autolib、Drivenow、Autoshare、Communauto等;现场租车是指在租车站点出示会员卡以及驾驶证后办理生成订单,并验车提车,采用此方式的运营公司有微公交。

驾驶车辆过程中分为按分钟计费和按里程计费两种计费模式。

还车过程分为可异地还车和同地还车。可异地还车是指从 A 处借了车之后可以在运营范围内的任何其他站点或位置还车，采用此模式运营的有微公交、Drivenow 以及 Communauto 等；同地还车是指还车位置必须是租借地，即 A 处借 A 处还，采用此模式的有 Zipcar、Autoshare、车纷享等。

付款过程主要分为使用会员卡付款、月初邮寄账单付款和基于电子账单使用信用卡或借记卡付款三种方式。

对于非会员，预约用车的流程与会员的类似，包括预约提车、驾驶、还车、付款四个步骤。

预约提车分微信预约和现场租车两种方式。微信预约是指通过微信公众号进行预约，并提供相关信息，创立订单后使用手机蓝牙与车辆建立连接提车，并使用车内预留的会员卡发车，车纷享目前正在使用此模式进行非会员的租赁工作；现场租车则是到达租车现场出示驾驶证、身份证、信用卡办理生成订单，验车提车，微公交以此模式为主为非会员提供租车服务。

驾驶车辆过程同样分为按分钟计费和按里程计费。

还车过程：可以异地还车。

付款过程：微公交采用信用卡支付的方式，车纷享在网上进行支付。

3. 用户反馈评价

用户反馈评价包括用户对本次出行的满意度调查、手机 App 改进建议、网点布局建议、分时租赁服务方式建议等。

本次出行的满意度调查是指在完成一次出行后，通过给各个系统打分以评价本次出行，类似于淘宝在用户收货付款后对产品进行评分，并可以在用户对出行服务提出评价后给用户一定的积分奖励。

手机 App 改进建议则是用户在使用手机 App 整个过程中所感到不满意、不方便的地方，给软件开发者提供改进意见和建议。

网点布局建议是指用户可以给运营公司提供觉得应当设立站点的位置和理由，或通过一个平台以投票形式选出用户最希望设立站点 TOP50 等。

分时租赁服务方式建议是指用户在使用整套系统中认为仍存在不足的地方，通过客服人员和用户互动的方式予以受理反馈，例如论坛、电话、微博、信函等方式。

目前大多数分时租赁运营公司在用户反馈评价方面良莠不齐，而这一部分是最直接、方便得到用户想法的地方，也是整体分时租赁用户服务的必要部分。如果可以将用户反馈做得方便、直接、透明、迅速，则会吸引大批用户并逐渐提高他们对本产品的忠诚度和依赖度。

4. 设计要素

由于使用分时租赁的人群较为广泛，因此应针对不同人群设计不同的注册、预约用车以及反馈评价方式。

在年龄方面,针对较为年轻的用户,可以通过手机 App、网站等方式进行注册使用,而对于不怎么使用网络或智能手机的中老年人,可以给他们提供现场、电话注册等方式。

在收入层面,用户注册阶段,针对收入较低但信用程度较好的大学生联合支付宝芝麻信用为其提供免押金注册方式;对于其他收入较低的群体可以采用信用卡预授权的方式免收押金。

对于不同教育水平的用户,可以对正在就读的当地大学生提供学校站点现场注册的方式。

在家庭结构层面,可以针对家庭成员中是否有老龄化的司机,即虽然不会使用智能手机,但开车水平不受影响的且具有环保意识的老人,可以通过注册家庭账号(家庭账户的定义是一个卡号有多张会员卡,会员可以帮助家庭内其他会员预约车辆),让家庭中其他成员为其远程操作,预约车辆,使用副卡开关车门,享受电动汽车分时租赁为其带来的便利与乐趣。

4.3.2 用户注册流程

注册服务是用户对分时租赁服务的第一印象,注册流程设计的好坏对用户后续使用以及忠诚度都有很大的影响。因此,用户注册流程应当适用于即将使用分时租赁的所有人群,并以便利、快捷的方式获取运营商所需要的信息。

用户注册流程设计包含用户注册渠道设计、不同渠道用户注册方案设计以及用户个人信息采集三个方面。

1. 用户注册渠道设计

基于前期针对深圳典型潜在用户的调研可知,应设计多种用户注册渠道,以使不同类型用户都可以使用分时租赁服务。针对分时租赁目标客户,可以设计如下几种用户注册渠道。

(1) 官方网站注册。在官方网站上进行注册是一种最基本的注册方式,通过填写个人信息以及上传驾驶证件提交审核,通过审核后即注册成功。官方网站注册特点:方便快捷、大多数可以上网的设备都可以进行注册。官方网站注册适用人群:大部分网民,通常为较年轻的群体。

(2) 手机 App 注册(微信公众号)。利用可联网的智能手机客户端下载官方应用,通过手机 App(微信公众号)提交个人信息以及上传驾驶证件提交审核,通过审核后即注册成功。手机 App 注册(微信公众号)特点:只要随身携带智能手机,随时随地都可以注册。手机 App 注册(微信公众号)适用人群:可联网智能手机持有者,通常为较年轻的群体。

(3) 站点现场注册。在一些租赁订单量较大的站点或人流量较大的热门商圈、学校食堂周边,通过现场设摊宣传的方式,吸引周围大量客户前来办理。客户通过现场填写注册表,并提供驾驶证原件和复印件提交审核,经过短暂审核即可于现场成功注册并获得分时租赁会员卡。站点现场注册特点:对运营商来说,效率很高,短时间内能够办理较多的注册手续;对于不使用网络的用户来说(例如年龄较大的人群),可以采用这种方式办理。站点现场注册适用人群:不怎么习惯使用网络的中老年人、网络普及较差的居民社区群体等。

(4) 特殊场合注册。特殊场合注册是指在企业或者政府机关单位,运营商统一为单位员工注册账户,同时这一部分用户或可享受一定的政策福利,或可通过单位账单结算的方式使用分时租赁服务。特殊场合注册特点:对于运营商来说一次性可以注册大量用户,通过一定的谈判即可吸收到大量潜在用户,同时该部分用户在合同期内一直是该分时租赁的"忠实"用户;对于用户来说,能够方便地"被注册",了解接触并逐步开始使用分时租赁服务,同时享受到单位提供的福利。特殊场合注册适用人群:在企业或政府机关工作的人员。

(5) 电话注册。电话注册是指客户通过拨打客服电话的方式申请注册,客户将注册所需信息告诉客服人员,并将驾驶证复印件等相关材料邮寄给运营部门,以完成注册。电话注册特点:注册效率较低,耗时耗力,建议开设相应窗口,但数量不宜过多。电话注册适用人群:对分时租赁有一定了解,习惯使用电话、不习惯使用网络的人群。

(6) 通过他人注册。有一部分人群从亲朋好友或同事同学听说了分时租赁服务,但自身由于各种原因不愿意亲自耗费精力去了解,希望通过他人即可成功注册(目前没有开设此注册服务的运营公司,详细设计流程见后面章节陈述)。通过他人注册特点:申请人方便、轻松即可成为会员,不需要过多的手续说明。通过他人注册适用人群:中、高收入中年人群或其他类型人群。

注册获得的会员卡可以同城市公共交通卡整合在一起,例如德国HANNOVERmobil 交通卡集合了地铁(25%折扣)、公交年卡、出租车(20%折扣)、汽车租赁(较长的单程出行有折扣)、汽车共享(节省注册费和月费)及市中心停放自行车的功能,同时在 HANOVER 的运输服务中心寄存行李免费。通过联合推广和市场的活动,统一售票,使用多模式交通智能卡,整合公共交通服务体系。

2. 不同渠道用户注册方案设计

1) 官方网站注册方案

用户通过可以上网的设备打开分时租赁官方网站,首先选择网站语言,浏览注册前的操作说明和租赁消息,有了基本了解后,即可开始填写个人基本信息。

用户填写基本信息,包括账户信息、个人信息、支付信息,同时阅读、同意运营商相关协议条款。

紧接着是上传个人驾照正副本,在网页上通过现有设备对驾照进行拍摄或上传已拍摄完成的驾照并提交,即进入等待审核的状态。

系统以及人工审核1~3天后,确认审核是否通过,通过后运营商以邮寄快递的形式寄送用户手册、会员卡等相关文件,注册完成;若审核失败,则告知用户修改建议,对信息重新修改后再次提交。官方网站注册流程如图4-16所示。

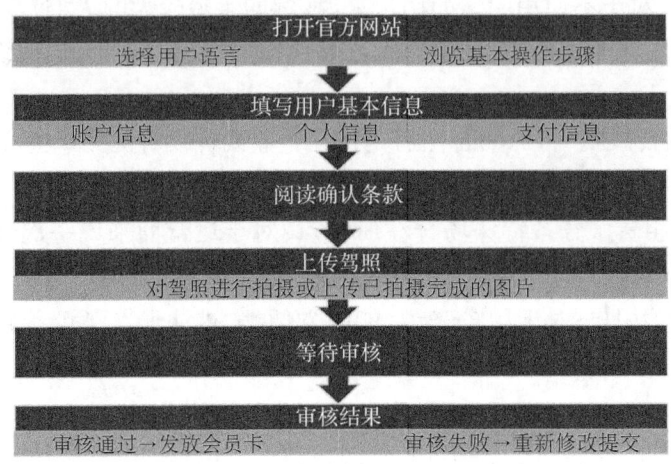

图 4-16　官方网站注册流程图

2) 手机 App 注册方案

用户通过手机 App 进行注册的流程与官方网站注册流程基本相同,如图 4-17 所示。

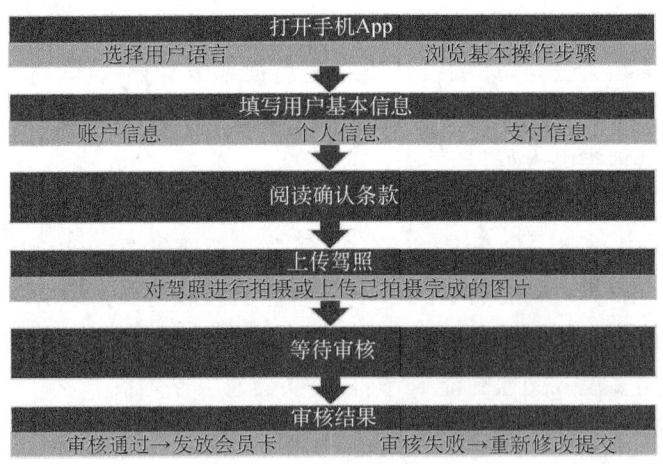

图 4-17　手机 App 注册流程图

3) 站点现场注册方案

首先用户抵达官方设定的摊位前,经过培训的工作人员会为用户介绍分时租赁的大致使用情况。

用户在经过一定的了解之后即可填写纸质申请表格,表格内容同样包括账户信息、个人信息以及支付信息,同时工作人员提供相关协议条款请用户确认签字。

经工作人员确认信息无误后会请用户提供个人驾驶证正副本复印件,经过工作人员短暂审核,如果审核通过,现场即可为用户发放会员卡等相关文件;若审核失败,则告知用户注册失败原因,并提供相应的疑难解答。站点现场注册流程如图 4-18 所示。

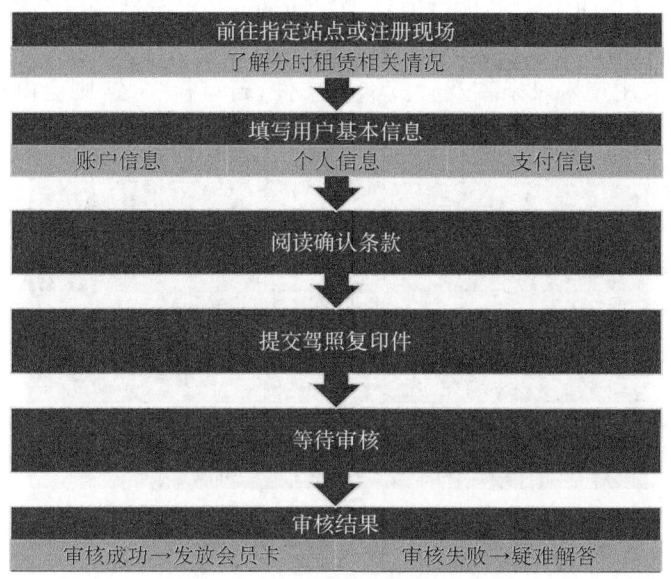

图 4-18 站点现场注册流程图

4) 特殊场合注册方案

企业或政府机关单位对员工简单地介绍分时租赁,在员工有了基本了解之后统一发放协议条款并收集员工的基本信息,包括账户信息(注册账户最好与员工号绑定,如有员工变动可以随时进行注册和注销)、个人信息、支付信息及驾驶证正副本复印件。将所有材料提交给运营公司审核,注册成功发放会员卡,注册失败告知原因以修正。特殊场合注册流程如图 4-19 所示。

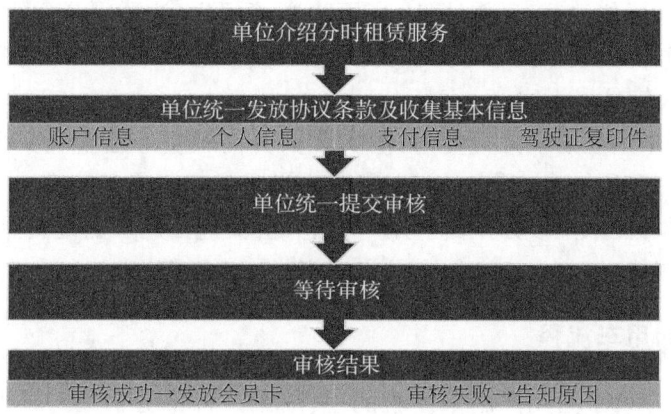

图 4-19 特殊场合注册流程图

5）电话注册方案

用户首先拨打官方客服电话接入注册线路，客服人员根据用户对分时租赁认知度分情况介绍。

在用户基本熟知后请用户将账户信息、个人信息、支付信息以口述或输入的形式告知客服，客服核对一遍信息后告知用户驾驶证正副本复印件邮寄地址，并说明在审核成功后会以邮寄形式发放用户协议条款及会员卡等文件；若审核失败，则会电话告知用户。电话注册流程如图4-20所示。

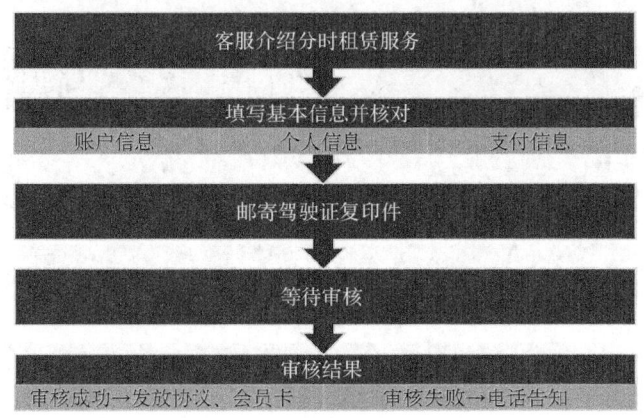

图4-20 电话注册流程图

6）通过他人注册方案

用户授权熟知注册业务的其他用户代其注册。用户将基本信息以及驾驶证复印件等提交给代办者后，由代办者通过上述五种方式中的任意一种注册。

3. 用户个人信息采集

1）用户个人信息采集内容

用户个人信息采集内容主要包含两大部分：①账户信息：账号、密码、支付方式、手机号、邮箱号等，为用户日常登录使用、领取优惠券、参与活动等提供支持；②个人信息：姓名、性别、年龄、居住地址、工作地址、是否为邀请用户、注册渠道等，为运营公司对注册方式调整改善、优化服务流程等方面提供基础数据支持。

2）用户个人信息采集建议

加大用户基本信息的采集力度，目前大多数分时租赁运营公司只采集了用户的年龄和性别，其他一无所知，这对整个数据资源来说是一个巨大的浪费。电动汽车分时租赁运营公司要尽可能采集较为全面的用户信息，至少包括用户的驾龄、职业、居住地址、工作地址、家庭规模、家庭小汽车保有量和家庭收入水平等。

4.3.3 用户预约用车流程

用户预约用车环节是用户用车体验的主体部分，该部分的用户体验直接影响着人们对分时租赁的满意度。因此，不仅要为已注册的所有用户提供相同的使用渠道，同时应当开发、完善服务流程的细节部分,以吸引越来越多的用户加入进来。

1. 用户预约用车渠道设计

用户预约用车渠道主要包含手机 App(微信公众号)预约用车、官方网站预约用车、站点现场预约用车、电话预约用车、通过他人预约用车等渠道,能够全方位满足各类用户需求,保证用户希望用车时可以通过多渠道享受分时租赁的服务。

1) 手机 App(微信公众号)预约用车

手机 App(微信公众号)预约用车是指用户打开手机 App 或公众号预约身边或意愿站点位置的电动汽车,并使用手机或会员卡打开车门使用车辆并还车、支付订单。

特点:方便、快捷、随时随地可查看预约用车情况,全程自助。

适用人群:可联网智能手机持有者和惯用者,通常为较年轻的群体。

2) 官方网站预约用车

官网预约用车是指用户通过可上网的设备在官方网站预定可用车辆,并使用会员卡打开车门使用车辆、还车,最后再通过官方网站支付订单。

特点:较方便、快捷,全程自助。

适用人群:不习惯使用智能手机的网民。

3) 站点现场预约用车

针对会员,会员前往周边有人工服务的站点,通过工作人员预约车辆并使用;针对非会员,在站点签订租车协议后使用车辆,但还车地点一般必须是有人工服务的站点。

特点:人工服务,效率较低,没有到达站点前不知道是否有可用车辆。

适用人群:不习惯使用网络或智能手机的高龄会员或非会员。

4) 电话预约用车

用户拨打客服热线,请求客服帮助查询所在地周边的可用车辆情况并进行预约,预约成功后用户即可前往车辆所在地使用会员卡打开车门使用。

特点:人工服务,效率较低。

适用人群:不习惯使用网络或智能手机的会员。

5) 通过他人预约用车

用户通过家庭账户的其他用户帮助开关车门,无须进行预约、支付等一系列烦琐操作,只需要拿着会员卡到预订车辆前使用即可。

特点:可通过他人帮助预约车辆。

适用人群:可以驾车但对网络、智能手机没有概念的老年人或拥有家庭账户的其他家庭成员。

6) 其他方式

包括团体预约、长租等其他服务。

2. 不同渠道预约用车方案设计

1) 手机 App(微信公众号)预约用车

用户打开手机 App 客户端输入本次出行的起终点,系统自动计算查找身边最近的站点车辆预约情况。当发现可预约的车辆后,用户点击预约车辆进行预约,预约成功后系统提示已预约成功并要求用户在一定时间内前往车辆所在地取用车辆,逾期后自动取消订单;同时系统也会给出离目的地最近的还车站点,以及基于起终点及地图数据得到的从出行起点到取车点与从出行终点到还车点的交通方式、时间、距离和全程导航服务。

如果出现取车站点没有车辆可用的情况,系统则通过计算给出预期等待时间以及等待车辆的剩余续航里程(因为每个用户的出行起点和终点已知,预期的取车点或还车点也已知,则可以通过车辆实时位置预测每个站点的车辆预期到站时间,也即还车时间),同时向用户提出请求:是否愿意等待(如果等待,App 系统后台要把等待时间记录下来;如果放弃,后台也会把这次需求记录下来,作为一次"被抑制的需求")。另外,如果该用户前面还有其他用户在排队等车,则还会告知该用户前面排队的用户数。用户根据以上信息决策是否继续等待。同时,当用户处于等待状态时,若周边有可用车辆时(因为系统不一定能计算特别精准)则向用户发出推送,提醒周边有车可用,是否预约。

当用户借用一些取车还车极不平衡的站点内的车辆时,系统发出提示,如果能够还车到其他站点,可减免一定的费用。

一旦用户预约到车辆后,便可以根据系统提示前往指定地点,检查车辆状况并使用会员卡或手机 App 打开车门,开车前往还车点。

抵达还车点后,用户停车熄火并关闭车灯,下车关闭车门并给车充电,一切操作完成后打开手机 App 结束订单,并支付相应费用。在 30 天内,系统查询违章信息,如果没有违章,押金可以申请退还;如果存在违章,用户则需依据相关条款处理。

手机 App(微信公众号)预约用车流程如图 4-21 所示。

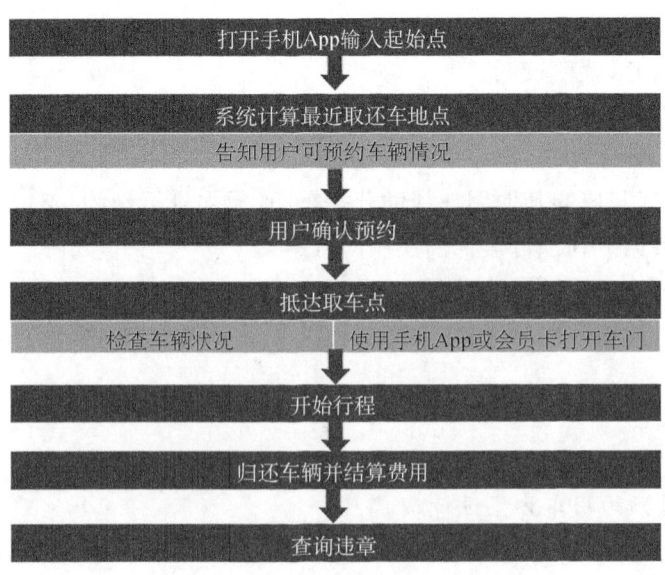

图 4-21　手机 App 预约用车流程图

2)官方网站预约用车

官方网站预约流程类似于手机 App,相关操作界面在网页上进行。

3)站点现场预约用车

站点现场预约用车主要分为会员和非会员。

对于会员,用户前往指定服务点,咨询工作人员车辆预约情况。如果有闲置可用车辆,用户即可凭借会员卡办理租车订单,并跟随工作人员检查车辆,确认无误后正常使用车辆。抵达还车点后,用户停车熄火并关闭车灯,下车关闭车门并给车充电,一切操作完成后在站点刷卡结算。如果没有可用车辆,客服则根据系统反馈告知用户需要等待多久,前面是否有人排队,以及询问用户是否预约其他时段车辆。

对于非会员租车,开展相关服务的分时租赁公司较少,目前只有杭州开展了部分业务,因此简单介绍一下杭州微公交的服务流程。非会员抵达指定站点后出示驾照、身份证及信用卡,签订用车合同,并对信用卡刷预授权,之后即可前往可用车辆处验车并使用。抵达还车点后(有人工服务的站点),根据有无车损情况刷信用卡结算并结束行程,具体情况如图 4-22 所示。

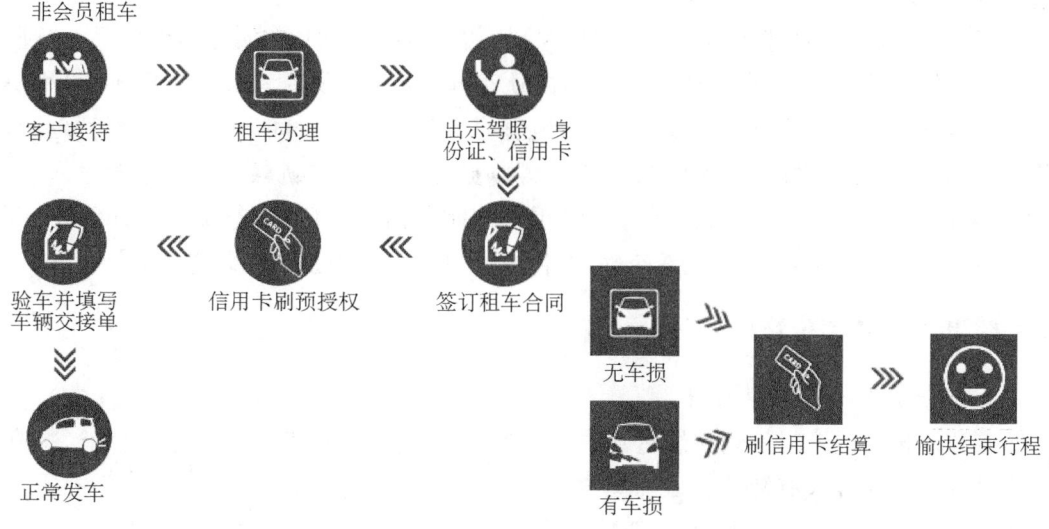

图 4-22 杭州微公交非会员取还车流程图

4)电话预约用车

用户拨打客服电话,告知客服出发地和目的地,由客服提供用户周边(500~800米)可用车辆信息。如有可预约车辆,则帮助用户进行预约。如果出现没有可预约车辆的情况,客服则告知用户大概还有多久可以预约、可预约的车辆里程、目前排队人数等信息。当有可预约车辆时,客服通过电话反馈形式询问用户是否预约车辆。

一旦用户租赁到车辆后,便可以根据系统提示前往指定地点,检查车辆状况并使用会员卡打开车门,开车前往还车点。

抵达还车点后,用户停车熄火并关闭车灯,下车关闭车门并给车充电,一切操作完成后刷卡支付相应费用。在30天内,系统查询违章信息,如果没有违章,押金可以申请退还;如果存在违章,用户则需进行相关处理。

5)通过他人预约用车

当用户需要使用车辆时,告知拥有相同家庭账户的其他成员,其他成员获取其需求后,通过以上四种方式中任意一种为其寻找可使用的分时租赁电动汽车。当预约成功后,告知该用户取还车地点,该用户便可直接前往取车地使用家庭账户的会员卡副卡刷卡取车,完成出行。抵达还车点后,再次刷卡结束本次出行,同时系统提醒其他家庭成员为其支付费用并结束订单。

3. 用户用车数据采集

采集到的用车数据是指用户从预约车辆开始,到驾驶使用、还车付款这一系列流程中收集到的有关这一条订单的所有数据,主要包括订单编号、会员编号、车型、车牌号、支付状态、是否违章、订单时间、取车时间、还车时间、取车网点、还车网点、行驶里程、实际出发地点、实际到达地点、平均等待时间、被抑制需求次数、车辆实时GPS轨迹、订单金额、减免金额、优惠金额、减免原因、结算金额等数据。通过数据计算处理分析,可以得到很多对实际运作、未来运营管理及学术研究有很大帮助的信息。例如,在实际运作中预约阶段用户被告知的等待时间,即可通过前一名向还车地行驶(对预约者来说是取车地)用户的驾龄、年龄、现状平均行驶速度、距目的地里程等估算等待时间;在未来运营管理中,用户在等待过程中接收到的实时数据提醒可以显著提升用户满意度以及运营收入;在学术研究方面,国内外还没有人做过分时租赁抑制性需求、真实出行OD(Original and Destination,起点和终点)、平均等待时间等方面的研究,有很强的可研究性。

4.3.4 用户反馈评价流程

1. 用户反馈评价渠道设计

用户反馈可以及时发现系统运营中的优势和不足,对于完善和改进系统体验,提高用户认知和忠诚度大有裨益。目前国内外各大分时租赁公司对此都比较重视,并提供了诸多人性化的用户反馈渠道,主要包含官方网站反馈、手机App反馈、站点现场反馈(问卷反馈)、电话反馈、邮件反馈等。多元化的反馈方式可以满足不同人群的需求。许多人不使用或不习惯使用网络或智能手机,也可以比较方便地进行实时贴心的反馈。

1)官方网站反馈

在官方网站上进行反馈是一种比较基本的反馈方式,通过登录个人账号以及描述反馈的内容,同时可以附上相应的图片(可选),工作人员对反馈内容进行审核,通过审核后即反馈成功。

特点:大多数可以上网的设备都可以进行反馈,但可能占用用户一定的时间。

适用人群:大部分网民,通常为较年轻的群体。

2) 手机 App 反馈

利用可联网的智能手机客户端下载官方应用,通过 App 提交反馈内容以及上传图片附件(可选)进行审核,通过审核后即反馈成功。

特点:只要随身携带智能手机,随时随地都可以反馈,相较官方网站反馈更加便捷和省时。

适用人群:可联网智能手机持有者和惯用者,通常为较年轻的群体。

3) 站点现场反馈(问卷反馈)

在一些较为热门的商圈或人群集中出现的地点(例如学校、商业中心),通过现场设摊宣传的方式,吸引大量周围人群进行问卷调查和反馈,同时赠送一定的小礼品。也可以采用调查员蹲点模式,对前来取还车的用户进行问卷调查和反馈,客户现场填写问卷(包含反馈表)。

特点:对运营商数据采集来说,效率很高,短时间内能够收集较多的问卷数据和反馈信息,但是需要大量的后期数据录入;对于不使用网络的用户来说(例如年龄较大的人群),可以采用这种方式。

适用人群:不怎么习惯使用网络的中老年人、网络普及较差的居民社区群体等。

4) 电话反馈

电话反馈是指客户通过拨打客服电话的方式进行反馈,客服人员予以电话接待和记录,客户将所需反馈的内容告诉客服人员,以完成反馈。

特点:反馈效率较低,需要增加专门的客服人员负责用户反馈,耗时耗力。

适用人群:对分时租赁有一定使用和了解,并在使用过程中产生想法或者发现问题,习惯使用电话的人群。

5) 邮件反馈

邮件反馈是指客户通过发送电子邮件到指定邮箱的方式进行用户反馈。客户将所需要反馈的内容进行详细的描述,并附上相应的图片和附件进行辅助说明(可选)。客服人员定期对邮件进行接收和处理,并对用户进行相应的回馈,以完成邮件反馈过程。

特点:反馈信息收集效率高,但是需要耗费客户一定时间进行邮件的编辑;同时后期处理效率较低,需要进行大量的邮件处理和数据录入,比较耗时耗力,但是相比站点现场反馈,工作量会小一些。

适用人群:对分时租赁有一定的使用和了解,可以使用网络且习惯使用邮件的用户。

2. 不同渠道反馈评价方案设计

1) 官方网站反馈方案设计

对于利用官方网站进行反馈的环节,目前国内大部分网站都没有予以充分的重视。根据前期调研,设计如图 4-23 所示的官方网站反馈方案。

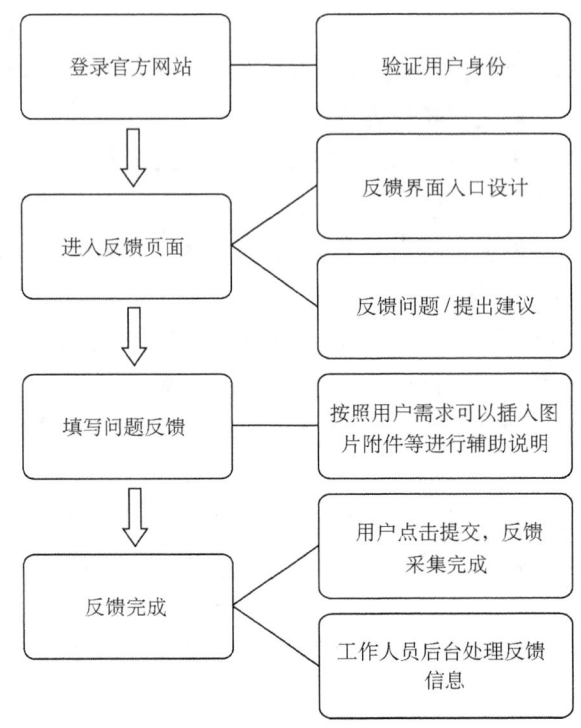

图 4-23 官方网站反馈流程图

2) 手机 App 反馈方案设计

用户通过手机 App 进行反馈流程与官方网站上反馈流程基本相同,不同之处在于手机 App 更加便携,用户可以实现随时随地反馈,但是需要手机 App 进行人性化的设计。手机 App 反馈方案设计流程图如图 4-24 所示。

3) 站点现场反馈(问卷反馈)方案设计

站点反馈是一种直接和用户进行沟通的方式。沟通过程非常直接有效,有利于反馈信息的准确采集。首先,用户抵达官方人员设定的摊位或者站点前,工作人员会为用户提供问题反馈的表格或者问卷,并介绍问卷的大致使用情况。

其次,用户在经过一定的了解之后即可填写纸质反馈表,表格内容同样包括用车信息以及对分时租赁的意见和建议,同时工作人员告知用户可以进行实名反馈和匿名反馈,反馈成功后会获得一些小礼品。站点现场反馈流程如图 4-25 所示。

4) 电话反馈方案设计

用户首先拨打官方客服电话接入反馈线路,客服人员接待。用户通过电话向工作人员描述使用过程中遇到的问题或者结合自身切身经历和感受提出的对汽车共享的意见和建议,工作人员认真地受理和记录。用户可以选择匿名或者实名,对于实名反馈的用户,意见采纳后,用户会收到一定的奖励,同时工作人员会联系用户进行回访致谢。工作人员在电话接待用户时应当让用户知晓此事。电话反馈流程如图 4-26 所示。

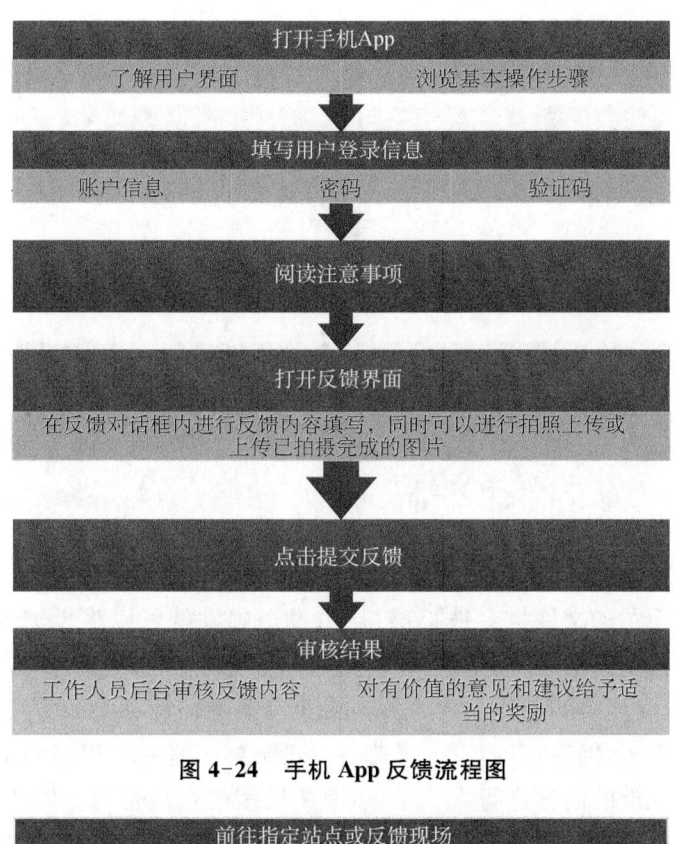

图 4-24　手机 App 反馈流程图

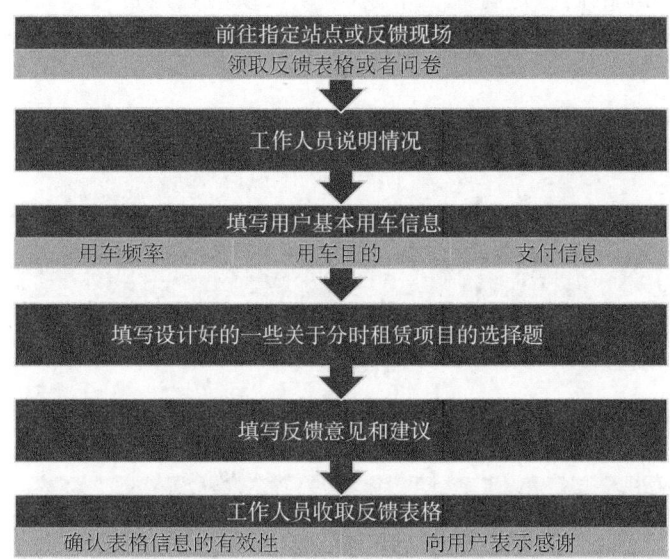

图 4-25　站点现场反馈流程图

5) 邮件反馈方案设计

用户通过个人邮箱向指定的官方反馈邮箱发送邮件,首先需要将反馈内容进行梳理,然后进行反馈邮件的编辑。在邮件中,用户可以自由地插入图片和相应的附件,但

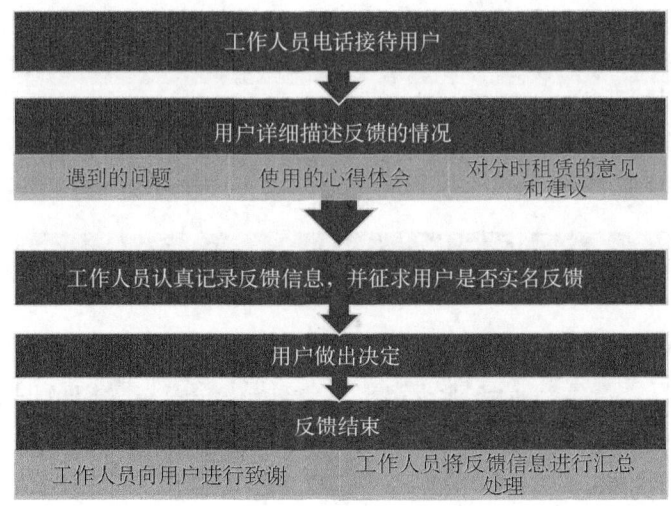

图 4-26　电话反馈流程

是违规的文件和无关的文件将会被拒绝，点击发送邮件就可以将反馈信息发送到指定的邮箱。用户填写反馈信息，包括用户对本次出行的满意度调查、手机 App 改进建议、网点布局建议、分时租赁服务方式建议等。对于车辆的损坏和事故等信息的反馈，也可以通过邮件方式进行，但在这种情况下，邮件反馈显然不是一个很好的反馈方式。

工作人员对反馈的内容进行人工审核，审核反馈内容是否与分时租赁相关，流程大概 1～3 天，确认审核是否通过，通过后会将反馈信息进行汇总分析。邮件反馈流程如图 4-27 所示。

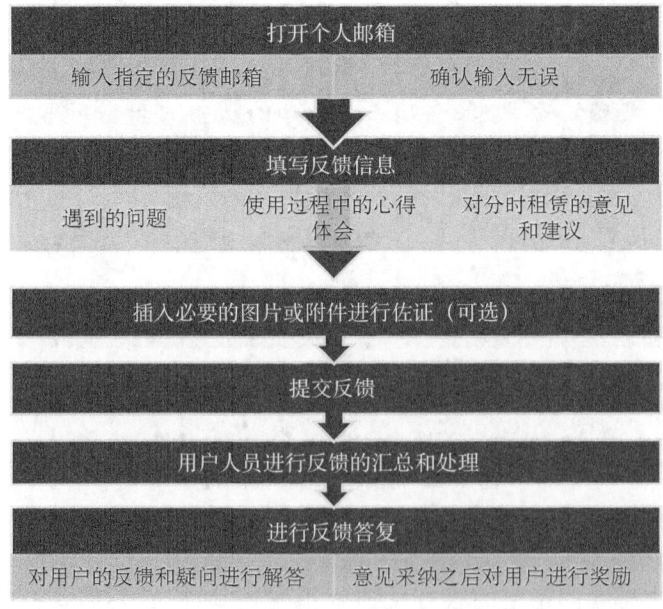

图 4-27　邮件反馈流程

3. 用户反馈评价信息采集

1) 用户评价信息采集

用户反馈评价包括用户对出行的满意度、手机 App 改进建议、网点布局建议、分时租赁服务方式建议等（表 4-2）。

表 4-2　用户反馈评价信息

调查项目	具体内容	反馈指标
出行的满意度	出行时间是否满意	非常满意、基本满意、不满意、非常不满意（原因反馈）
	出行舒适度是否满意	
手机 App 改进建议	App 界面是否友好	是/否（并描述具体问题和感受）
	常用功能是否容易找到	
	App 是否存在 BUG	
网点布局建议	到常用网点的步行/自行车接驳距离是否满意	具体反馈客户对于现有站点布局的意见以及未来站点调整和增设站点的建议，比如可以通过一个平台以投票形式选出用户最希望设立站点 TOP50 等
	是否经常有还车找不到网点的困扰	
	对增设网点的意见和建议	
分时租赁服务方式建议	对现阶段用户注册流程的意见和建议	具体反馈客户对于现有分时租赁方式和服务流程的意见和建议，并根据用户反馈提出改善的措施，通过客服人员和用户互动的方式予以受理反馈，例如论坛、贴吧、微博、信函等方式
	对现阶段车辆预约流程的意见和建议	
	对现阶段车辆归还过程的意见和建议	
	对现阶段车辆维护保修的意见和建议	
其他意见和建议	其他意见和建议	其他意见和建议

以上主要是想通过用户的切身体会和反馈，及时发现系统运营过程中的优势和不足，从而对优势进行保持，对不足之处进行改进。如果可以将用户反馈做得方便、直接、透明、迅速，则会吸引大批用户并逐渐提高他们对本产品的忠诚度和依赖度。

2) 问题车辆信息采集

问题车辆反馈主要包括以下几个方面：①问题车辆的问题类型，是因为车辆故障还是因为车辆违章；②车辆现状所处的位置和状态；③对于出了故障的车辆，应当采集现状车辆出现的情况，比如说无法启动、车胎损坏等故障描述；④对于违章车辆，应当采集车辆违章的具体时间、地点、车上的人员以及造成的事故情况描述等。

第 5 章
电动汽车分时租赁车型选择

第 4 章探讨了电动汽车分时租赁用户的群体特征及需求特性,而从车辆配置和选型方面满足用户需求可能包括车辆续航显示的准确性、车内的卫生整洁程度、车辆级别及空间大小等,不同用户群体对车辆的需求侧重略有不同。

当前中国市场上分时租赁企业的车辆购置有多种方式,涉及传统燃油机汽车及电动汽车,但大多数企业采用电动汽车,原因是在分时租赁率先推广的一线城市,电动汽车没有牌照压力且有相应的政策激励,可以降低购车成本;另外,通过分时租赁的方式可以向消费者提供电动汽车的试用机会,使消费者切身感受电动汽车的性能和便捷,有利于电动汽车在国内的长期推广。

电动汽车分时租赁车型选择和普通私家车的车型选择是不同的。运营用的电动汽车和家庭用的电动汽车在诉求上也有很大不同。从用户的视角考虑,车辆的性能、舒适性以及安全性越高,带来的体验感越好,则消费者选择持续使用分时租赁的概率越高,但同时在车型上花费过高的成本会造成运营过高的财务负担;从运营的视角考虑,需要选择能够满足不同消费者群体需求的车型,但同时车辆要便于维护维修,且不会有过高的成本。此外,在分析运营视角的车型特点时,电动汽车的残余价值也需要考虑,因为这涉及分时租赁企业能否在车辆生命周期内收回成本问题。

本章将通过消费者车型需求调研和分时租赁车型现状调查来分析和总结电动汽车分时租赁车型的基本特征,然后分别从用户视角和运营视角提出分时租赁车型选择的理论方法和评价模型,为电动汽车分时租赁企业提供车型选择参考。

5.1 电动汽车分时租赁车型需求调研

5.1.1 问卷设计和发放

为了解电动汽车分时租赁用户对车型的需求特点,以 EVCARD 用户为分析对象,设计问卷。问卷发放以网络形式发放为主,共发放 410 份问卷,回收有效问卷 399 份。问卷初稿设计完成后,先开展了小范围的预调研,根据反馈的问题再设计完成最终问卷(本书附录 2)。

调查问卷分为两个部分。第一部分是 EVCARD 用户情况调查,对于驾驶或者乘坐过 EVCARD 的用户,调查用户的平均出行距离、出行人数、出行目的、使用过的车型和对车型的评价。第二部分对所有受访者进行调查,了解影响电动汽车分时租赁用户体验的关键因素、电动汽车分时租赁适合的车型以及车型必需的配置。

5.1.2 EVCARD 使用情况分析

在本次调研中,使用过 EVCARD 电动汽车分时租赁服务的人数占比 66.91%,其中驾驶过的用户占比 45.86%,仅乘坐而未驾驶过的用户占比 21.05%,既未驾驶也未乘坐过的用户占比 33.09%,具体如图 5-1 所示。

在使用过 EVCARD 的用户中,平均每次出行距离在 10 公里及以内的占 44.57%,10~20 公里的占 39.33%,20~30 公里的占 10.11%,30 公里及以上的占 5.99%,如图 5-2 所示。

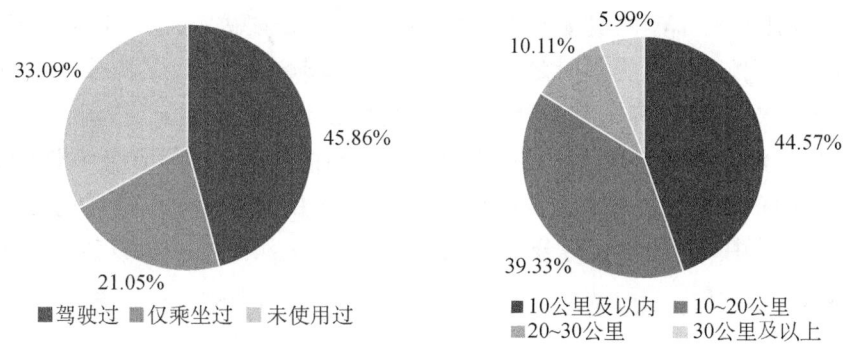

图 5-1　样本使用 EVCARD 情况分布　　图 5-2　使用 EVCARD 出行距离分布

平均每次出行人数为 1 人的占 23.22%,2 人的占 46.82%,3 人的占 21.72%,4 人及以上的占 8.24%,如图 5-3 所示。

在出行目的的调查中,休闲、往返交通枢纽以及个人或工作业务三者占比最大,分别达到 34.52%,28.05% 和 17.76%,如图 5-4 所示。

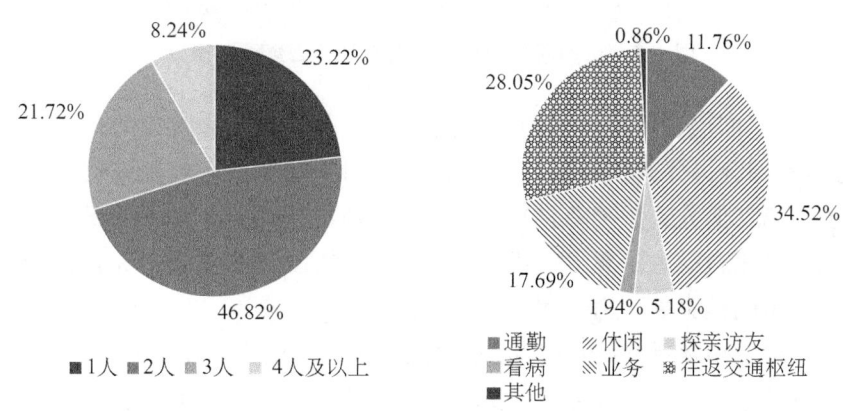

图 5-3　每次使用 EVCARD 出行人数分布　　图 5-4　使用 EVCARD 出行目的分布

上述是 EVCARD 用户出行的基本特征,可以通过这些基本特征概括出用户在使用车型上的评价:分时租赁用户对车型价格的敏感性较高,要远高于对车辆性能的敏感性。问卷调查分析结果显示,在使用过 EVCARD 的 267 名受访者中,有 91.76% 的用户使用过荣威 E50,对该车型的综合评分均值为 7.56 分;有 77.90% 的用户使用过奇瑞 EQ,对该车型的综合评分为 5.26 分;而只有 35.58% 的用户使用过宝马之诺 1E,对该车型的综合评分为 7.85 分。可见,大部分用户使用的是较低配而且较便宜的奇瑞 EQ 和荣威 E50。当问到三种车型均可用时会优先选用的车型,74.90% 的 EVCARD 用户选择了荣威 E50,13.85% 选择了奇瑞 EQ,而仅有 11.25% 的用户选择了宝马之诺 1E。虽然宝马之诺 1E 性能较好,但由于相对高的租金,所以用户选择率较低。

5.1.3 车型选择用户需求分析

为了探究用户对车型的具体需求,选取六大关键要素进行用户评价分析:①租车费用;②服务可用性,即能否随时随地取还车;③车辆综合性能;④操作便捷性及可靠性,包括注册、取车还车、充电等操作;⑤App 功能设计,包括站点及车辆状态查询、预约、开关车门、还车、支付等;⑥售后服务质量,包括故障、事故等紧急事件的处理等。通过问卷调研确定了六大关键要素在消费者心目中的重要程度,其平均综合得分如图 5-5 所示。其中,平均综合得分=(Σ频数×权值)/填写人次,权值由选项被排列的位置决定。

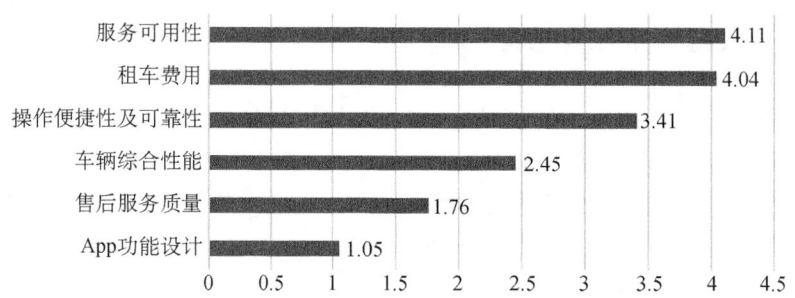

图 5-5　分时租赁用户体验关键影响因素综合得分

由图 5-5 可知,服务可用性和租车费用是影响电动汽车分时租赁用户体验最关键的两个因素,其综合得分分别为 4.11 和 4.04。而对于车辆综合性能,其得分仅为 2.45。这一结果也与第一部分关于 EVCARD 车型使用情况的调查结论相一致。电动汽车分时租赁解决的是用户的短距离出行需求,是公共交通服务的重要补充,与出租车类似,因此用户更注重的是服务可用性和租车费用。

关于车型级别要求,认为电动汽车分时租赁适合采用小型车、微型车和紧凑型车的受访者最多。其中,80.45% 的受访者表示适合采用小型车,57.89% 认为适合采用微型车,47.12% 认为适合紧凑型车,如图 5-6 所示。

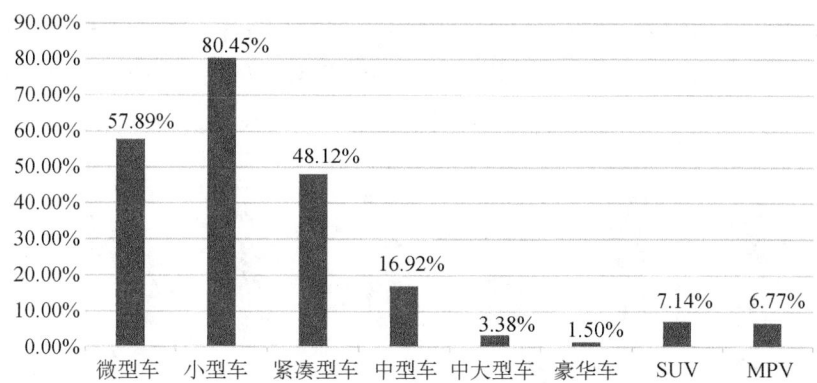

图 5-6 分时租赁适合的车型级别调查结果

关于车型座位数，认为 4 座车型适合用于电动汽车分时租赁的受访者最多，占比达到 72.18%，其次是 5 座和 2 座，分别有 30.45% 和 29.70% 的受访者选择，如图 5-7 所示。

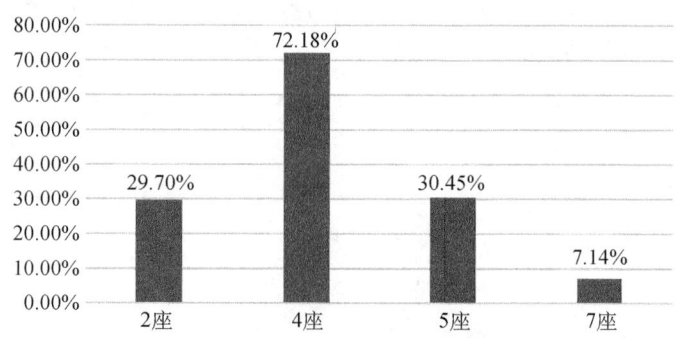

图 5-7 分时租赁适合车型座位数调查结果

关于车型续航里程，受访者中 30.08% 认为不应该低于 150 公里，占比最大，不低于 100 公里、120 公里和不低于 150 公里三者占比达到 73.94%，如图 5-8 所示。可见，受访者对电动汽车分时租赁车型的续航里程要求并不如人们想象的那么高。

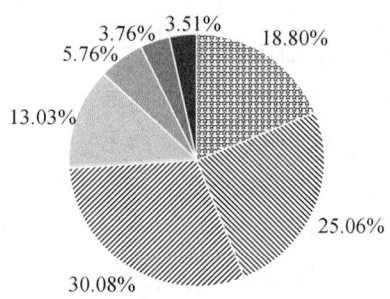

图 5-8 分时租赁电动汽车最低需达到的续航里程调查结果

对于车型必需的配置，副驾驶安全气囊和空调的选择率最高，分别达到81.20%和80.83%，此外还有64.29%的受访者认为倒车雷达为必备的配置，如图5-9所示。

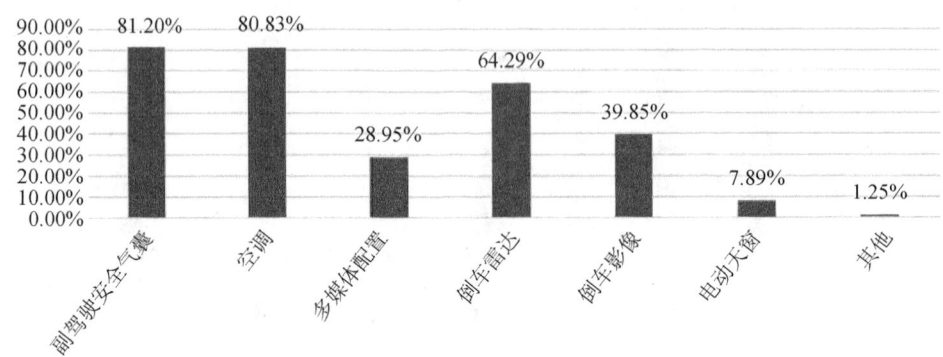

图 5-9　分时租赁车型配置需求调查结果

当问到是否需要提供不同档次的车型对应不同的价位以供选择时，认为非常有必要和有必要的受访者分别达到34.59%和47.62%，如图5-10所示。这一调查结果体现了电动汽车分时租赁车型具有较为多样化的需求，大多数消费者都希望有多种档次和价位的车型以供选择。

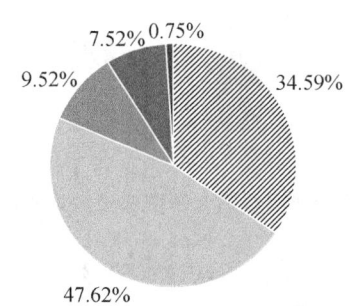

图 5-10　分时租赁车型多样化需求调查结果

基于上述调查结果，可总结出电动汽车分时租赁用户对车型需求的基本特征为：微型车或小型车，4座或5座，续航里程不低于150公里，必备配置包括副驾驶安全气囊和空调。此外，由于用户对租金的敏感程度远远高于对车型综合性能的敏感程度，而豪华车型往往对应着较高的租金，又考虑到消费者对于车型多样性的需求，建议采用以经济型车型为主，配合少量豪华车型为辅的策略。

5.2　电动汽车分时租赁车型选择现状

为具体阐述国内分时租赁运营方的车型投放情况，选取四个代表企业进行研究，这四个企业分别是 EVCARD、深圳 e 出行、GoFun 出行和小桔租车。其业务均包含分时租赁,但模式却各有不同:EVCARD 投放车辆全部为自营车辆,即车辆为运营方所有,租车模式分为分时租赁和日租;深圳 e 出行是基于多运营商加盟的分时租赁平台,不同运营商平台的车辆来源有所不同;GoFun 出行车辆来源有自营车辆、第三方车辆以及用户端车辆,因此租赁模式包括 B2C 和 C2C 两种;小桔租车是滴滴旗下的分时租赁平台,依托滴滴平台进行推广,与小桔养车、小桔加油、小桔充电一同从属于小桔车服旗下,构成滴滴出行生态中的重要环节。

5.2.1 EVCARD 分时租赁车型

2013 年 7 月,EVCARD 电动汽车分时租赁在上海上线,首先提出了分时租赁的概念。2015—2017 年,EVCARD 快速布局全国市场,并于 2016 年 5 月整合 EVCARD 和 e 享天开两大分时租赁品牌成立环球车享,成为国内电动汽车分时租赁领跑者。2018—2019 年,EVCARD 在产品模式、运营模式等方面持续优化,逐渐完善分时租赁这一模式,同时不断扩大市场占有率。例如,产品模式方面的计价方式、App 多样化、硬件产品智能化、定制车型等;运营模式方面的标准化运营、用车流程标准化、网点建设标准化、运维服务标准化等。

EVCARD 与上汽集团合作后,获得上汽集团全产业链的资源支持,如在车辆的供给与定制、充电桩资源、自动驾驶技术、5G 车联网等方面。除此之外,EVCARD 同时也与其他车厂开放合作,例如宝马、长安、奇瑞、江淮、众泰等。EVCARD 的车辆来源组成为 70% 来自上汽集团,30% 来自其他合作车厂[①]。

EVCARD 投放的车型较为多样,涵盖微型车、中型车以及 SUV,包括较为经济实用的车型和豪华车型,如图 5-11 所示。

其中,微型车如众泰 E200、奇瑞 EQ、荣威 E50、北汽 EC180 等,可以满足日常单人或双人出行,车内空间虽然较小但座位数大多为 4,多人出行的情况也可满足;微型车在交通拥堵城市具有一定优势,车尺寸小则驾驶门槛低;微型车的整备质量低,更便于保证车辆的续航能力;微型车多用于城内交通,因此 100~150 公里的续航对于消费者来说已足够;微型车的租赁价格均为 0.5 元/分钟(上海地区),相比于出租车等竞争交通方式,此租赁价格对于消费者具有一定的吸引力,日常使用不构成压力。

除此之外,EVCARD 还提供四款大中型 SUV:别克 VELITE6、荣威 ERX5、宝马 i3、之诺 1E。SUV 车型不仅可满足单人出行的需求,还因为其空间大、载物能力强的特点可满足多人跨城出游的需求;同时 EVCARD 提供的 SUV 车型级别包括 15 万元级别的别克 VELITE6、20 万元级别的荣威 ERX5 以及 30 万元级别的宝马 i3 和之诺

---

① 易观数据分析.中国汽车分时租赁市场年度综合分析 2019[EB/OL]. https://www.analysys.cn/article/detail/20019427.2019-08-02.

1E,级别较高的豪华车租金和押金均更高。跨级别的投放可满足不同人群的出行需求,家庭出游可选择性价比较高的别克 VELITE6、荣威 ERX5,商务出行可选择宝马 i3 等豪华车型。

其中,各车型续航里程均大于 150 公里,对应前文关于消费者对车型需求的调研和分析来看,EVCARD 车型能够满足基本需求。

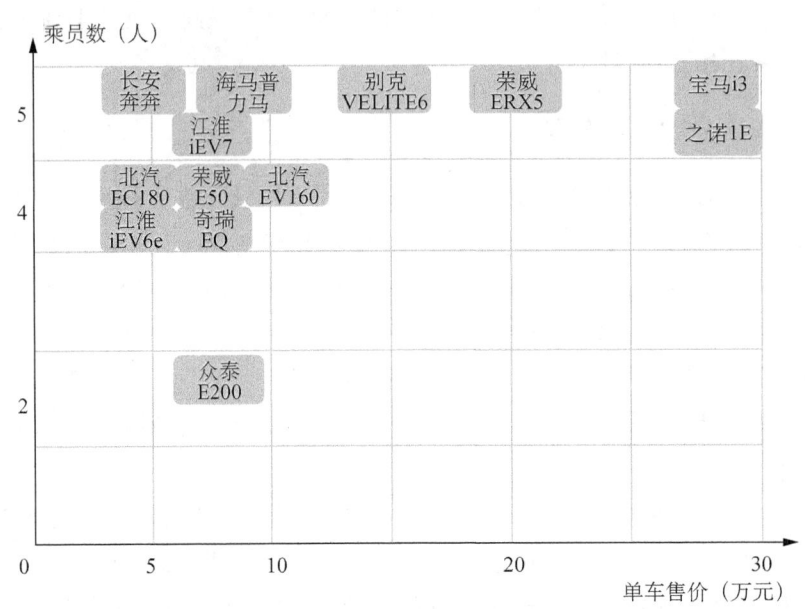

图 5-11 EVCARD 车型投放情况

5.2.2 深圳 e 出行分时租赁车型

深圳 e 出行是基于多运营商加盟的分时租赁平台,其接入加盟商包括联程共享、Ponycar 和车仆,其中联程共享接入平台车辆 554 辆,占 18.2%;Ponycar 接入平台车辆 2 121 辆,占 69.8%;车仆接入平台车辆 361 辆,占 12.0%,三家运营商车辆数合计 3 036 辆。

深圳 e 出行平台运营的电动汽车主要包括知豆、北汽、比亚迪、广汽传祺、吉利帝豪、长安、奇瑞、江淮等 8 大品牌,车辆数量分布情况如图 5-12 所示,占比最高的为知豆,接近一半规模;其次为江淮、北汽和长安,分别占比 16.60%、15.50% 和 10.60%;其他还有奇瑞、比亚迪、吉利帝豪和广汽传祺,合计占比不足 10.00%。

深圳 e 出行投放车辆的乘员数和价格如

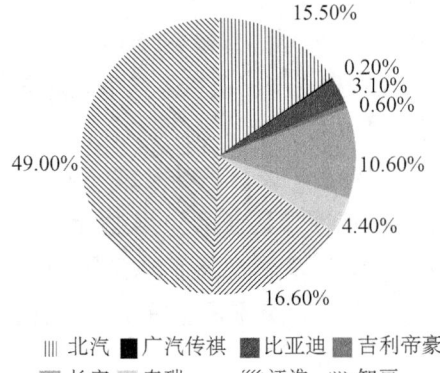

图 5-12 深圳 e 出行车型品牌分布

图 5-13 所示。根据前文所述,深圳 e 出行平台旗下投放的车型中知豆占比接近一半,且投放的全部知豆车型均为 2 座微型车,则深圳 e 出行平台旗下投放的分时租赁汽车约有一半为 2 座微型车。其余均为 4 座及 5 座轿车。不同于本章讨论的另外三个分时租赁平台 EVCARD、GoFun 出行和小桔租车,深圳 e 出行旗下投放车辆全部为单车售价在 5 万元至 20 万元之间的轿车,不包括豪华型车以及 SUV,因此不能满足有商务出行需求的用户。此外,当前投放车型覆盖 2 座微型车及 4 座和 5 座中大型轿车,因此对于一般的单人出行、家庭多人出行,可以满足需求。

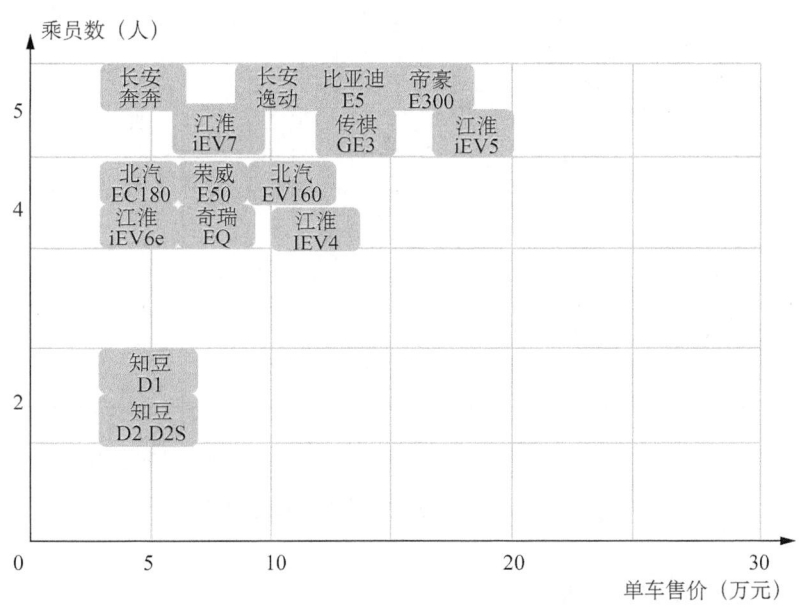

图 5-13 深圳 e 出行车辆投放情况

5.2.3 GoFun 出行分时租赁车型

GoFun 出行于 2016 年 2 月正式上线,在北京开始运营测试。2017 年开始在不同层级的城市规模化测试,包含一线到四线城市与旅游城市。2018 年开始规模化扩张,除了城市的快速扩展外,在服务价格、运营策略、服务模式、技术创新、车型方面也不断优化。2019 年,整合更丰富的技术应用,基于 Tbox4.0＋动态算法,结合过往数据积累,实现更动态、高效的供需匹配。

不同于 EVCARD 的全自营模式,GoFun 出行的车辆来源有自营车辆、第三方车辆以及用户端车辆。其自营模式可联合产业链上下游合作伙伴,实现车辆的轻资产化运营;通过"城市加盟＋车辆托管"等创新模式吸引第三方车辆加入平台;在北京等地尝试 C2C 共享用车模式,获取社会车辆。因此,相比于 EVCARD 全自营的模式,GoFun 出行的车辆来源更多元,涉及的车辆类型也更丰富,可满足的出行需求范围更广,C2C 的模式甚至可以覆盖少数用户群体的特殊需求，例如性能车(跑车、超级跑车)共享等。

GoFun出行自营车辆的种类如图5-14所示，整体种类相比于EVCARD较少，但也覆盖了微型车、中型车、SUV以及豪华型车，不同于EVCARD车型全部为新能源汽车，GoFun出行包含1款汽油车雪佛兰科沃兹，其余新能源汽车车型均与EVCARD重叠。

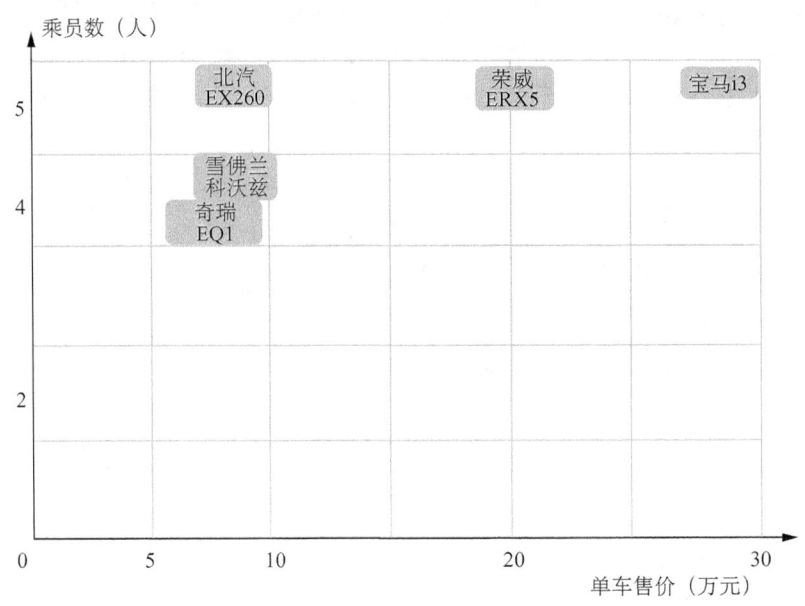

图5-14 GoFun出行自营车辆投放情况

5.2.4 小桔租车分时租赁车型

小桔租车是滴滴旗下的分时租赁平台，2019年3月，伴随分时租赁行业日益成熟，滴滴小桔车服再次升级原有分时租赁业务，并更名为"小桔租车"，并在一个月内新进入5个城市。2019年10月，其业务已经扩展至12个城市。依托滴滴大数据平台的数据积累，小桔车服对车辆投放区域及数量进行科学预判，有效提升运营效率。

小桔租车已投放车型如图5-15所示，包括新能源汽车如奇瑞EQ、吉利帝豪、江淮iEV5和现代领动，也包括传统燃油汽车如大众捷达、POLO。不同地区投放情况有所不同，浙江杭州以帝豪为主，山东淄博以大众捷达及现代领动较多。车型级别包括紧凑型车、大中型车以及SUV，可满足不同人群的出行需求。

总结以上所述运营方的车型投放情况，结合电动汽车分时租赁市场未来发展趋势，可以提出更具有吸引力的车型投放策略[①]：①上线不同品质车型。GoFun出行上线36款车型，车价覆盖区间扩大；EVCARD提升中高端车占比，将售价20万元的荣威

---

① 易观数据分析.中国汽车分时租赁市场年度综合分析2019[EB/OL].https://www.analysys.cn/article/detail/20019427.2019-08-02.

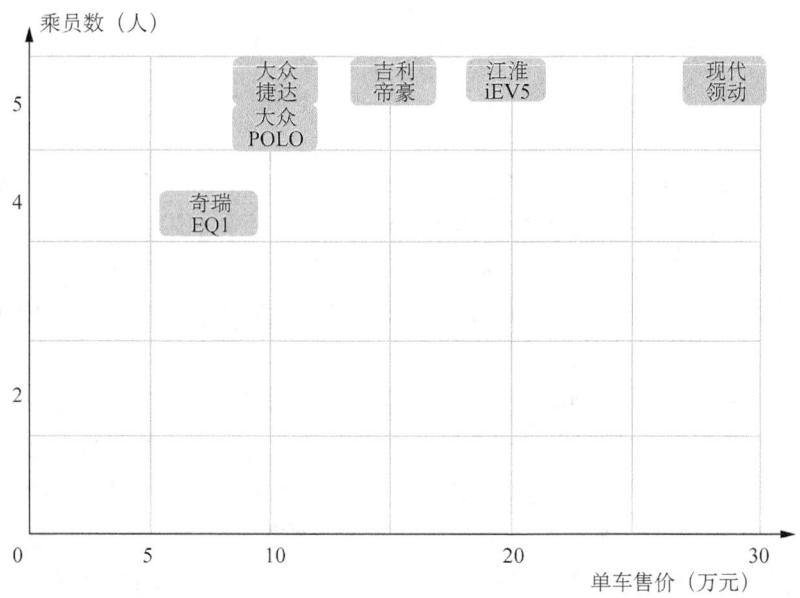

图 5-15 小桔租车车辆投放情况

ERX5 增加到 6 000 辆,售价 13 万元的 Ei5 增加到 10 000 辆,新增 5 000 辆别克 VELITE6。②升级车辆空间。EVCARD 平台上的别克 VELITE6 拥有宽敞的乘坐和后备厢空间;GoFun 出行上线 SUV 车型北汽 EX260。③增加车辆续航。GoFun 出行和 EVCARD 上线 300～400 公里续航电动车新小蚂蚁 400、荣威 ERX5。④适配共享场景。即联合车厂打造定制车型。⑤升级智能网联体验。EVCARD 表示未来的定制车辆将配备一键启动、无钥匙进入、车窗防夹等智能网联功能。⑥更年轻化的设计。摩范出行上线的北汽新能源 EC3 外形设计和内饰配色都更为年轻化;EVCARD 与二次元网站 B 站合作上线游戏主题车,目的是有效地吸引年轻消费者。

5.3 用户视角的分时租赁车型综合评价模型

若需进一步量化分析分时租赁车型的决策,则需将影响消费者选择的各方面车型指标综合考虑,并加权分析其对最终结果的影响,从而得出消费者视角的最佳车型选择。

5.3.1 综合评价指标体系

对于消费者购买电动汽车而言,车辆的价格、充电设施以及售后服务的完善程度是消费者考虑最多的因素。但是对于电动汽车分时租赁用户而言,用户并非车辆所有者,只是车辆短时间内的使用者,用户只需根据用车时间或里程支付租金。因此,用户对车型综合性能的要求更多的是体现在驾驶体验和乘坐体验上。

基于一般车辆常用的性能评价指标,结合电动汽车的技术特点和分时租赁的应用场景,同时考虑指标的可获得性,主要选取动力性、安全性、续航里程、车辆配置、内部空间和美观性等性能指标。

1. 动力性

动力性是电动汽车最基本、最重要的性能,也是影响用户驾乘体验最重要的因素之一。纯电动汽车的动力性评价指标与传统燃油车相似,主要包括最高车速、加速时间和最大爬坡度[1]。考虑到电动汽车分时租赁主要在城市内部应用,对车辆的爬坡性能要求较低,因此主要考察车辆的最高车速和加速时间,加速时间采用0~50公里/小时加速时间。

2. 安全性

良好的安全性是汽车行驶的基本保障,对于运营车辆来说,由于使用对象的不确定性和随机性,汽车的安全性显得尤为重要。对于传统汽车而言,汽车的安全性包括主动安全性和被动安全性两个方面。主动安全性是指汽车预防或避免事故的能力,主要包括制动性、安全装置等[2]。被动安全性是指汽车本身在交通事故发生后能够降低人员或财产损失的能力[3]。汽车碰撞安全性是评价汽车被动安全性能的主要依据,中国新车评价规程(C-NCAP)是由中国汽车技术研究中心于2006年建立的一套通过碰撞测试考察汽车安全性的评价体系[4],测试结果通过星级(☆)来表示,碰撞星级共划分为6个等级:5+级、5级、4级、3级、2级和1级,对应汽车的碰撞安全性能由高到低。

对于纯电动汽车而言,车辆的安全性还应包括动力电池的安全性。动力电池是高能量载体,不需要外部能量输入,本身就能够因能量非正常释放产生很大的破坏力,因而动力电池安全性是纯电动汽车安全性的关键因素。根据动力电池创新联盟对动力电池安全性的测试结果,高比能量的电池安全性不达标比例相对较高,安全风险随着电池能量密度的增大而加大[5]。因此,可以采用动力电池系统的能量密度来近似反映动力电池的安全性。

3. 续航里程

在电动汽车分时租赁的运营实践中,为了防止用户在车辆使用过程中把电量耗尽,运营商对车辆的剩余可行驶里程设置了阈值(如30公里),一旦车辆的剩余可行驶里程低于该值,车辆将会进入不可用状态,该车辆在用户预约车辆时将不会出现在App上。显然,在其他因素相同情况下,车辆的续航里程越长,用户可选择的范围越大,车辆的可使用概率越高,用户的用车需求被满足的概率也就更高。

---

[1] 周胜.纯电动汽车动力学及经济性分析[D].长沙:湖南大学,2013.
[2] 余立羽妮,谢伟东.轿车车型优选模型的建立及应用[J].汽车科技,2004(4):24-26.
[3] 林逸,郭九大,王望予.汽车被动安全性研究综述[J].汽车工程,1998(1):1-9.
[4] 李兴虎,李臣,周炜,王晋.建立适合中国道路交通和市场需求的汽车低速碰撞评价体系[J].汽车安全与节能学报,2013(4):315-321.
[5] 中国电动汽车百人会.百人会课题:电动汽车安全相关问题研究(下)[EB/OL].http://www.tyncar.com/News/hy/20160926_23786.html,2016-09-30.

4. 车辆配置

车辆配置通常包括操控配置、外部配置、内部配置、座椅配置、多媒体配置和空调等。显然,车辆配置越高,用户的驾乘体验越好。

5. 内部空间

车辆的内部空间主要包括乘坐空间和行李箱容积。影响车辆乘坐空间的关键因素是轴距和车身宽度,当然车厢的空间设计也对乘坐空间有很大影响。

6. 美观性

汽车的美观性主要包括汽车的外部造型和内饰风格。电动汽车分时租赁为用户提供短途自驾服务,用户对车辆美观性的主要感受也是一个重要的因素。因此,在进行车型选择时要予以考虑。

基于上述分析,建立如图 5-16 所示的电动汽车分时租赁用户视角的车型综合评价指标体系。

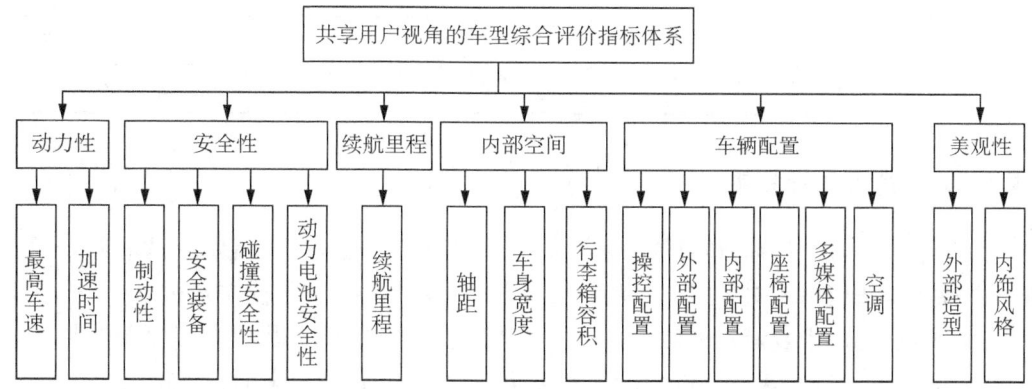

图 5-16 分时租赁用户视角的车型综合评价指标体系

上述指标体系有的可以直接采用客观数据量化,有的则是驾驶者或乘客的主观感受,难以量化,因此要采取不同的标定方法确定,如表 5-1 所示。此外,有的指标越大越好,即正向指标;有的指标越小越好,即逆向指标。

表 5-1 各评价指标标定方法

一级指标	二级指标	标定方法	指标特性
动力性	最高车速 β_{11}	对应参数(公里/小时)	正向指标
	0~50 公里/小时加速时间 β_{12}	对应参数(秒)	逆向指标
安全性	制动性 β_{21}	100~0 公里/小时制动距离(米)	逆向指标
	安全装备 β_{22}	汽车之家查询(个)	正向指标
	碰撞安全性 β_{23}	C-NCAP 评价星级	正向指标
	动力电池安全性 β_{24}	动力电池比能量(瓦时/千克)	逆向指标

续　表

一级指标	二级指标	标定方法	指标特性
续航里程	续航里程 β_{31}	工信部 NEDC 续航里程（公里）	正向指标
内部空间	轴距 β_{41}	对应参数（毫米）	正向指标
	车身宽度 β_{42}	对应参数（毫米）	正向指标
	行李箱容积 β_{43}	对应参数（升）	正向指标
车辆配置	操控配置 β_{51}	汽车之家查询（个）	正向指标
	外部配置 β_{52}		正向指标
	内部配置 β_{53}		正向指标
	座椅配置 β_{54}		正向指标
	多媒体配置 β_{55}		正向指标
	空调 β_{56}		正向指标
美观性	外部造型 β_{61}	消费者打分（10 分制）	正向指标
	内饰风格 β_{62}		正向指标

5.3.2　综合评价指标权重

关于综合评价中指标权重的确定方法，可分为主观赋权法、客观赋权法和组合赋权法。主观赋权法包括层次分析法、专家评判法等；客观赋权法包括主成分分析法、变异系数法、熵权法等；组合赋权方法综合了主观权重和客观权重，既考虑了原始数据的内在联系，又考虑了评判者对评价指标的实际重视程度，是较为科学的权重确定方法。

1. 熵权法确定权重的方法和步骤

熵权法是一种客观赋权方法，它是根据各指标提供的信息量大小来确定权重。熵最初是热力学中的概念，用以描述热力学运动中的不可逆现象，信息论中的信息熵用来度量系统的无序程度。指标数据变异水平越高，信息熵值越小，提供的信息量越大，指标的权重也应该越大；反之，指标数据变异水平越低，信息熵值越大，提供的信息量越小，指标权重也相应越小。采用熵权法确定评价指标权重的步骤如下。

1）构建综合评价指标矩阵

假设综合评价指标体系有 m 个评价指标，有 n 个待评价方案，则评价矩阵可表示为

$$\boldsymbol{X} = \begin{bmatrix} x_{11} & \cdots & x_{1m} \\ \vdots & \ddots & \vdots \\ x_{n1} & \cdots & x_{nm} \end{bmatrix} \tag{5-1}$$

评价矩阵中的元素 x_{ij} 表示第 i 个待评价对象在第 j 个评价指标下的标度，其取值可通过表 5-1 获得。

2) 评价矩阵的标准化处理

由于评价矩阵中各评价指标的量纲不同，无法直接比较，因此首先要对评价矩阵中的原始数据进行标准化处理。

记 y_{ij} 为标准化后的指标数据，对于正向指标有

$$y_{ij} = \frac{x_{ij} - \min(x_{ij})}{\max(x_{ij}) - \min(x_{ij})} \quad (i=1, 2, \cdots, n; j=1, 2, \cdots, m) \quad (5-2)$$

对于逆向指标有

$$y_{ij} = \frac{\max(x_{ij}) - x_{ij}}{\max(x_{ij}) - \min(x_{ij})} \quad (i=1, 2, \cdots, n; j=1, 2, \cdots, m) \quad (5-3)$$

易知处理后的标准化数据 $y_{ij} \in [0, 1]$，且均为正向指标，最大值为 1，最小值为 0。

3) 熵和熵权的确定

根据信息论中关于熵的定义，系统的熵 $H(P_1, P_2, \cdots, P_n)$ 的定义为

$$H(P_1, P_2, \cdots, P_n) = -K \sum_{i=1}^{n} P_i \ln P_i \quad (5-4)$$

其中，$K = 1/\ln n$，n 为系统可能出现的状态数量；P_i 是系统处在第 i 种状态时的概率，且满足 $0 \leqslant P_i \leqslant 1$，规定当 $P_i = 0$ 时，取 $-K \sum_{i=1}^{n} P_i \ln P_i = 0$。

因此，在上述标准化矩阵中，第 j 个二级指标的熵为

$$H_j = -K \sum_{i=1}^{n} f_{ij} \ln f_{ij} \quad (j=1, 2, \cdots, m) \quad (5-5)$$

其中，$f_{ij} = y_{ij} / \sum_{i=1}^{n} y_{ij}$，第 j 个二级指标的熵权为

$$w_{sj} = (1 - H_j) / \sum_{j=1}^{m} (1 - H_j) \quad (j=1, 2, \cdots, m) \quad (5-6)$$

指标的熵权大小反映了指标在决策中所起的作用，指标的熵权较大时，说明该指标的原始数据能够提供较多的有效信息帮助决策者进行决策。由式(5-6)可得到基于熵权法得到的评价指标权重向量 $W_s = (w_{s1}, w_{s2}, \cdots, w_{sm})$。

2. 层次分析法确定权重的方法和步骤

1) 构造同一级别指标两两比较的判断矩阵

设上一级指标下属的下一级指标为 n 个，则指标两两比较的判断矩阵为

$$\boldsymbol{A} = \begin{bmatrix} a_{11} & \cdots & a_{1n} \\ \vdots & \ddots & \vdots \\ a_{n1} & \cdots & a_{nn} \end{bmatrix} \quad (5-7)$$

其中，a_{ij} 表示第 i 个指标相对于第 j 个指标的重要程度，采取 Saaty 提出的 9 标度方法确定 a_{ij} 的取值，9，7，5，3，1 分别表示前者比后者极端重要、强烈重要、明显重要、稍微重要和同等重要，其倒数则表示后者相对于前者的重要程度。可知，判断矩阵的元素满足：$a_{ii}=1$，$a_{ij}=1/a_{ji}$。

2）判断矩阵的一致性检验

一致性检验的目的在于检验各元素重要性程度之间的协调性和一致性。由于具体决策中一般不会出现严格一致，因此检验矩阵的相对一致性程度。设矩阵的最大特征值为 λ_1，则其一致性指标为

$$CI = \frac{\lambda_1 - n}{n - 1} \tag{5-8}$$

由于 CI 为绝对指标，因此引入相对指标 CR 来衡量矩阵的一致性：

$$CR = \frac{CI}{RI} \tag{5-9}$$

RI 是判断矩阵平均随机一致性指标，是 Satty 通过大量实践后得出的，对于不同阶矩阵，其 RI 取值如表 5-2 所示。当 $CR < 0.1$ 时，认为矩阵 A 通过一致性检验，其归一化特征向量可作为权重值。

表 5-2 不同阶矩阵的 RI 取值

n	1	2	3	4	5	6
RI	0	0	0.58	0.90	1.12	1.24

3）权重计算

当矩阵通过一致性检验时，矩阵最大特征值的特征向量进行归一化处理后，即为该级各指标的权重。再将一级指标、二级指标的指标自上而下相乘，即可得到二级指标对于综合评价的权重 w_{cj}。

3. 综合权重的确定

熵权法是客观赋权方法，熵权法确定指标权重的方法体现了原始数据之间的内在客观联系。而层次分析法确定的指标权重则完全是基于受访者的对于各指标的主观重视程度，对于个体的主观性较大。综合两种评价方法得到的第 j 个指标的综合权重为

$$w_j = \frac{w_{sj} \times w_{cj}}{\sum_{j=1}^{m}(w_{sj} \times w_{cj})} \quad (j = 1, 2, \cdots, m) \tag{5-10}$$

分时租赁运营方在考虑确定投放车辆的种类时，可采取本节论述的方法，量化车型的不同性能指标对于最终选择结果的影响，以达到最优的效果。

5.3.3 综合评价方法

在车型实际的选择过程中,市场可供参考备选的车型数量往往是有限个,因此最终结果可能不是理论最优解,而是一个接近最优解的选项。为了解决实际问题,从有限个备选车型中选择最适合投放的车型,需要采取适宜的评价方法。

TOPSIS(Technique for Order Preference by Similarity to an Ideal Solution)方法是 Hwang 和 Yoon 于 1981 年首次提出的一种基于有限个评价对象的排序方法。它通过评价对象与理想最优解和最劣解的距离进行排序,最好的情况则是评价对象靠近最优解,同时又远离最劣解。利用 TOPSIS 方法对待选车型进行排序的方法步骤如下。

1) 评价矩阵标准化

正向指标和逆向指标标准化公式为

$$z_{ij} = \frac{x_{ij}}{\max(x_{ij})} \quad (i=1,2,\cdots,n;\ j=1,2,\cdots,m) \tag{5-11}$$

$$z_{ij} = \frac{\min(x_{ij})}{x_{ij}} \quad (i=1,2,\cdots,n;\ j=1,2,\cdots,m) \tag{5-12}$$

2) 计算加权标准化评价矩阵 R

加权标准化评价矩阵 R 的元素 $r_{ij} = w_j \cdot z_{ij} (i=1,2,\cdots,n;\ j=1,2,\cdots,m)$。

3) 确定最优解和最劣解

记第 j 个评价指标下的最优解为 S_j^+,最劣解为 S_j^-,则

$$S_j^+ = \max\ (r_{1j}, r_{2j}, \cdots, r_{nj}) \tag{5-13}$$

$$S_j^- = \min\ (r_{1j}, r_{2j}, \cdots, r_{nj}) \tag{5-14}$$

4) 计算待评价方案与最优解、最劣解距离

第 i 个待评价方案到最优解的距离为

$$d_i^+ = \sqrt{\sum_{j=1}^{m}(S_j^+ - r_{ij})^2} \tag{5-15}$$

$$d_i^- = \sqrt{\sum_{j=1}^{m}(S_j^- - r_{ij})^2} \tag{5-16}$$

5) 计算各待评价方案的综合评价指数

第 i 个待评价方案的综合评价指数为

$$C_i = \frac{d_i^-}{d_i^+ + d_i^-} \tag{5-17}$$

C_i 越大,则表示评价方案越优,根据 C_i 取值对待选车型进行优劣性排序。

5.4 运营商视角的分时租赁车型评价模型

电动汽车分时租赁企业即运营商是分时租赁服务的提供者,在选择分时租赁投放车型时,需要同时从消费者视角及运营商视角进行考虑,获取性能与成本的平衡点。电动汽车分时租赁企业不直接使用电动汽车,而是将车辆按时间或里程租给会员使用。与传统租赁行业不同的是,电动汽车分时租赁用户在租车期间只需按照时间或里程承担租赁费用,而由于车辆使用产生的能源消耗、维修保养以及停车位等费用均由运营商承担。因此,在电动汽车分时租赁这一商业模式下,需要从运营商视角对车辆全生命周期成本进行分析,从而为最终车型选择提供判断依据。

5.4.1 全生命周期成本理论(LCC)

全生命周期成本(Life Cycle Cost,LCC)是指某一对象在其生命周期内,为其论证、研制、生产、运行、维护、保障、退役后处理所支付的所有费用之和[1]。对于纯电动汽车,其全生命周期成本可以从生产者和消费者两个角度去分析。对于生产者而言,纯电动汽车全生命周期成本由研发和设计成本、制造成本、营销成本、物流成本等构成[2];对于消费者而言,纯电动汽车全生命周期成本则包括购置成本、能耗成本、维修保养成本以及废弃物处理成本等。

5.4.2 分时租赁电动汽车 LCC 模型

对于电动汽车分时租赁企业而言,车辆的全生命周期从采购新车开始,从车辆进入二手车市场为止。由于电动汽车分时租赁在我国运营时间较短,对于车辆的运营周期和强制报废年限尚无统一的法规标准或行业标准。因此,需要对传统出租车和汽车租赁行业的运营周期和强制报废年限进行调研。

根据商务部于 2013 年 1 月发布的《机动车强制报废标准》规定,小、微型出租客运汽车的强制报废年限为 8 年,租赁载客汽车强制报废年限为 15 年。地方标准方面,北京市小型出租车强制报废年限为 6 年,而根据《上海市出租汽车客运服务规范》,上海市出租汽车从首次上牌投入运营日计起,使用年限不超过 5 年。因此,可以认为传统出租汽车的运营周期通常在 5 年左右,报废年限则在 5~8 年,很多出租车通常都是运营到报废为止。与出租车通常运营到报废不同,用于租赁的汽车通常租赁时间不超过 3 年就更新进入二手车市场。这是因为出租车与公交车一样,是城市公共交通方式的一种,因此车辆只要满足运营车辆的基本要求即可。而租赁车辆是用户自驾的,因此必须保

---

[1] 任玉珑,李海峰,孙睿,等.基于消费者视角的电动汽车全生命周期成本模型及分析[J].技术经济,2009,28,(11):54-58.
[2] 陈艳玲.产品全生命周期的成本战略[J].辽宁经济,2004(1):72-72.

证车辆的新度从而满足用户的美观感受和需求。同时,汽车租赁利润的很大一部分来源是通过实现租赁车辆的残值,一辆租赁汽车 3 年后的残值为指导价的 50%～60%。

因此,可以取 $N=3$ 作为电动汽车分时租赁车辆的运营周期,在此基础上建立电动汽车 LCC 模型。该模型中主要包含四个部分的成本:车辆购置成本(Vehicle Purchase Cost, VPC)、车辆残值(Vehicle Salvage Value, VSV)、能源消耗成本(Energy Cost, EC)和非能源使用成本(Non-Energy Cost, NEC)。

1) 车辆购置成本

纯电动汽车购置成本由车辆售价 C_{vpp}、车辆购置税 C_{vt} 和政府补贴 C_{vs} 三部分构成,即

$$C_{vp} = C_{vpp} + C_{vt} - C_{vs} \tag{5-18}$$

根据财政部、国家税务总局、工业和信息化部于 2014 年 8 月发布的《关于免征新能源汽车车辆购置税的公告》,自 2014 年 9 月 1 日至 2017 年 12 月 31 日,对购置的新能源汽车免征车辆购置税,因此取 $C_{vt}=0$。

政府补贴包括中央补贴和地方补贴,电动汽车分时租赁企业集中出现在 2014 年,在 2017 年形成初期规模。2017 年中央补贴按照四部委于 2016 年 12 月发布的《关于调整新能源汽车推广应用财政补贴政策的通知》的附件《新能源汽车推广补贴方案及产品技术要求》执行,具体补贴标准如表 5-3 所示。同时规定地方财政补贴(地方各级财政补贴总和)不得超过中央财政单车补贴额的 50%。

表 5-3 2017 年纯电动乘用车推广应用补贴标准 (万元/辆)

纯电动续航里程 (工况法、公里)	$100 \leqslant R < 150$	$150 \leqslant R < 250$	$R \geqslant 250$
中央补贴标准	2	3.6	4.4
地方补贴标准	1	1.8	2.2

2019 年 3 月发布的《财政部　工业和信息化部　科技部　发展改革委关于进一步完善新能源汽车推广应用财政补贴政策的通知》更新了国家对于新能源汽车的补贴标准,如表 5-4 所示。更新的补贴标准对车辆的性能要求更高,且补贴金额减少。因此,在未来,分时租赁运营商的车辆购置成本可能进一步增加。

表 5-4 2019 年纯电动乘用车推广应用补贴标准 (万元/辆)

纯电动续航里程 (工况法、公里)	$250 \leqslant R < 400$	$R \geqslant 400$
中央补贴标准	1.8	2.5

2) 车辆残值

传统汽车残值率的影响因素主要是车辆的身份特征(私家车、出租车、租赁车等)、品牌占有率、车辆质量和技术、车况、车型更新换代情况等,由于运营用车的使用率和车

辆损坏程度比私家车高,因此运营用车的残值率通常都比私家车高。据调研,传统租赁用车 3 年后的残值率为 50%~60%。

对于纯电动汽车,我国目前纯电动汽车的残值率普遍较低。一方面,由于电池成本占纯电动汽车整车成本为 40%~50%,而动力电池具有易损耗的特性,电池容量会随着充放电次数的增加而逐渐缩减,续航里程也相应降低,进而造成了纯电动汽车残值率低的问题;另一方面,纯电动汽车相对于传统燃油汽车,技术进步快、车型更新频率高。以江淮为例,其 IEV 系列电动汽车已经公布了第五代车型,因此 3 年后车型技术已经大幅度落后同款新车型。据调研,北京市江淮 IEV4 在使用一年后其残值率仅为 46% 左右,国外市场的日产聆风 5 年后的残值率约为新车售价的 10%。

为了更科学地考察纯电动汽车的残值,需要单独计算动力电池的残值。电池系统的残值与电池的使用寿命有关,电池的使用寿命包括循环寿命和日历寿命。根据四部委 2015 年 4 月发布的《关于 2016—2020 年新能源汽车推广应用财政支持政策的通知》,要求对于动力电池等储能装置,乘用车生产企业应提供不低于 8 年或 12 万公里(以先到者为准)的质保期限。当运营里程较低,即先到日历寿命时,按照电池的日历寿命进行折旧。以 8 年作为动力电池的日历寿命,采用直线折旧法,则 N 年后电池的残值为

$$C_{\mathrm{bsv}}=Q \cdot P_{\mathrm{b}} \cdot \frac{N-8}{8}, S < \frac{R \cdot n_{\mathrm{b}}}{8 \cdot 365} \tag{5-19}$$

其中, Q 表示电池组容量(千瓦时); P_{b} 表示位动力电池系统单位容量成本(元/千瓦时)。根据 2017 年中国电动汽车百人会报告,取 $P_{\mathrm{b}}=2\,500$ 元/千瓦时。n_{b} 为电池循环寿命,根据调研结果取 $n_{\mathrm{b}}=2\,000$ 次。R 为电动汽车续航里程,S 为单车日均运营里程。

当运营里程较高时,即先到循环寿命时,按照电池的充放电次数进行折旧。电池的残值可通过下式计算:

$$C_{\mathrm{bsv}}=\frac{Q \cdot P_{\mathrm{b}}}{R \cdot n_{\mathrm{b}}} \cdot S \cdot 365 \cdot N - Q \cdot P_{\mathrm{b}}, S \geqslant \frac{R \cdot n_{\mathrm{b}}}{8 \cdot 365} \tag{5-20}$$

而整车其他部分的残值则由下式计算:

$$C_{\mathrm{vsv}}=-(C_{\mathrm{vp}}-Q \cdot P_{\mathrm{b}}) \cdot \alpha \tag{5-21}$$

其中,α 为整车其他部分的残值率,考虑到电动汽车技术发展迅速、更新换代较快,并且目前纯电动轿车市场基数较小,二手市场需求较低,取 $\alpha=20\%$。

3) 能源使用成本

车辆能耗成本与单车日均运营里程 S、百公里耗电量和电价 P_{e} 有关,则运营商视角的车辆全生命周期车辆的能耗成本 C_{ve} 可由下式计算:

$$C_{\mathrm{ve}}=\frac{E}{100} \cdot S/\eta \cdot P_{\mathrm{e}} \cdot 365 \cdot N \tag{5-22}$$

其中，η 为充电效率，取 80%。对于充电电价，国家发改委 2014 年 7 月下发的《关于电动汽车用电价格政策有关问题的通知》明确指出，对向电网经营企业直接报装接电的经营性集中式充换电设施用电，执行大工业用电价格，2020 年前，暂免收基本电费。目前，上海大工业电价为 0.761 元/千瓦时。百公里能耗 E 则与车型和车辆运行工况有关，可以采用车型在 NEDC 工况下的百公里耗电量。

4）非能源使用成本

分时租赁电动汽车的非能源使用成本 C_{ne} 主要包括车辆维保成本 C_{vm}、保险成本 C_{vi}、停车位成本和充电桩成本 C_{park}。

① 车辆维保成本 C_{vm}

车辆维保成本主要包括车辆维护保养费用和车辆维修费等，主要与共享车辆日均运营里程相关。令 P_{vm} 表示纯电动汽车每百公里全生命周期的保养费用，则

$$C_{vm} = \frac{P_{vm}}{100} \cdot S \cdot 365 \cdot N \tag{5-23}$$

根据杭州电动出租车调查结果知，$P_{vm} = 6.16$ 元/百公里。

② 车辆保险成本 C_{vi}

根据对国内几家保险公司的调研，目前国内还没有针对电动汽车共享车辆的保险体系，可以按照燃油出租车的保险体系进行处理。根据调研，出租车投保险种包括交强险、车辆损失险、商业第三者责任保险（100 万元）、车上人员责任险（10 万元×座位数）和不计免赔特约险。交强险、第三者责任保险与车型无关，车辆损失险与车型补贴后价格有关，车上人员责任险与车型座位数有关。根据某保险公司调研，以车辆购置价格 10 万元、4 座为例，各险种的第一年保费如表 5-5 所示。

表 5-5 某保险公司出租、租赁用车保费（以购置价格 10 万元、4 座为例）[①]

险种	保险金额（元）	标准保费（元）	附加不计免赔率特约标准保费（元）	折扣后保费（元）
交强险	122 000	1 800.00	—	1 800.00
第三者责任险	100 万	7 852.00	1 177.8	4 397.12
车辆损失险	10 万（购置价格）	3 664.00	549.6	2 051.84
车上人员责任险		800.00	120.00	448.00
不计免赔特约险小计		1 847.40		1 034.55
保费合计		15 963.40		9 731.51

---

① 数据来源：某保险公司车险保费计算表。

不考虑随着年限保费的变化,通过推算,4 座车辆 N 年的汽车保险成本为

$$C_{vi} = (7\,966.94 + 1.765\% \cdot C_{vp}) \cdot N \quad (5\text{-}24)$$

③ 停车位成本和充电桩成本 C_{park}

在单向站点式电动汽车共享服务中,由于各个站点的需求不平衡,导致在某些时刻站点车辆大量累积,远超过初始配置的车辆数量,为了给用户创造更优质的服务体验,通常要求整个系统中停车位的数量大于总体车队规模。按照目前各电动汽车共享运营商的运营实际,本书取车桩比 $\beta = 1.5$。因此,每辆电动汽车对应的停车位成本和充电桩成本 C_{park} 可由下式计算:

$$C_{park} = (P_p + p_{pile}/8) \cdot \beta \cdot N \quad (5\text{-}25)$$

其中,P_p 为每个停车位的年租赁价格,根据上海市嘉定区的调研,取 $P_p = 2\,400$ 元/年;p_{pile} 为慢速充电桩采购及安装成本,取 $p_{pile} = 10\,000$ 元。考虑充电桩的折旧,取折旧年限为 8 年。

综上所述,运营商视角的分时租赁电动汽车全生命周期成本构成和计算方法如表 5-6 所示。

表 5-6 运营商视角的分时租赁电动汽车全生命周期成本构成和计算方法

模块	子模块	计算方法
车辆购置成本	—	$C_{vp} = C_{vpp} + C_{vt} - C_{vs}$
车辆残值	动力电池系统残值	$C_{bsv} = Q \cdot P_b \cdot \dfrac{N-8}{8}, S < \dfrac{R \cdot n_b}{8 \times 365}$ $C_{bsv} = \dfrac{Q \cdot P_b}{R \cdot n_b} \cdot S \cdot 365 \cdot N - Q \cdot P_b,$ $S \geq \dfrac{R \cdot n_b}{8 \times 365}$
	整车其他部分残值	$C_{vsv} = -(C_{vp} - Q \cdot P_b) \cdot \alpha$
能源使用成本	—	$C_{ve} = \dfrac{E}{100} \cdot S/\eta \cdot P_e \cdot 365 \cdot N$
非能源使用成本	保险	$C_{vi} = (7\,966.94 + 1.765\% \cdot C_{vp}) \cdot N$
	维保	$C_{vm} = \dfrac{P_{vm}}{100} \cdot S \cdot 365 \cdot N$
	停车位和充电桩	$C_{park} = (P_p + P_{pile}/8) \cdot \beta \cdot N$

第 6 章
电动汽车分时租赁站点选址

在分时租赁的运营中,站点的选址和分布具有重要意义。站点的密度与用户的使用便利性息息相关,站点分布越密集,站点的地理位置分布越合理,则用户使用越便利,对分时租赁的推广也越有利。

在当前城市资源有限的情况下,分时租赁的站点还具有重要的战略意义,站点是服务构建的基础网络。电动汽车分时租赁站点的建成需要停车位和充电桩等资源,同时各站点的交通流量不同所需的资源量也不同,在城市的公共交通资源有限的情况下,站点网络的选址一定程度上决定了分时租赁服务网络的地理格局。

本章将在电动汽车分时租赁站点类型和选址要素分析的基础上,重点研究基于用户特征的启动站点布局策略,建立站点选址客流需求模型和 P-中值选址模型,分析站点选址规划考虑的主要因素及具体策略问题。

6.1 文献综述

城市电动汽车充电设施的合理规划与布局一直都是一个重要而且难点的问题,国家层面虽然有相关文件提出了明确的充电设施规划目标和具体方式[1],但当前依然存在数量滞后、分布不合理的现象:一些地方的充电桩供不应求、顾客排队等候充电,同时另外一些地方的充电桩却长期无人光顾、坏了也无人修理。说明充电设施不仅在"数量"上有问题,而且在"质量"上也存在着选址规划不科学、不合理的问题。

城市电动汽车充电设施的选址可以归结为能源补充类选址问题,选址问题往往规模大、数据多,通常也被称为 NP-hard 问题,难于使用精确算法求解,学者们至今仍然在努力寻找一种简单、易于实现的方法进行选址模型的求解,加强和重视此方面的研究对电动汽车的推广具有重要的意义[2]。

国外对电动汽车充电设施的选址规划研究较为成熟。G. Celli 等人(2003)[3]考虑充

---

[1] 国务院.关于加快电动汽车充电基础设施建设的指导意见[Z].2015 年 9 月.
[2] 郭艳东.城市电动汽车充电站规划研究[D].北京:华北电力大学,2013.
[3] G. Celli, E. Ghiani, S. Mocci, F. Pilo, A multi-objective formulation for the optimal sizing and siting of embedded generation in distribution networks[A], Power Tech Conference Proceedings IEEE Bologna[C], 2003:67-74.

电设施损耗成本、用户的充电成本、电能成本三个指标,建立了多目标选址模型,利用遗传算法对模型进行求解。Andy等人(2010)[1]分析了电动汽车充电设施选址的影响因素,建立了两阶段选址规划模型,利用聚类分析的方法找出所有能够满足需求点和需求量的待选充电设施位置点,对充电设施待选点进行优化建模分析。Peng等人(2014)[2]通过分析影响充电设施选址的因素,以往返充电设施的客户量最大为目标函数,构建了整数规划模型,采用启发式算法对模型进行求解。

国内对于电动汽车充电设施的选址研究仍处于初级阶段。高亚静等人(2013)[3]提出了两步优化选址方法,利用免疫算法和层次分析法分别获取充电站备选点,最后对备选点逐个分析。周洪超、李海峰(2011)[4]提出了基于博弈论的充电设施选址方法,利用博弈论对选址模型进行评价,并与传统评价方法进行比较。宋亚辉(2011)[5]结合区位理论和局部重心法建立了充电设施选址模型,以唐山市为例进行了实例研究。林琳(2014)、高亚静[6]从排队论的角度,研究车主的充电选择从而确定充电设施的选址。

6.2 电动汽车分时租赁站点类型与选址要素

6.2.1 站点类型

1. 根据位置划分的分时租赁站点

依据电动汽车分时租赁点的所处不同地理位置,可将电动汽车分时租赁站点分为五大类,包括公共交通站点、公共建筑站点、社区站点、高校站点和旅游景区站点。

(1) 公共交通站点:将电动汽车分时租赁站点设置在地铁站、公交车站、火车站、汽车站、机场等附近,以服务于地铁、公交、大巴、飞机等的换乘。

(2) 公共建筑站点:商场、医院、办公大楼、企事业单位等公用建筑的人们活动密集点,日常的活动出行需求量较大,可建设电动汽车分时租赁站点。

(3) 社区站点:站点设置在大型住宅社区内部或者附近,主要为社区的居民提供出行服务,但是社区站点用车具有明显的"潮汐"现象,即早上借车与晚上还车的人较多。

(4) 高校站点:高校的师生对新鲜事物的接受程度较高,而且一般高校的土地资源

---

[1] Andy Ip, Simon Fong, Elaine Liu. Optimization for Allocating BEV Recharging Stations in Urban Areas by Using Hierarchical Clustering[J]. The 2nd International Conference on Data Mining and Intelligent Information Technology Application, 2010, 2:75-76.

[2] Peng-Sheng You, Yi-Chih Hsieh. A hybrid heuristic approach to the problem of the location of vehicle charging stations[J]. Computers & Industrial Engineering, 2014, 70.

[3] 高亚静,郭艳东,李天天.城市电动汽车充电站两步优化选址方法[J].中国电力,2013(8):143-147.

[4] 周洪超,李海峰.基于博弈论的电动汽车充电站选址优化模型研究[J].科技和产业,2011,11(2):51-54.

[5] 宋亚辉.城市电动汽车充电设施布局规划研究[D].北京:北京交通大学,2011.

[6] 林琳,高亚静.基于排队理论的充电站最优配置[J].电力科学与工程,2014,30(4):33-37.

较为充足,方便在学校的集中停车位布设分时租赁服务网点,为校园内的师生提供一种便捷、机动的出行方式。

(5) 旅游景区站点:旅游风景区的人流量比较大,而且出于环保的目的,许多旅游景区内禁止燃油车的通行,因此在大型的旅游风景区内可以建设电动汽车分时租赁站点,实现旅游观光、休闲娱乐、便捷出行一体化。

2. 根据停车位划分的分时租赁站点

按照分时租赁是否需要把车辆停到指定的专用停车位,可将电动汽车分时租赁站点划分为固定式、自由式和混合式三种类型,如表6-1所示。

表6-1 典型的分时租赁站点布局类型

特征及代表项目 \ 类型	固定式	自由式	混合式
特征	车辆在固定站点停放;可提前1天以上预约;对停车场地要求高;站点间车辆流向问题难解决	车辆自由分布,靠手机、GPS及网络定位和搜索,对IT技术高度依赖;提前预约,仅限半个小时内;单向出行,无须将车归还到取车点	结合固定式和自由式优点,在服务区域内同时推出固定式和自由式的服务
代表项目	Autolib项目:3 000辆电动汽车,1 200个站点	Car2Go项目:全世界22个城市,8 500辆车,其中在多个城市为电动汽车	Quicar项目:汉诺威50个站点,200辆车

1) 固定式站点类型

电动汽车分时租赁企业租用或者与物业合作使用办公楼、商场、企业、综合枢纽周边和社区等地点的固定停车位,安装充电桩,停放分时租赁电动汽车,用户通过手机App或者运营商的网站提前预约租车,自行到达租赁站点通过会员卡或者手机App打开车门,使用车辆完毕后需要把车辆停到专用停车位上,并给车辆进行充电,结束用车并支付租车费用,这种方式的租车费用相对较低。法国巴黎的Autolib项目是这种固定站点的典型代表。

2) 自由式站点类型

随着移动互联网技术与地理信息技术的快速发展,电动汽车分时租赁企业可以通过车载定位系统(GPS)对车辆进行定位,然后利用电子地图(GIS)在城市范围内划定一定电动汽车分时租赁可行驶与停车的区域,实现对车辆的控制。在该区域内,电动汽车分时租赁企业提供可租用的车辆,用户通过手机App可以看到附近的可租赁车辆,然后进行预定并成功下单后即可使用电动汽车。在用车结束后,用户可将车辆停放在电动汽车分时租赁运营商划定的区域内任何停车位上。这种无固定停车位的、自由式停车方式最大特点是方便灵活,有利于提高客户的使用效率,但是这种模式的收费较高。自由式分时租赁站点类型出现于2008年,得益于智能控制与网络技术的迅速发展,这种模式的汽车分时租赁模式得到快速的发展,各运营商投入运营的车辆数量也不断增加,尤其是在人口密集的大城市,使用汽车分时租赁的人群也越来越多。在2012年,固定式停车位的汽车共享模式约占60%的市场份额,而自由式停车位的汽车共享模式约占40%,但随着技术的发展,自由式停车位的共享模式越来越受消费者的喜爱。在德国柏林,目前各运营商共拥有共2600辆共享车辆,其中具有代表性的自由式停车位的汽车共享为奔驰的Car2Go,现已投入1200辆汽车用于汽车共享。此外,宝马的Drive Now投入800辆汽车用于汽车共享,采用自由式站点停车。可见,自由式站点停车的汽车共享越来越受欢迎,运营车辆的规模也迅速增长。

3)混合式站点类型

混合式结合了固定式的车位及自由式停车模式的便捷,可在划定的区域内任何的停车地点进行停车,提高了汽车共享用户的使用满意度。这种模式的代表项目为汉诺威的Quicar项目。Quicar提供的主要服务对象:一是单位企业作为商务汽车租赁用户,Quicar公司在一些办公楼、工厂等办公区布局汽车共享网点,为该地区的商务人士提供汽车共享服务,方便公务出行;二是在两个共享网点A和B之间提供的汽车共享服务,由于汉诺威市较小,人们在工作地点间和活动场所间的出行需求集中在一个较小的区域内;三是以社区为中心向周围辐射的出行需求量较大。因此,Quicar公司为了适应汉诺威市居民的出行特点,以创新的混合式站点租赁模式为用户提供汽车共享出行服务,并取得了良好的经济效益,车辆的最大日出租率可以达到30%,用户使用时长约7个小时,这远高于私家车的平均每日使用时间,因此这种模式的汽车共享的社会效益更加明显,可以很大程度地减少城市交通出行压力。

6.2.2 站点选址要素

首先,电动汽车分时租赁站点选址应该以用户需求为主,而且用户的需求需要多方面的要素协同,要同时考虑用户的使用方便性、出行时间和出行成本。分时租赁车辆的需求是受到站点附近的人口密度和消费者的出行意愿影响的,而商场、住宅社区、办公楼、企业和其他公共设施的建设情况影响着人群的分布。其次,电动汽车分时租赁作为一种商业设施,需要考虑车辆购置成本、土地成本、管理成本、技术成本、充电成本、营业收入等经济因素。最后,站点的布置还要充分考虑电动汽车与其他公共交通工具的衔接,考虑与周围设施的协调,以避免重复和浪费资源。综上所述,电动汽车分时租赁站点的选址需要是从用户出行需求、站点建设和运营的经济因素、站点周围的交通状况等方面来衡量。

1. 用户出行需求

为了满足用户的出行需求,电动汽车分时租赁站点的布局需要在用户可达的范围内,第4章的调研表明,步行15分钟左右到达取车网点是用户的可以接受的。如果两个相邻站点相距1000米,用户选择其中较近的一个站点最多需要步行500米,时间不会超过10分钟。法国巴黎Autolib项目的站点设置密度是500米一个站点,当网点布局到如此高的密度时,将能够提供给用户极大的出行便利。

电动汽车分时租赁需要根据各区域的实际出行量和出行需求的强度建设服务站点,并考虑用户在夜间出行需求和其他频繁的出行需求。在城市中,用户夜间活动区主要包括酒店、酒吧、影院、大型购物商城等场所。通常情况下,喜欢在夜间出行的消费者以年轻人居多,这就是一个潜在的电动汽车分时租赁用户群体,而在市中心的公共交通在夜晚已大多停运,用户的用车需求较大,在这类场所设立电动汽车分时租赁站点,也将提高分时租赁车辆的使用率。

从用户出行需求角度进行站点选址,可遵照如下程序进行。

1) 出行需求预测与初始站点选择

对电动汽车分时租赁用户出行需求进行估计,然后按照用户需求集中点来定位分时租赁站点,以满足最多的用户出行需求作为站点选址的导向。根据用户出行需求预测和各候选点的出行量调查,结合人口集中的小区、商务办公楼、交通枢纽等潜在需求点的数量,确定初始的电动汽车分时租赁站点。

2) 确定站点服务范围和重新布设站点

确定分时租赁站点的服务区域,可通过两种方法:①以欧几里得距离计算;②根据站点周围的路网分布计算用户在步行可达时间内的最佳路线。第2种计算方法可以根据实际情况划分站点的服务区域,首先利用路网的线路图来确定用户到达站点的最佳路径。然后计算用户到达最近的分时租赁站点路径中的每一段道路的长度,最佳的路径是用户步行在10分钟以内。为了避免在两个站点之间服务范围互相覆盖,根据最佳路径计算获得的每个站点的配置结果,按照"交通小区"模型来重建一个服务区。即把不规则的矢量多边形组成光栅格式,在每个站点都有一个对应的"单元格",通过对周围地区的分析,重新布设站点。

3) 根据站点使用情况调整站点停车位数量

在第一阶段的站点定位和服务范围,是为了满足该区域的用户出行的需要。在第二阶段是要根据实际的运营情况,把一些使用频率较低的网点取消,而在频繁使用的网点增加停车位数量。例如,可能需要在大型公共交通枢纽增加建设多个站点,并在每个站点增加电动汽车数量和停车位数量,实现站点规划建设与用户需求之间的匹配。

2. 站点建设和运营的经济因素

电动汽车分时租赁站点的布设必须拥有一定数量的专用停车位,并配套建设充电桩,因此必须估计站点的投资成本,且站点是分时租赁运营的场站,需要实现运营的经济效益。建设站点时,经济性的考虑主要有三个方面[①]:一定的投入成本限制下满足最大需求;满足需求下的最低投资成本;满足需求的最大效益。电动汽车分时租赁站点的

---

① 王露.城市纯电动汽车快速充电设施的布局选址优化模型研究[D].北京:北京交通大学,2016.

投资成本主要包括停车位成本、建设成本、运营成本、充电成本、净损失成本等。

设 C_{TD}，C_{JS}，C_{rr}，C_{WS}，Q_{DF}，Q_{HJ}，w 分别表示停车位成本、建设成本、运营成本、净损成本、营业收入、环境效益、用户需求，在不同需求情景下的计算模型结构如下，$G=[g_1,g_2,\cdots,g_m]^T$ 表示其他约束条件。

（1）一定的投入成本限制下满足最大需求

$$\begin{cases} \text{Max } w \\ \text{s.t. } C_{TD}+C_{JS}+C_{rr}+C_{WS} \leqslant C_{Max} \\ G=[g_1,g_2,\cdots,g_m]^T \end{cases} \tag{6-1}$$

（2）满足需求下的最低投资成本

$$\begin{cases} \text{Min } C_{TD}+C_{JS}+C_{rr}+C_{WS} \\ \text{s.t. } w \geqslant w_{Max} \\ G=[g_1,g_2,\cdots,g_m]^T \end{cases} \tag{6-2}$$

（3）满足需求的最大效益

$$\begin{cases} \text{Max } Q_{DF}+Q_{HJ}-(C_{TD}+C_{JS}+C_{rr}+C_{WS}) \\ \text{s.t. } w \geqslant w_{Max} \\ G=[g_1,g_2,\cdots,g_m]^T \end{cases} \tag{6-3}$$

电动汽车分时租赁含有部分公共交通属性，在推广初期，电动汽车购车成本与站点建设成本高，电动汽车分时租赁盈利较为困难。同时，结合对用户用车需求方面的分析，要保证尽量覆盖所有用户需求，建议从满足需求条件下效益最大的角度反映经济因素对布局选址的影响。

3. 站点周围的交通状况

电动汽车分时租赁站点周边的交通情况会影响到站点的可达性和用户使用时间，最终会影响到站点使用的有效性和效率。

（1）分时租赁站点的可达性。交通道路的畅通情况在某种程度上影响着分时租赁站点的可达性。分时租赁站点可达性越高，对用户的吸引力就越大，分时租赁车辆的利用率就越高。反映在用户需求量的分配原则中，即只能将用户需求分配给服务范围内可达的服务站点。

（2）道路的畅通程度与用户出行时间。交通的拥堵情况影响着用户从一个站点到下一个站点中寻找服务站点所需要的时间，这样就影响了用户的出行时间成本。道路的畅通程度对用户的出行方式选择、在不同出行方式中付出的时间成本以及获得的服务体验存在较大的影响。

此外，用户寻找站点行为对交通网络带来一定的交通压力。在电动汽车分时租赁推广初期,用于分时租赁的车辆规模较小,在道路上占机动车总量比例较小,因此对交通网络的影响可以忽略不计。但是,随着分时租赁车辆规模的增加,必须全面评估站点布局对现有交通带来的影响。分时租赁站点选址既要考虑用户出行便利以及运营商的建设和运营成本,还要考虑对交通带来的正面和负面的影响。

6.3 分时租赁启动站点布局策略

6.3.1 站点布局总体策略

分时租赁站点主要是为用户提供服务,因此其布设位置、规模、密度和顺序必然根据用户的需求而定。确定了用户需求特征,就确定了站点位置、规模和密度,而确定了优先发展的用户就能确定用户需求特征。因此,首要任务是确定优先发展的主体用户群。在此基础上,确定站点布设时序,综合考虑到不同阶段站点布设的接续性,最终同时确定用户群体发展顺序和站点布局策略。这一过程可由图 6-1 表示。

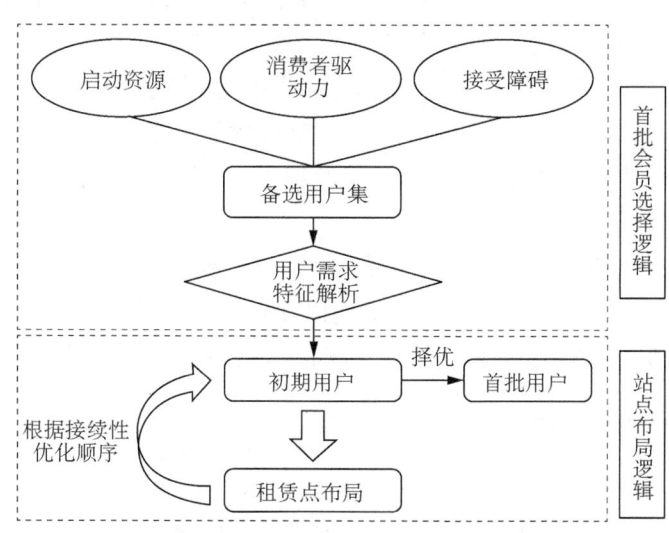

图 6-1 分时租赁站点布局总体策略

6.3.2 站点布局经验借鉴

1. 国外经验

在站点布局的问题上,很多著名的汽车共享公司,如瑞士的 Mobility、德国的 Stattauto Drive 和美国的 Zipcar 等均认为站点应主要设置在城市中心的商业繁华区域。同时,高校周围也应该设有一定量的站点,它们的经验表明高校周边站点往往发展迅速,表现良好。

此外,Zipcar 非常重视年轻人比例很高的居住区域,原因是年轻人出行频繁、多数未婚、没有家庭束缚、消费较为随性、用车频率高。其在新城市开始布点时优先考虑三类站点:居民区、工作地点(包括高校)以及轨道站点,但主要是考虑用车潜力,并未考虑更复杂的因素,如站点布设顺序、用车潜力是否容易释放(用车时间是否集中)等。

德国汽车共享案例的研究发现,在居民居住地附近的站点往往使用率更高,且站点与居民居住地距离在1公里内时,对居民最有吸引力。

2. 上海 EVCARD 布点思路

上海 EVCARD 由于受到嘉定区政府的支持,因此首先在嘉定区(远郊)开始站点布局,这主要是考虑到启动资源的便利。由于率先从郊区开始发展,加上市区站点用地难以协调,因此沿这一路径首先在上海中心城区以外区域进行布局,待其规模持续扩大,使用愈加便捷,再逐渐往市区增设站点。

EVCARD 从郊区开始发展的路径与绝大多数分时租赁企业都不相同。这一方面源于特殊的启动资源优势,另一方面也是满足首批会员及初期会员的选择需要。

3. 杭州微公交布点思路

杭州因其旅游城市的特殊性,"微公交"最早将站点布设于主城区内的景点附近(西湖古荡科技园)、南临西湖风景区、西临西溪国家湿地公园。随后,站点开始向外围区域拓展,半年后建立第一批高校站点(浙江工业大学和杭州科技大学),接着在大型酒店和地下车库大量进行站点布设,运营一年后布设最多的站点是酒店站点。2015年8月以后才开始在房产物业、商业综合体等区域布设站点,之后向商业区、地铁口等区域进行站点布设。

从杭州"微公交"的站点布设路径来看,并没有清晰的站点布局脉络,尽管如此,从另一方面也可说明,站点规模越大,使用越便捷,越可能争取到稀缺地区建点。因此,在没有启动资源优势的时候,在外围区域开始发展也是一种可行路径。

6.3.3 站点布局:深圳案例

1. 针对大学生的站点布局

大学生活动范围集中且较固定,如在学校附近超市购物、在区内的大型商圈聚会等。站点布局方案如下:

(1)与学校合作,在学校内部学生高频率途经处布设站点;若无条件,也尽量在学校附近铺设站点,同时辅以自行车接驳换乘,而校园内有共享自行车的学校,站点优势明显,如深圳大学。

(2)与物业或地产商合作,在区内大型商圈铺设站点,如南山区海岸城。

针对大学生的站点布局如图6-2所示。

2. 针对刚起步白领的站点布局

刚起步白领出行时间集中、活动范围广,站点要尽可能覆盖这类人群的活动范围,具体包括:

图 6-2 针对大学生的站点布局示例

- 住宅区：与物业合作在主要居民区设点，如福田、罗湖、布吉、梅林等；
- 娱乐区/工作区：与地产商合作在各区中心各个 CBD 设点；
- 罗湖区：如万象城、华润大厦、地王大厦等；
- 皇岗：如会展中心等；
- 南山区：如海岸城等；
- 科技园区：高科技园区设点，如南山科技园等。

针对刚起步白领的站点布局如图 6-3 所示。

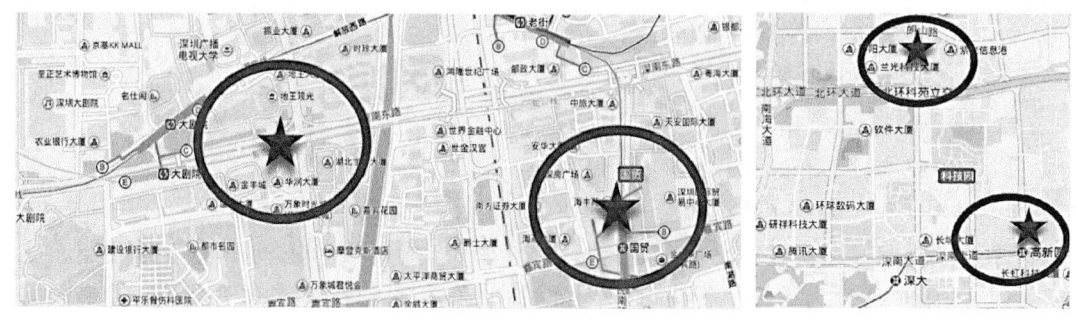

图 6-3 针对刚起步白领的站点布局示例

3. 针对向往第二辆车家庭的站点布局

向往第二辆车家庭群体，其出行范围较为分散，包括居住地分散、公司所在地分散以及习惯开车去比较远的地方。站点布局需要考虑：
- 与物业合作，网点覆盖在各区居民区；
- 与地产商合作，在市中心各大商圈设点：如万象城、华润大厦、Coco Park、华强北、东门步行街等；
- 与景区合作，在旅游景点及公园设点：如大梅沙、小梅沙、世界之窗、欢乐谷等；
- 与物业合作在各高科技园区及工业园区设点：如南山科技园、龙岗区、龙华新区工业园区等；
- 交通枢纽设点：机场及火车站等。

针对向往第二辆车家庭的站点布局如图6-4所示。

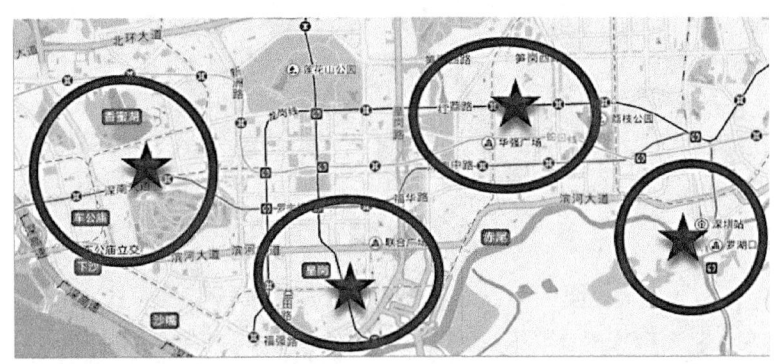

图6-4　针对向往第二辆车家庭的站点布局示例

4. 针对企业用户的站点布局

企业用户出行时间分散、地点相对集中，出行目的地大多为各区CBD和商业办公楼、银行/政府部门集中地区。站点建设应覆盖各大CBD区域商圈，以及各企业、银行、政府部门集中的CBD区域，具体包括：
- 南山区高科技园、海岸城；
- 皇岗会展中心附近商业区；
- 地王/万象城商业区；
- 蛇口自贸区。

针对企业用户的站点布局如图6-5所示。

5. 针对有4S店出行需求的站点布局

除了以上四类用户外，4S店也是分时租赁站点布局可以考虑的一类特殊区域。往返4S店的用户往往为单程出行，维修保养时去时有车而回程无车可开，而去买车取车时去程无车可开，为满足来往4S店的用户需求，需要布设的站点类型包括4S店、居住区和工作区。同时考虑到豪华车型的车主用分时租赁的可能性较低，初期4S店的选择应避免布设在高档4S店附近（如奔驰、奥迪等），可优先布局在日系车或德系中低端车4S店附近。

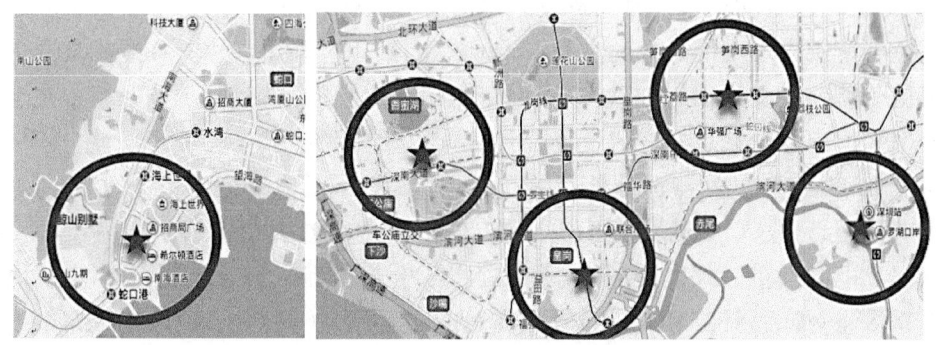

图 6-5 针对企业用户的站点布局示例

去 4S 店的车主有两种选择,一是去大 4S 店,二是去离居住地或工作地最近的 4S 店。因此,站点布设应遵循以下这两个原则:优先选择大 4S 店;居住区和工作区的站点布局优先选择距 4S 店较近的地点。

针对有 4S 店出行需求的站点布局如图 6-6 所示。

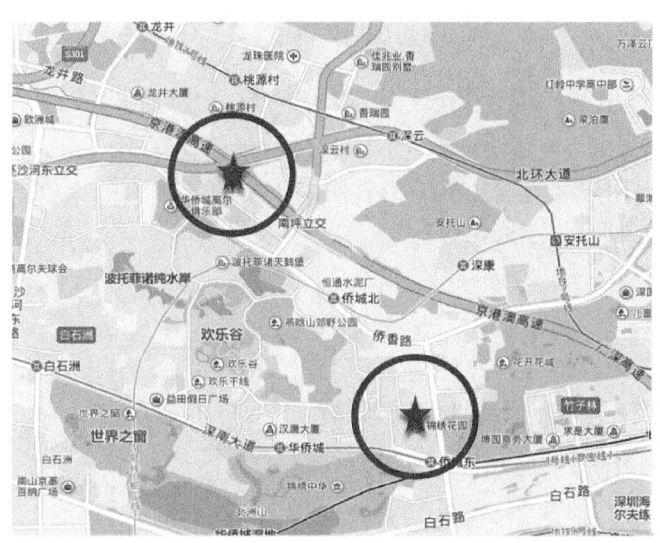

图 6-6 针对有 4S 店出行需求的站点布局示例

6.4 用户需求视角的站点选址 Logit 模型

个人出行方式的选择受多种因素的影响,如年龄、驾照、职业、文化程度、家庭收入、拥有的私家车、拥有的房产、车辆使用频率、小区停车位、居住地公共交通条件、个人消费观念和环保意识等。另外,要使电动汽车分时租赁能获得更多的消费者青睐,必须考虑电动汽车分时租赁服务能给消费者带来多大效用,因此要研究消费者的心理及选择偏好,从而能够使电动汽车分时租赁最大化地满足消费者的需求[①]。

基于出行用户效用最大化的多元 Logit 模型,可以分析出行用户在选择交通出行方式时偏向于哪一种交通出行方式,还可以依据出行用户的需求特征、分时租赁在交通中的分担率来模拟各个站点的客流量,从而为站点选址提供参考。

基于 Logit 模型的站点选址流程如下:首先,根据电动汽车分时租赁的特性,如用户是否拥有驾照、月收入、是否拥有小汽车等,设定模型的参数;其次,根据城市居民出行调查数据及电动汽车分时租赁出行分担率,求出基于多元 Logit 模型的分时租赁电动汽车出行需求量;最后,计算和确定电动汽车分时租赁站点需要配备的电动汽车数量及充电桩的数量,为站点选址规划提供决策依据。

6.4.1 多元 Logit 模型

多元 Logit 模型是应用最为广泛的非集计模型(离散选择模型)之一。通过假定模型中每个效用函数的效用随机项都是独立同 Gumble 分布的随机变量,则依据出行用户的效用最大化的原则可以导出多元 Logit 模型[②]。

$$U_{in} = V_{in} + \varepsilon_{in} \quad (6-4)$$

式中,U_{in}——出行用户 n 选择方式 i 的效用;

V_{in}——出行用户 n 选择方式 i 的效用函数中的固定项;

ε_{in}——出行用户 n 选择方式 i 的效用函数中的随机项。

出行用户 n 选择方式 i 的概率为

$$P_{in} = \frac{e^{V_{in}}}{\sum_{j \in A_n} e^{V_{jn}}} \quad (6-5)$$

设 V_{in} 的影响变量之间呈线性关系,则有

$$V_{in} = \sum_{k=1}^{k} \theta_k X_{ink} \quad (6-6)$$

式中,k——变量的个数;

θ_k——第 k 个变量所对应的参数;

X_{ink}——出行用户 n 选择方式 i 的第 k 个影响变量(如出现费用、出行时间等)。

6.4.2 基于出行特征的参数选择

依据多元 Logit 模型中出行用户的效用最大化的计算要求,结合电动汽车分时租赁

---

① 骆雁.影响消费者选择意愿的汽车共享效用分析[J].交通与运输(学术版),2012(01):132-135.
② 腰丽亚.基于非集记模型的轨道交通客流需求预测方法研究[D].北京:北京工业大学,2008.

用户选择交通出行方式的影响因素和城市各类交通出行方式的特性,设置出行用户多元 Logit 模型在交通出行方式选择倾向的变量,如表 6-2 所示。

表 6-2 电动汽车分时租赁出行方式选择性变量

选择方式	个人属性				出行特性			方式特性	
	年龄	是否有小客车	是否有驾照	月收入	出行目的	出行距离	出发点离站点的距离	出行时耗	出行费用
	X_{in1}	X_{in2}	X_{in3}	X_{in4}	X_{in5}	X_{in6}	X_{1n7}	X_{in8}	X_{in9}
步行	按20岁以下, 21~30岁,31~40岁,41~50岁,50岁以上分5段,取值0~4	有小汽车为1,没有小汽车为0	有驾照为1,没有驾照为0	按0~3 000元,3 000~6 000元,6 000~10 000元,10 000元以上分为4段,取值0~3	弹性目的为1,刚性目的为0	按3公里以下,3~6公里,6~10公里,10~15公里,15公里以上分为4段,取值0~3	按0.5公里以下,0.5~1公里,1~2公里,2公里以上分为4段,取值0~3	X_{2n7}	0
非机动车								X_{3n7}	0
公交								X_{4n7}	车票
轨道交通								X_{5n7}	车票
分时租赁车								X_{6n7}	租金
私家车								X_{7n7}	油耗+停车费
参数	θ_1	θ_2	θ_3	θ_4	θ_5	θ_6	θ_7	θ_8	θ_9

其中,选择各种城市交通出行方式时,出行用户的出行时耗的计算公式如下:

$$X_{1n7} = L_{ij}/v_p \tag{6-7}$$

$$X_{1n7} = L_{ij}/v_p \tag{6-8}$$

$$X_{3n7} = L_{ij}/v_b + l_{bp}/v_p + t_{bw} \tag{6-9}$$

$$X_{4n7} = L_{ij}/v_s + l_{sp}/v_p + t_{sw} \tag{6-10}$$

$$X_{5n7} = L_{ij}/v_c + l_{cp}/v_p + t_{cw} \tag{6-11}$$

$$X_{6n7} = L_{ij}/v_m \tag{6-12}$$

式中,v_p,v_f,v_b,v_s,v_c,v_m——步行、非机动车、公交车、轨道交通、分时租赁车、私家车的运行速度;

L_{ij}——小区 i 与 j 之间的距离;

l_{bp}——步行到公交车站的距离;

l_{sp}——步行到地铁站的距离;

l_{cp}——步行到电动汽车分时租赁站点的距离;

t_{bw}——公交车的候车时间;

t_{sw}——轨道交通的候车时间；

t_{cw}——分时租赁车的候车时间。

根据各种交通出行方式的出行用户倾向喜欢，出行用户选择该交通出行时的效用函数定义如下：

$$V_{in} = \sum_{k=1}^{7} \theta_k X_{ink} \quad (i=1,2,3,4,5,6,7) \tag{6-13}$$

i 的值从 1~7 分别代表步行、非机动车、公交车、轨道交通、分时租赁车和私家车交通方式。

6.4.3 模型求解过程

1. 模型求解

出行用户 n 的选择结果 $\delta_{1n},\cdots,\delta_{in},\cdots,\delta_{J_nn}$ 的联合概率可用(6-14)表示：

$$P_{1n}^{\delta_{1n}} P_{2n}^{\delta_{2n}} \cdots P_{in}^{\delta_{in}} \cdots P_{j_nn}^{\delta_{J_nn}} = \prod_{i \in A_n} P_{in}^{\delta_{in}} \tag{6-14}$$

因此，出行用户 $1,\cdots,n,\cdots,N$ 同时进行选择的概率（即似然函数）为

$$L^* = \prod_{n=1}^{N} \prod_{i \in A_n} P_{in}^{\delta_{in}} \tag{6-15}$$

L^* 是似然函数，通过对其取对数将可获得对数似然函数。

$$\begin{aligned} L = \ln L^* &= \sum_{n=1}^{N} \sum_{i \in A_n} \delta_{in} \ln P_{in} \\ &= \sum_{n=1}^{N} \sum_{i \in A_n} \delta_{in} \ln \left(\theta' X_{in} - \ln \sum_{j \in A_n}^{l} e^{\theta' X_{jn}} \right) \end{aligned} \tag{6-16}$$

通过求解出参数 θ_k 使 L^* 获得最大值，就可以获得出行用户同时选择最佳出行方式时的概率。若要 L^* 获得最大值与让其对数获得最大值等同，则对 L 求 θ_k 的偏导式并使其结果为 0，就可获得使 L 达到最大值时的 θ_k，求解的过程如下：

$$\frac{\partial L}{\partial \theta_k} = \sum_{n=1}^{N} \sum_{i \in A_n} \delta_{in} \left(X_{ink} - \frac{\sum_{i \in A_n} x_{jnk} e^{\theta' X_{jn}}}{\sum_{i \in A_n} e^{\theta' X_{jn}}} \right) = 0, \ k=1,\cdots,K \tag{6-17}$$

根据式(6-15)，又因为 $\sum_{i=1}^{l} \delta_{in} = 1$，化简式(6-17)并令其等于 0，则有

$$\sum_{n=1}^{N} \sum_{i \in A_n} (\delta_{in} - P_{in}) x_{ink} = 0 \tag{6-18}$$

其中，

$$P_{in} = \frac{e^{\theta' X_{in}}}{\sum_{j \in A_n} e^{\theta' X_{in}}}, \ i \in A_n \tag{6-19}$$

关于 θ_k 的非线性多元方程组，可以通过 NR(Newton-Raphson)法求解方程组，得到的解即为最优估计值[①]。

2. 参数检验和重新标定

对模型中的参数进行 t 检验，t 值是 θ_k 除以其标准偏差得到的值。

令 $t_k = \dfrac{\theta_k}{\sqrt{v_k}}$，当 $|t_k| > 1.64$ 时，可以确定 x_{ink} 是影响出行用户选择因素的概率为 90%；当 $|t_k| > 1.96$ 时，可以确定 x_{ink} 不是影响出行用户选择因素的概率为 95%，应把这个因素删除，对参数进行重新标定。

3. 出行需求量和站点数量计算

计算过程如下：根据一个区域或城市机动车保有量、汽车保有量、机动车驾驶人数、常住人口总数，可以计算出机动车驾驶人所占比例；根据当地居民日常出行调查数据，获得居民平均出行距离、非通勤目的的人均日出行次数、通勤出行次数人均日出行次数等数据；计算区域或城市交通出行方式各自的分担率，包括小客车、电（助）动车、脚踏自行车等非机动车、公交车、轨道交通、出租车、大客车以及摩托车等交通出行方式；获得区域或城市居民的出行调查的年龄、月收入、出行时耗、出行时段和出行距离等各个因素对居民所选择的出行方式的影响数据；根据以上模型和参数值，计算得到电动汽车分时租赁在城市居民出行方式中所占的分担率；根据居民人均出行次数及站点服务范围内的人口数量，进一步计算可以得到所选取片区的需求总量，因为这个需求总量是该片区一天中的全部出行需求的总和，所以需要总需求量乘以一天中不同时段的出行比例系数，求得出行高峰时间段的出行需求，然后根据高峰时段的最大需求量来配置分时租赁电动汽车数量和充电桩数量。

通过以上多元 Logit 模型的求解，可以获得选择分时租赁电动汽车出行方式的人群总数。然而，在布设电动汽车租赁站点时，要考虑站点配备的电动汽车数量和建设充电桩的数目（假设充电桩的数目就是停车位的数目），因此，需要再添加电动汽车周转率和充电桩周转率这两个参数，把需求总量除以周转率就可以分别获得电动汽车和充电桩的数量。周转率是依据电动汽车分时租赁运营数据获得，然后作为参数输入求解模型中。

$$\eta_a = Z_a / N_o \tag{6-20}$$

$$\eta_b = R_b / N' \tag{6-21}$$

[①] 罗海星.城市公共自行车租赁站点选址方法研究[D].北京:北京交通大学,2013.

式中，η_a——电动汽车周转率；
η_b——充电桩周转率；
Z_a——单位时间内电动汽车借出次数；
N_0——初始时刻电动汽车数量；
R_b——单位时间内电动汽车归还次数；
N'——充电桩数量。

6.5 站点选址 P-中值模型：以上海市数据为例

选址模型属于运筹学的研究范畴，通过距离、经济、环保、时间等约束实现某一个或几个指标的最优。充电设施的选址遵循"充分满足充电需求"和"建设可行性"基本原则[1]，并实现合理配置资源的目的。

Weber(1929)[2]研究通过在一个平面上确定仓库的位置，实现仓库到各个顾客的总距离最小的目标。这个问题又被称为 Weber 问题，标志着设施选址问题进入了科学研究的时代。1964 年，Hakimi 提出了选址的 P-中值问题和 P-中心问题，极大地推动了基于点需求的选址理论的发展[3]。基于点需求的路径选址问题是假设服务设施的待选点和需求点都位于网络的特定节点上，需求点的位置是确定的，待选点的位置既可以是需求点，也可能是其他一些节点，待选点与需求点之间通过网线、交通线路等连接。

P-中值问题是通过选定 p 个设施点的位置，使得总性能最优的问题，性能指标常常是使某种成本最小，例如总费用最小、总时间最少或者总距离最小等，因此 P-中值问题又被称为最小和问题，总距离是最常使用的性能指标。当将距离指标用于工厂、物流配送中心、仓库等以降低成本，提高利润为目标时，常被成为"经济效益性"指标；当将距离指标用于公共服务类设施时，例如图书馆、学校、公共健身器材等，以实现需求点到达待选点的总距离最小，距离指标也被称为"集体福利性"指标[4]。

6.5.1 模型假设与构建

从本质上讲，城市充电设施选址的主要依据是居民出行需求，因此需要居民出行需求大数据才能进行合理预测充电需求和设施选址规划。鉴于当时城市电动汽车数量有限，可获得的参考数据较少，研究者可以从当前传统燃油车的数据分析中挖掘居民的出行规律，预测未来电动汽车的出行需求。因此，研究将使用传统燃油车的 GPS 数据对电动汽车进行替代研究，并作如下假设：

---

[1] 杨现青.城市电动汽车充电站选址布局研究[D].青岛：山东科技大学，2017.
[2] Weber A. On the location of industries[M]. Chicago: University of Chicago Press, 1929.
[3] 杨现青.城市电动汽车充电站选址布局研究[D].青岛：山东科技大学，2017.
[4] 杨丰梅，华国伟，邓猛，等.选址问题研究的若干进展[J].运筹与管理，2005,14(6):1-7.

(1) 传统燃油车的出行需求将逐渐转变为未来电动汽车的出行需求，并会在转变的过程中保留一些城市的出行特征不变。在电动汽车发展的不同阶段，只需估算传统燃油车转换为电动汽车的比例，"一定比例转换"或者"全部转换"，这个假设依然成立。

(2) 由于缺乏私家车数据，假设居民出行需求与出租车的出行需求是近似的，从出租车出行的数据集中挖掘的出行规律可以代表城市居民的日常出行规律。

(3) 出行需求只考虑出租车的载客段。由于出租车不同于私家车的特点，即车辆即使在运行也可能出现空车的情况，如果居民用私家车替代出租车，在这些路段实际上是没有出行需求的。

(4) 假设行程结束后用户可能会产生充电需求以预备下次出行。实际上，既可以将行程起点视为充电需求点，也可以将行程终点视为充电需求点，但是考虑到居民更希望电动汽车可以"时刻准备着"，而不是每次出行前才对电动汽车进行充电。每次产生出行需求时，用户希望电动汽车都是充满电的状态，因此将行程结束点视为充电需求点较优。

(5) 从本数据集研究得到的充电需求为公共充电需求。

考虑到电动汽车存在充电时间长的问题，用户会倾向于在出行前后在附近的充电设施提前对电动汽车充电，而不会愿意在行程中途停下花费较长时间充电。因此，当研究范围缩小为一个城市内时，可以近似假设城市内的出行需求不会超过电动汽车的续航里程，电动汽车的充电需求产生于行程的起点或终点，而不是只要整个行程中有至少一个充电设施即可截获行程的需求。基于这种实际情况，研究采用基于点需求的选址模型。又因为不可能获得一个城市所有的出行数据，而是选取了部分数据集进行研究分析，不需要使用精确的覆盖模型。由于不研究电动汽车到充电设施最近距离的最大值，也不选用 P-中心模型。因此，研究最终依据 P-中值路径规划理论[①]，建立 P-中值选址模型来研究城市充电设施选址问题，模型的数学表达式如下：

$$\text{Minimize} \sum_{i} \sum_{j} h_i d_{ij} Y_{ij} \tag{6-22}$$

s.t.

$$\sum_{j} Y_{ij} = 1 \quad \forall i \in I \tag{6-23}$$

$$\sum_{j} X_j = p \quad \forall j \in J \tag{6-24}$$

$$Y_{ij} - X_j \leqslant 0 \quad \forall i \in I, \forall j \in J \tag{6-25}$$

$$X_j = 0, 1 \quad \forall j \in J \tag{6-26}$$

$$Y_{ij} = 0, 1 \quad \forall i \in I, \forall j \in J \tag{6-27}$$

---

① Hakimi S L. Optimum locations of switching centers and the absolute centers and medians of a graph[J]. Operations Research, 1964, 12(3): 450-459.

式中，i 为需求点的标号；j 为设施备选点的标号；h_i 为需求点 i 的需求；d_{ij} 为需求点 i 到备选点 j 之间的距离；Y_{ij} 表示 i 到 j 的路径需求是否被满足，如果被满足为 1，否则取 0；p 为设施数量；X_j 是决策变量，如果在 j 点建设服务设施，则为 1，否则为 0。式(6-22)是目标函数，使需求点到候选点之间的加权距离最短；式(6-23)～式(6-27)为约束条件；式(6-23)表示所有点的需求都可以被满足；式(6-24)表示充电设施的数量 p；式(6-25)表示备选点只有被选中建设才可以服务；式(6-26)是 0~1 变量，X_j 是决策变量，如果在 j 点建设充电设施，则为 1，否则为 0；式(6-27)是 0~1 变量，Y_{ij} 是决策变量，如果 i 到 j 的路径需求被满足，则为 1，否则为 0。

6.5.2 数据的采集与预处理

以上海强生智能导航技术有限公司 2018 年 4 月 1 日 11 339 辆出租车行车数据集为对象进行分析。数据集是由以小时为单位的 24 个文本文件组成的，一个文本文件是由以分钟为单位的 60 个待研究的出租车数据文档组成的，共有 24×60＝1 440 个文本文档。数据集信息单元是由 16 个字段组成，分别为车辆 ID、GPS 时间、经纬度、速度、卫星颗数、营运状态高架状态、制动状态等数据项，具体如表 6-3 所示。

表 6-3 行车数据集信息单元

字段	字段描述	数据示例
车机号	唯一的 ID	18852
控制字	A:正常;M:报警	A 或 M
业务状态	0:正常;1:报警	0 或 1
载客状态	0:重车;1:空车	0 或 1
顶灯状态	0:营运;1:待运;2:电调;3:暂停;4:求助;5:停运	0, 1, 2, 3, 4, 5
业务状态	0:地面道路;1:快速道路	0 或 1
业务状态	0:无刹车;1:刹车	0 或 1
无意义字段	字段无效	0
接收日期	信息搜集时间	2018-04-01
GPS 时间	年-月-日 时:分:秒	2018-03-31 23:59:48
经度	出租车的经度(°)	121.498510
纬度	出租车的纬度(°)	31.289317
速度	出租车的行驶速度(公里/小时)	68.0
方向	出租车的行驶方向	94.0
卫星数	卫星颗数	数字
无意义字段	字段无效	***

使用 Python 软件从数据集中挖掘有效的数据,从而得到需求点的位置信息。首先,制定规则对繁杂的数据进行预处理,挖掘对研究有价值的关键数据集;然后,使用软件编写循环语句,读取 1 440 个文本文件;最后,将得到的有效数据集按时间顺序输出到文本文档,得到 24 个以小时为单位的车辆行驶数据集文档。具体的数据挖掘流程如图 6-7 所示。

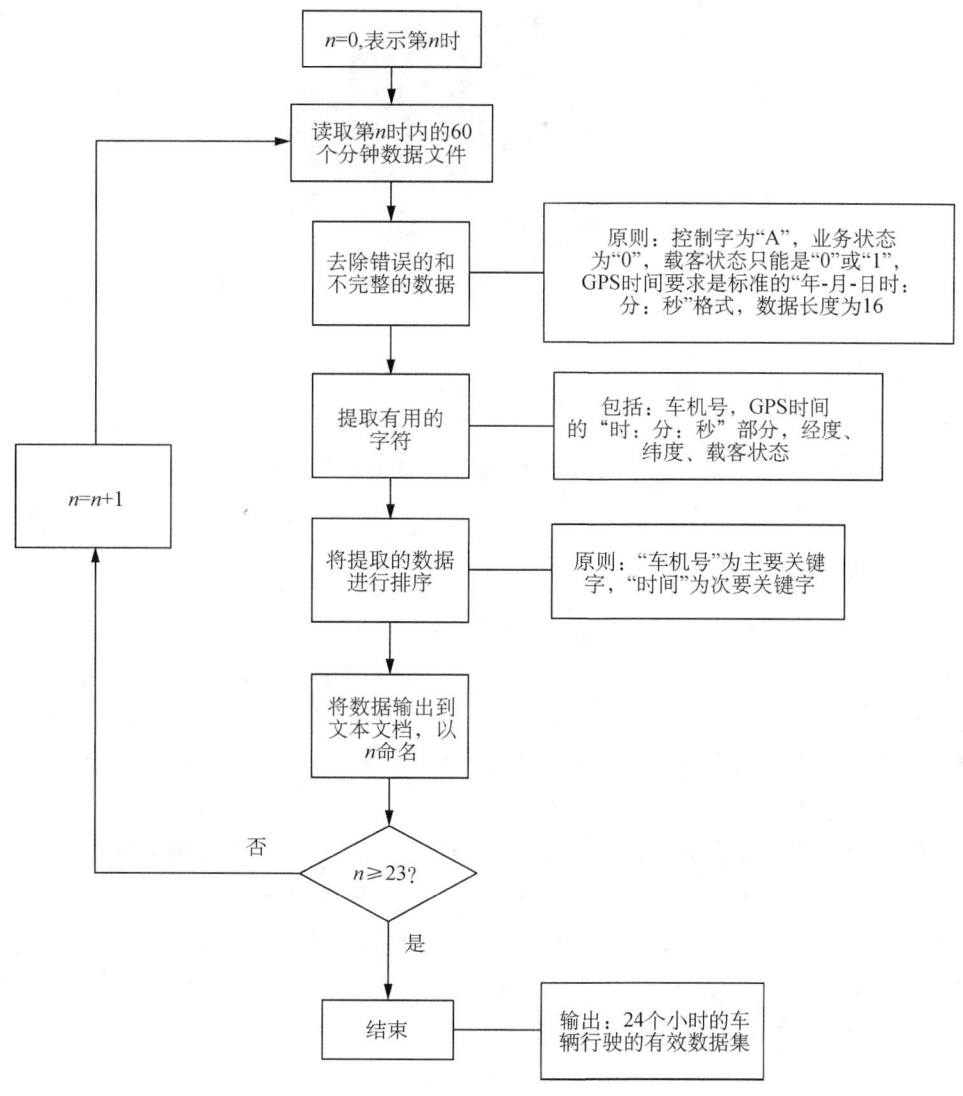

图 6-7 数据挖掘流程

在得到的有效数据集中,同一辆车的载客状态由 0 变为 1,即重车状态转换为空车状态,表示行程结束。通过在 Python 中编写程序从有效数据集中挖掘行程终点的数据,即充电需求点的数据,并通过 MATLAB 得到所有需求点在上海市地图上的分布情况,如图 6-8 所示。

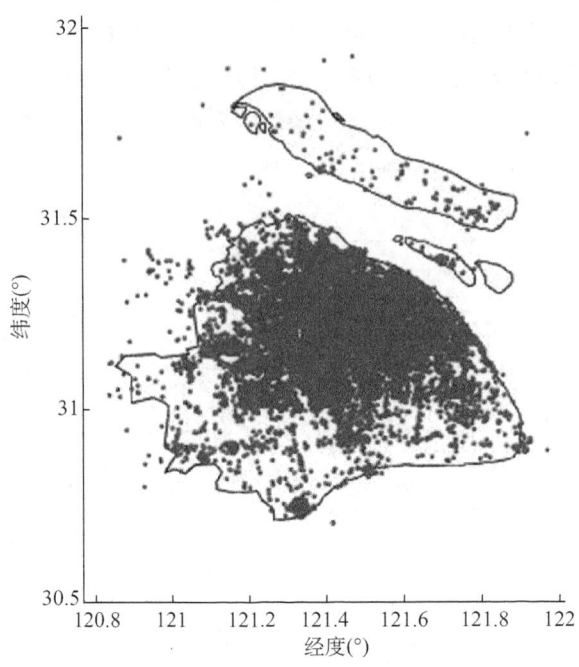

图6-8 原始需求点在上海地图上的分布情况

6.5.3 模型的聚类求解算法

K均值聚类算法是机器学习中最典型的一种无监督学习算法,能够在一堆无标签的海量数据中挖掘出需求点的信息,并将这些信息按照距离指标进行聚类,将距离较为相近的点划分为同一类,按照重心法确定的每一类中心即可作为设施的最优选址建议。如果将充电设施建在类簇中心,能够实现每个需求点到设施的总距离最短,因此聚类算法非常适合用于求解最小距离类问题。

K均值聚类算法是将n个对象根据对象间的相似性聚集到指定的k个类簇中,每个对象仅属于一个其到类簇中心距离最小的类簇中[①]。假设给定出租车数据集X,包含了n辆出租车$X=\{X_1,X_2,X_3,\cdots,X_n\}$,其中每辆车都具有$m$个维度的属性。首先需要初始化$k$个聚类中心$\{C_1,C_2,C_3,\cdots,C_k\}$,$1<k\leqslant n$,然后通过计算得到每个对象到每一个聚类中心的欧氏距离,其表达式为

$$\mathrm{dis}(X_i,C_j)=\sqrt{\sum_{t=1}^{m}(X_{it}-C_{jt})^2} \qquad (6-28)$$

式中,X_i表示第i个对象,$1\leqslant i\leqslant n$;C_j表示第j个聚类中心的,$1\leqslant j\leqslant k$;X_{it}表示第i个对象的第t个属性,$1\leqslant t\leqslant m$;C_{jt}表示第j个聚类中心的第t个属性。

---

① 周爱武,崔丹丹,肖云.一种改进的K-means聚类算法[J].微型机与应用,2011,30(21):17-19.

依次比较每一个对象到每一个聚类中心的距离,将对象分配到距离最近的聚类中心的类簇中,得到 k 个类簇 $\{S_1, S_2, S_3, \cdots, S_k\}$。K 均值聚类算法用中心定义了类簇的原型,类簇中心就是类簇内所有对象在各个维度的均值,表达式为

$$C_t = \frac{\sum_{X_i \in S_l} X_i}{|S_l|} \tag{6-29}$$

式中,C_t 表示第 t 个聚类的中心,$1 \leqslant t \leqslant k$;$|S_l|$ 表示第 l 个类簇中对象的个数;X_i 表示第 i 个对象,$1 \leqslant i \leqslant |S_l|$。

6.5.4 充电设施选址分析

K 值表示城市内需要建设充电设施的数目,可以根据城市电动汽车保有量的预测、更长时间规模的数据集挖掘出的城市出行模式来较准确地估计。研究使用的强生出租车 GPS 数据只是上海市居民出行的一部分,是城市居民出行行为的一个小缩影。实际的建设数目可根据具体的数据规模调整,从而可以获得整个上海市的出行情况。因此,根据该数据规模假设 K 为 100,进行聚类算法分析,如图 6-9 所示,得到充电需求点的结果,如图 6-10 所示。

```
24    K=100;
25    B=[x';y']';
26    [idx,C]=kmeans(B,K,'Distance','cityblock','Replicates',5);
27    hold on;
28    %use different color to represent different catagory
29    get(gca,'ColorOrder')
30    for i =1:K
31        scatter(B(idx==i,1),B(idx==i,2),'.');
32        hold on
33    end
34    plot(C(:,1),C(:,2),'kx','MarkerSize',5);
```

图 6-9 聚类分析过程

从需求端分析,每个点代表充电需求点,不同的颜色代表不同的类簇,黑色的"×"代表每一类簇的中心,也是推荐的充电设施选址位置。从图 6-10 中可以看出,黄浦区、静安区、徐汇区、杨浦区、虹口区等建设较发达、收入水平较高的辖区的出行需求相当密集,需要更大的充电设施密度。Sylvia 运用德尔菲法结合中国国情估测电动汽车充电需求的方法,得出收入、车辆拥有权、教育程度、家庭规模、年龄、性别是影响电动汽车需求的最重要的 6 个因素,很好地佐证了模型给出的结果[①]。

---

① Sylvia Y. He, Yong-Hong Kuo, Dan Wua. Incorporating institutional and spatial factors in the selection of the optimal locations of public electric vehicle charging facilities: A case study of Beijing, China. Transportation Research Part C 67(2016):131-148.

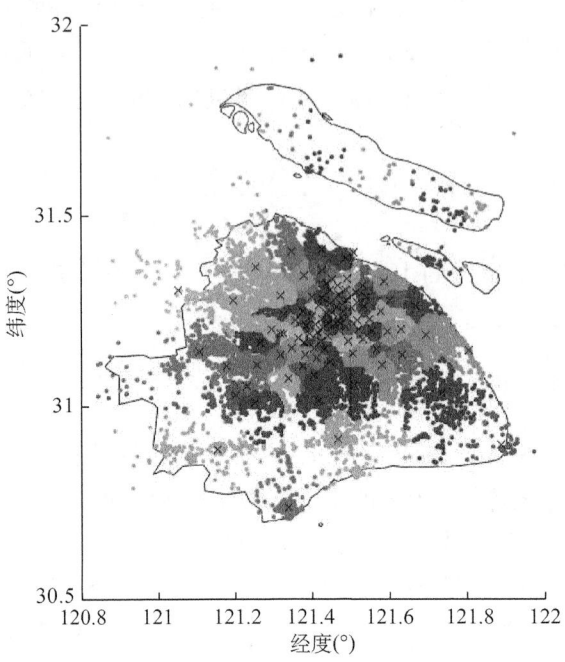

图 6-10　充电设施的最佳选址

从供给端来看,根据上海市新能源汽车公共数据网显示,截至 2017 年 12 月底,上海市 16 个市辖区拥有的公共与专用充电桩数目如表 6-4 所示。

表 6-4　上海市各辖区充电桩数目

市辖区	充电桩数目	面积(平方公里)	充电桩密度(个/平方公里)
浦东新区	10 741	1 210	8.87686
闵行区	6 578	372.56	17.65622
嘉定区	4 329	464.2	9.325722
松江区	4 209	604.67	6.960822
杨浦区	3 348	60.61	55.23841
宝山区	3 199	293.71	10.8917
奉贤区	2 460	720.44	3.41458
长宁区	1 703	38.3	44.46475
徐汇区	1 639	54.93	29.83798
青浦区	1 590	676	2.352071
静安区	1 517	37	41

续 表

市辖区	充电桩数目	面积(平方公里)	充电桩密度(个/平方公里)
普陀区	1 460	55.53	26.29209
金山区	1 135	613	1.85155
黄浦区	1 131	20.52	55.11696
虹口区	1 074	22.54	47.64862
崇明区	926	1 411	0.656272

可以看出，杨浦区、黄浦区、虹口区、长宁区、静安区是充电桩密度最大的5个市辖区，且远远领先于其他的市辖区，与需求端分析的结果完全一致，这验证了P-中值模型对于充电设施选址的可信度，模型结果可以用于对上海市充电设施选址的建议。

6.5.5 充电负荷与周期性变化分析

1. 充电设施每日负荷分析

根据《2015年上海市综合交通年度报告》[①]和《第五次综合交通大调查》[②]分项报告显示，自2009年到2014年出租汽车乘距续增加，样本数据(2014年)的平均乘距为7.1公里，与2009年第四次综合交通大调查时相比提高约1公里，假设2018年上海市出租车的平均乘距为8公里。

考虑实际私家电动汽车前往目的地的过程中可能会有往返需求，并且居民并不会等待电动汽车完全达到续航里程、电量完全耗尽时才进行充电，而是会提前产生充电需求，由此产生一个调整系数 $\alpha = 1.75$。电动汽车的续航里程一般为275公里，由式(6-30)得知，电动汽车平均每19.64次行程就需要完全充一次电。

$$\frac{275}{8 \cdot \alpha} = \frac{275}{8 \times 1.75} \approx 19.64(次) \tag{6-30}$$

上海强生出租车GPS数据集包含11 339辆出租车的233 871次行程，在前面的分析中，预估 $K = 100$，由式(6-31)得知，每日单个充电设施可以服务的次数最多为119.08次，规划者在建设充电桩时应当考虑充电基础设施的最大负载需求。

$$\frac{233\ 871/19.64\ drivers}{100\ clusters} \approx 119.08(次) \tag{6-31}$$

---

① 上海市城乡建设和交通发展研究院.2015上海市综合交通年度报告[R].上海:上海市城乡建设和交通发展研究院,2015.

② 上海市城乡建设和交通发展研究院.第五次综合交通大调查——出租车出行特征调查分项报告[R].上海:上海市城乡建设和交通发展研究院,2015.

2. 充电需求的周期性变化分析

前文通过数据挖掘方法得到的行程终点数据集将充电需求按照时间节点划分为24份,分别代表每天的24小时,以每小时产生充电需求的次数与全天产生充电需求的总次数的比值采用百分数的形式作为充电需求的研究指标,则一天的充电需求情况如表6-5所示。对表6-5中的数据拟合得到实线,取整体平均值得到虚线,取高于平均值部分的平均值得到点划线,详细的充电需求特征如图6-11所示。

表6-5 充电需求的日周期性变化

时刻	充电需求比	时刻	充电需求比
0	4.02%	12	5.44%
1	2.77%	13	5.67%
2	1.67%	14	5.72%
3	1.08%	15	5.56%
4	1.03%	16	5.29%
5	1.95%	17	5.38%
6	3.04%	18	5.14%
7	3.47%	19	4.84%
8	4.53%	20	5.07%
9	4.88%	21	4.88%
10	5.07%	22	4.34%
11	5.25%	23	3.93%

由图6-11可见,上海市电动出行的充电需求主要集中在10:00—18:00时段,符合人们白天出行习惯。根据充电需求日周期性变化情况,可以进一步分析得到单个充电设施运营状况的结论。

1) 单个充电设施每小时最多服务次数

在下午14:00—15:00产生了一天中的最大充电需求,占比5.72%。单个充电设施每日服务次数为119.08次,由式(6-32)得知,单个充电需求点每小时服务次数最多为6.81次,研究结果对于充电设施的最大负载具有指导意义。

$$119.08 \times 5.72\% = 6.81(次) \qquad (6-32)$$

2) 单个充电设施连续服务时平均每时服务次数

在8:00—22:00这个时间段,充电设施可能需要连续、长时间地进行服务,平均每小时充电需求占比为5.19%,由式(6-33)得到单个充电设施连续服务时平均每小时服务次数为6.18次。

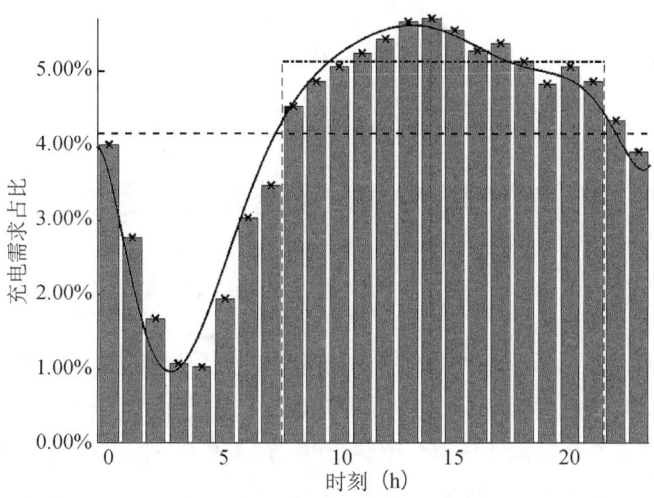

图 6-11　充电需求的日周期性变化

$$119.08 \times 5.19\% = 6.18(次) \tag{6-33}$$

3）单个充电设施所需充电桩数目

以满足公共需求的公用充电桩为例，选取快速充电的方式，假设快充桩的平均充电时间为 40 分钟（0.67 h），由式（6-34）得知，为了满足每小时 6.81 次的最大充电需求，每个充电设施需要配置至少 5 个快充桩。

$$\frac{6.81}{1/0.67} = 4.54 \approx 5(个) \tag{6-34}$$

6.5.6　研究总结

本节以上海市为例，建立了电动汽车充电设施的 P-中值选址规划模型，依据传统燃油车出行需求可以逐渐转变为电动汽车出行需求的假设，利用上海市强生出租车 GPS 数据集，使用 Python 进行数据处理、MATLAB 执行 K 均值聚类算法对模型进行求解，最终获得了充电设施需求点分布地图，并根据充电需求日周期性变化规律，得出单个充电设施每日总负荷、每小时最多服务次数、平均服务次数和所需充电桩数量。

本书给出了一种基于出行数据挖掘求解电动汽车充电设施选址位置和运营状况的模型和算法，对其他选址问题也具有一定的普适性。不可忽视的是，该模型的求解过程严重依赖于数据的可获得性和可靠性。如果决策者不能轻松地获取城市的相关数据，或者数据不具有广泛性和普遍性，那么，此法得到的选址建议可能并不是实际最优的选址方案。不过，随着大数据技术的发展，各地政府和企业越来越重视数据的开发和使用，相信随着时间的推移，数据易得性和可靠性会迅速提高，本书研究模型及其求解思路将具有更高的参考性和使用价值。

第 7 章
电动汽车分时租赁动态定价[①]

从电动汽车分时租赁企业的角度看,合理的定价策略影响用户对分时租赁模式的吸引力,也决定了运营企业收入和经济可持续性问题。此外,价格作为调节需求的杠杆,在解决分时租赁站点供需不平衡、车辆调度等问题上,也会有重要的意义。因此,以电动汽车分时租赁系统整体收益最大化的原则制定电动汽车分时租赁服务动态定价方案是十分必要的。本章将动态定价策略应用到电动汽车分时租赁这一商业活动中,为电动汽车分时租赁企业的商业化运营提供理论指导和实践参考。

7.1 研究问题与研究现状

7.1.1 运营车辆供需不平衡问题

电动汽车分时租赁企业在项目初期需要投入巨大的启动资金来购置或租赁车辆、获取停车位、建设充电设施、搭建分时租赁系统,后期运营过程中需根据需求不断增设站点和增加车辆,电动汽车分时租赁属于典型的重资产运营模式。当前电动汽车产品质量参差不齐、车辆残值率低,进一步加剧了企业资金压力。因此,对于电动汽车分时租赁企业来说,如何快速实现盈利是该模式能否成功的关键要素,也是电动汽车分时租赁企业面临的最大难题。

电动汽车分时租赁企业的利润大部分来自对租车用户的收费。一般来说,租金收入=行驶时间×单位时间租赁价格+行驶里程×点位里程租赁价格,许多分时租赁项目仅按时间收费。要想提高分时租赁系统收益,必须提高系统内租赁车辆利用率。

据调查,EVCARD 在上海市嘉定区投放的车辆平均每天使用时长为 3.5 小时,在上海市其他区域的车辆平均每天使用时长为 1.5 小时。按照目前的成本测算,要想实现盈利,车辆平均每天的使用时长需达 4 小时以上。因此,提高车辆利用率是提高分时租赁系统收益的关键手段。

导致分时租赁车辆利用率较低的原因在于系统内某些站点的车辆供给不平衡。由

[①] 本章节部分内容已经发表[孔德洋,王敏敏,马丹.电动汽车分时租赁动态定价策略研究[J].上海汽车,2017(1):38-43.]。

于电动汽车分时租赁需求量在某一时间段相对集中,且有些分时租赁站点租车人数特别多,而可租车辆少;有些分时租赁站点则出现相反的情况,即租车人数少,可租车辆多,这样会导致分时租赁站点的车辆供需不平衡。这种不平衡的现象直接降低车辆的利用率,进而导致分时租赁运营商的利润降低。

提高站点车辆的供需平衡度是提高车辆利用率的关键,而动态定价可作为杠杆对用户需求进行调节。例如,在某一时间段内,站点 A 车辆资源紧缺,站点 B 车辆资源相对丰富,此时,AB 线路的订单价格调高,AB 线路订单量根据价格需求弹性系数相应减少,从而缓解 A 站点的车辆紧缺;反之,BA 线路的订单价格随之调低,BA 线路订单量根据价格需求弹性系数相应增加,进一步将 B 站点富余车辆资源调至 A 站点。从而最大限度地提高系统各个站点的车辆供需平衡度,并充分提高车辆的利用率,最大化分时租赁系统收益。

7.1.2 研究现状综述

电动汽车分时租赁企业的实际运营情况并不乐观,主要原因在于顾客需求时间过于集中,造成低峰时期大部分车辆闲置,加之众多电动汽车分时租赁企业并未对高峰时期的车辆租赁作出优化,造成电动汽车分时租赁车辆的利用率过低,无法为企业创造利润[1]。因此,如何平衡供需,增加车辆的利用率,使得企业的收益最大化成为目前研究的热点。提高车辆利用效率,实现收益最大化的途径多种多样,通过对此类文献的研究,主要包括以下途径:①通过需求预测,在运营之初做好站点选址及车辆配置工作;②在可以拒绝订单的前提下,接受可以为企业带来相对丰厚利润的订单;③根据实时的订单需求,利用人工将车辆从富余站点调度至稀缺站点;④以价格为杠杆调节各个站点的订单需求量,从而达到供需平衡。

目前,以定价策略来调节供需平衡问题的研究主要集中在如下三个方面。

1. 动态定价理论研究

在航空运输、酒店、旅游、电力、广告、光纤通信等服务业以及高科技领域,产品/服务具有明显的时效性,生产能力或者容量在一定时期内是有限的,固定成本较高,但是可变成本相对很低,而且产品的需求波动大,难以实现供求关系的平衡,因而不能采用一般的经营管理方法加以管理。收益管理正是适用于具有上述特征的产品/服务的一种科学管理手段,通过对顾客需求的动态预测,采用动态定价和容量分配控制等技术方法来实现资源的有效分配,从而达到收益最大化的目的。与传统的企业经营理念相比,收益管理具有独特的管理理念、管理准则和技术方法[2]。周晶和杨慧(2009)[3]指出动态

---

[1] 孙欢欢.车辆分时租赁模式下的用户预约分配优化模型的研究[D].北京:北京交通大学,2016.
[2] Gallego G, Ryzin G V. Optimal Dynamic Pricing of Inventories with Stochastic Demand over Finite Horizons [J]. Management Science, 1994, 40(8):999-1020.
[3] 周晶,杨慧.收益管理方法与应用[M].北京:科学出版社,2009.

定价是收益管理理论研究和商业实践中一个最为活跃的分支,是指企业根据市场需求和自身的供应能力,以不同的价格将同一种产品适时地销售给不同的客户或不同的细分市场,以实现收益最大化的策略。国外学者 Boer(2015)[①]研究了在不断变化的市场环境下动态定价系统的自学习机制,指出以前对于动态定价理论的研究多假定衡量市场的参数是恒定不变的,这极大地限制了动态定价方法的应用范围,提出了一种新的定价方法帮助价格制定者应对不断变化的市场环境。Haws 和 Bearden(2006)[②]研究了动态定价与消费者对于公平的感知,动态定价是一把双刃剑,如果应用不当,反而会给企业造成负面效应,动态定价本质上是一种价格歧视,可能引起顾客的不公平感。

2. 动态定价应用范畴

刘星(2011)[③]考虑顾客主观价值,创造性地提出汽车租赁期长短对定价策略的影响,建立模型并计算,从中得到最优定价策略,以提高公司租车较长时间段的收益,顾客的主观价值会随着时间、市场需求和顾客消费理念改变而改变,租车公司根据当地的经济发展水平、消费文化差异等方面来设定主观价值函数。这同时印证了收益管理理念中的一条准则——不断更新收益管理方案。

夏杨(2011)[④]对收益管理的基本应用条件以及相关文献进行了研究,建立了一个在汽车租赁行业中应用收益管理的框架体系。该框架分为容量控制、定价策略、超订和需求预测,基于汽车租赁收益管理的特点,重点分析了容量控制下有关车队调度和网络管理的理论进展,对容量控制方法和定价策略在汽车租赁的应用进行了深入研究,在 Tirole 的纵向差异模型基础上,结合顾客选择行为,构建了收益最大化目标下的差异产品定价策略。

赵青(2010)[⑤]根据收集的有关资料,分析国外汽车共享模式在定价方面存在的问题,找出解决汽车共享实施动态定价的较好的方法,通过仿真比较解决动态定价的现有方法,建立一套适合汽车共享的定价策略,以实现汽车共享公司收益最大化的目标。其主要方法是根据动态定价的基本模型,利用特定幂次需求函数分别建立了汽车共享的特定幂次需求函数模型和随机需求函数模型,并利用 Matlab 进行规划求解。

在其他行业,也有学者进行动态定价与收益优化关系的研究。李豪等人(2011)[⑥]应用动态规划建立相应的座位控制和动态定价综合模型,讨论收益函数及最优定价策略

---

① Boer A V D. Tracking the Market: Dynamic Pricing and Learning in a Changing Environment[J]. European Journal of Operational Research, 2015, 247(3):914-927.
② Haws K L, Bearden W O. Dynamic Pricing and Consumer Fairness Perceptions[J]. Journal of Consumer Research, 2006, 33(3):304-311.
③ 刘星.基于不同汽车租赁期的收益管理研究[J].商品与质量·科学理论,2011(6):24.
④ 夏杨.收益管理在汽车租赁中的应用研究[D].重庆:重庆大学,2011.
⑤ 赵青.收益管理在汽车共享动态定价中的应用[D].成都:西南交通大学,2010.
⑥ 李豪,熊中楷,屈卫东.基于乘客分类的航空客运座位控制和动态定价综合模型.系统工程理论与实践,2011,31(6):1062-1070.

的结构性质，并求得了航空公司基于已卖出的机票数量接受或拒绝乘客购买折扣票的阈值，以及对乘客购买普通票的最优定价所满足的关系式，并通过算例讨论了不同参数对最优策略的影响，分析了模型的有效性。潘伟等人(2010)[1]分析了拥有实体店和网上商店公司的最优订货策略、最优的价格调整次数问题，并推导出了不同时期的最优定价策略。

3. 动态定价在汽车租赁中的应用

Jorge D 等人(2015)[2]针对汽车分时租赁的动态定价问题，建立单程式汽车分时租赁动态定价模型，并以葡萄牙里斯本为案例进行模型验证，证明了动态定价可以显著提高汽车分时租赁企业的总收益。

Uber 专车正是根据供求曲线的原理实施动态定价的。就需求方而言，在两个方向上都具备高度弹性：其一，当价格升高后，直接使需求量相应减少；其二，当价格降低后，需求量也会立即增加。Uber 动态定价模型中，当需求大于供给，算法会自动提高价格，减少需求提高供给，使得供需达到一个动态平衡，这个过程持续一段时间后，供给会逐渐大于需求，价格会恢复到初始水平，这个过程循环往复，始终维持着平衡。

王喆等人(2015)[3]基于动态价格激励机制，构建了具有滚动周期优化特征的动态随机模型，实现租赁车辆长期配置，并用算例验证了动态价格激励机制模型的可行性与有效性，表明模型可以帮助企业向顾客提供实时动态的价格激励决策，完成租赁车辆的有效配置，提高租赁车辆利用率的同时提升顾客的满意度。

从动态定价在汽车租赁中的文献研究中发现，汽车租赁及汽车共享这一服务的特征符合动态定价对应用范围的要求，并且动态定价的应用能够带来收益的增加。

7.2 电动汽车分时租赁动态定价模型

动态定价策略是收益管理理论科学研究和商业实践中最为活跃的分支之一，是指企业根据市场需求和自身的供应能力，以不同的价格将同一种产品适时地销售给不同的客户或不同的细分市场，实现收益最大化的策略。实施动态定价策略的目的是利用价格杠杆在较大的需求波动下有效地平衡供给和需求，提高系统内车辆的利用率，实现收益最大化。

在电动汽车分时租赁系统内，某一时间出行订单的取车点和还车点的供给和需求状态是决定这一需求价格的主要因素。依据两个维度来定义租赁价格：维度一，用车时

---

[1] 潘伟,汪寿阳,华国伟.实体店及其网上商店产品的动态定价及订货策略[J].系统工程理论与实践,2010,30(2):236-242.

[2] Jorge D, Molnar G, Correia G H D A, et al. Trip pricing of one-way station-based carsharing networks with zone and time of day price variations[J]. Transportation Research Part B Methodological, 2015, 81:461-482.

[3] 王喆,苗瑞,顾希垚.基于动态价格激励机制的租赁车辆配置研究[J].工业工程与管理,2015,20(4):80-85.

间,不同用车时间段租赁价格不同;维度二,订单的取车站点和还车站点的状态,即租赁服务的价格随用车时间和 OD(Original and Destination,起点和终点)的状态的不同而不同。在某一特定时间段内,汽车分时租赁服务的价格取决于 OD,当取车站点的车辆供大于求,还车站点的车辆供不应求时,应适当提高此 OD 路线的价格,从而降低 OD 路段上的订单需求,缓解 OD 站点的供需不平衡度;反之,亦然。

本节首先选取"站点某一时间段平均车位利用率"变量来量化电动汽车分时租赁系统内各站点的供求关系,采用"站点某一时间段平均车位利用率"这一变量对 24 个小时段进行聚类分析,将 24 个小时段划分为 I 个时间段。其次,以"站点某一时间段平均车位利用率"这一变量来衡量站点之间的相似度,采用 K 均值聚类分析法将站点分成 u 个类别,将数量众多的站点简化为几个类别,大大简化了模型的计算量。然后,以电动汽车分时租赁系统利润最大化为目标函数,以系统内各个站点的车辆流平衡、需求随价格变化情况、电动汽车续航里程限制、停车位停车数量限制,各个变量取值范围等作为约束条件,建立电动汽车分时租赁系统的动态定价模型。最后,采用边界分析对动态定价模型的收益取值区间进行初步界定。

7.2.1 运营时间段及站点的聚类分析

为了准确地描述某一时间段内一个站点的库存车辆与该站点的用车需求之间的关系,本书采用站点停车位利用率这一变量来反映某一时间段该站点的车辆供求关系。在某一时间段内,若某一站点在大多数时候停车位的利用率为 0,则可反映该站点车辆供不应求;而有些站点在大多数时候停车位利用率为 100%,则该站点的车辆供大于求。

K 均值聚类算法首先随机选取 K 个对象作为初始的聚类中心,计算每个对象与各个初始聚类中心之间的距离,然后把每个对象分配给距离它最相近的聚类中心,聚类中心联合及分配给它们的对象就代表一个聚类,假如全部对象都被分配完了,每个聚类的聚类中心会根据聚类中现有的对象被重新计算,这个过程将不断重复直到满足终止条件,终止条件可以是没有(或最小数目)对象被重新分配给不同的聚类,也可以是没有(或最小数目)聚类中心再发生变化,或者误差平方和局部最小[1]。聚类过程最终能否求出最合理的分类形式,取决于聚类类别数 u 的选取。基础变量定义及解释如表 7-1 所示。

表 7-1 基础变量定义及解释

变量	解释	变量	解释
$K' = \{1, \cdots, k, \cdots, K\}$	电动汽车租赁系统内站点集合	$I_1' = \{1, 2, 3, \cdots, g, \cdots, 24\}$	将一个运行周期一天(24 小时)等分为 24 个时间段,g 表示第 g 个小时段

---

[1] 毛嘉莉.基于 K-means 的文本聚类算法[J].计算机系统应用,2009(10):85-87.

续 表

变量	解释	变量	解释
$T' = \{1, \cdots, t, \cdots, T\}$	一个时间周期内的时间点集合	$Z' = \{1, \cdots, z, \cdots, Z\}$	站点分类类别的集合，Z 为类别数
$X = \{1_1, \cdots, k_{t-1}, k_t, k_{t+1}, \cdots, K_T\}$	时间和空间节点的集合，包含 K 个站点在 T 个时刻的表示符，k_t 表示时刻 t 的站点 k	tb_g	时间段 g 的开始时间
δ_{kj}^t	在 t 时刻车辆从 k 站点行驶到 j 站点所需要的时间	te_g	时间段 g 的截止时间
$A_1 = \{\cdots, (k_t, j_{t+\delta_{kj}^t}), \cdots\}, k_t \in X$	车辆在时刻 t 从 k 站点行驶到 j 站点，到达时刻是 $t+\delta_{kj}^t, \forall k,j \in K'$	ε_{k_g}	在时间段 g 结束时站点 k 的可用车辆数，当 $g=0$ 时，$\varepsilon_{k_0} = a_{k_1}$
$A_2 = \{, \cdots, (k_t, k_{t+1}), \cdots\}, k_t \in X$	在时间段 t 到 $t+1$，站点 k 停靠的车辆	α_{k_g}	在 g 时间段内，还车到 k 站点的订单数
$I' = \{1, \cdots, i, \cdots, I\}$	将一个运营周期分割为 I 个时间段，i 表示第 i 个时间段	β_{k_g}	在 g 时间段内，从 k 站点取车的订单数
$P0$	当前租赁服务价格，单位元/分钟	ω_{k_g}	站点 k 在第 g 个时间段内停车位平均利用率
$D0_{k_t j_{t+\delta_{kj}^t}}$	t 时刻从站点 k 到站点 j 的订单量	ω_{k_i}	站点 k 在第 i 个时间段内停车位平均利用率
Z_k	站点 k 的规模，$\forall k \in K'$，站点的规模取决于停车桩位的数量	o	聚类分析样本量
a_{k_t}	在 t 时刻站点 k 的可用车辆数，$\forall k \in K'$	μ	聚类类别数
$V_{k_t k_{t+1}}$	在时间 t 到 $t+1$ 内，站点 k 停靠的车辆数	—	—

采用多变量 K 均值聚类分析法，以 ω_{k_g} 为聚类变量将 24 个小时段分为 I 个类别，I 个时间段时长不尽相同。ω_{k_i} 的值为时间段 i 中包含的小时段对应的 ω_{k_g} 的平均值，表示为第 i 个时间段的平均停车位利用率。采用 ω_{k_i} 即站点 k 在第 i 个时间段内停车位平均利用率这一变量来表示各个站点的供求关系，根据这一变量将分时租赁系统内的站点通过 K 均值聚类分析法分为 u 个类别，u 代表设定的站点类别数，o 代表被分析的站点数。采用 ω_{k_i} 来衡量各个站点之间的相似度，在某一时间段供求关系相似的站点被归为一类。聚类分析后可得到任意站点在任意时间段内所属的类别，同一站点在不同的时间段内可隶属于不同的类别。

此时,将影响租赁价格的关键因素简化为:
(1) 用户预约取车时间所属的时间段。
(2) 用户预约取车站点所属的类别以及用户预约还车站点所属类别。

根据以上分析,在 g 时间段内,还车到 k 站点的订单量为

$$\alpha_{k_g} = \sum_{j \in K'; \, t' = t - \delta_{kj}^{t'}; \, t \in g} D_{j_{t'}k_t}, \, \forall (k_t, j_{t+\delta_{kj}^t}) \in A_1 \tag{7-1}$$

$$\beta_{k_g} = \sum_{j_t \in X, \, t \in g} D_{k_t j_{t+\delta_{kj}^t}}, \, \forall (k_t, j_{t+\delta_{kj}^t}) \in A_1 \tag{7-2}$$

$$\varepsilon_{k_g} = \varepsilon_{k_{g-1}} + \alpha_{k_g} - \beta_{k_g} \tag{7-3}$$

$$\omega_{k_g} = \frac{\varepsilon_{k_g}}{Z_k}, \, \forall k \in K', \, \forall i \in I' \tag{7-4}$$

7.2.2 电动汽车分时租赁动态定价模型

在此提出一个混合整数非线性模型,模型的要求如下:给定一个单程式汽车分时租赁系统的站点的集合、车辆集合、停车位集合,系统当前的 OD 需求矩阵,动态定价模型旨在找出一个定价策略使得一个工作日的系统运营收益最大。在此过程中,系统不拒绝任何订单,除非站点无车可取。除了上文定义的基础变量,本书需要定义以下模型变量,如表 7-2 所示。

表 7-2 模型变量定义及解释

变量	解释	变量	解释
M	租赁系统中拥有运营车辆数	B_{all}	电动汽车分时租赁系统总收入
L	电动汽车的续航里程(公里)	C_{all}	电动汽车分时租赁系统总成本
N	一辆电动汽车从空电状态到充满电需要的时长(h)	C_{mv}	每辆车单位行驶时间成本,电量消耗成本
V	城市私家车平均行驶速度(公里/小时)	C_{v}	每辆车一天的折旧成本
b	运营周期(h)	C_{mp}	每个停车桩位一天的使用成本,即停车位的成本加上充电设施的成本
x	平均每辆电动汽车可服务的最大时长(h)	$D_{k_t j_{t+\delta_{kj}^t}}$	当价格变化后,从时间 t 到时间 $t+\delta_{kj}^t$,从站点 k 到站点 j 的订单量,$\forall (k_t, j_{t+\delta_{kj}^t}) \in A_1$
E	价格弹性系数	P_{zw}^i	在第 i 个时间段内,从区域 z 到区域 w 的单位时间价格,$\forall z, w \in Z', i \in I'$
$P0_{zw}^i$	在第 i 个时间段内,从区域 z 到区域 w 的单位时间价格,$\forall z, w \in Z', i \in I'$		

在此模型中，需求根据价格需求弹性系数的变化而变化。$D_{k_t j_{t+\delta_{kj}^t}}$ 满足以下公式：

$$E = \frac{\dfrac{D_{k_t j_{t+\delta_{kj}^t}} - D0_{k_t j_{t+\delta_{kj}^t}}}{D0_{k_t j_{t+\delta_{kj}^t}}}}{\dfrac{P_{zw}^i - P0_{zw}^i}{P0_{zw}^i}} \tag{7-5}$$

在实际情况中，价格弹性系会数随着时间以及价格变化的幅度的变化而变化，并非一个常量。在本书中，假设需求价格弹性系数在不同的时间段以及价格区间内是恒定的，为一常数。原因在于：其一，价格变化幅度对价格弹性系数的影响在实际情况中较小，企业一般会将价格设定在参考价格 $P0$ 上下符合实际的价格区间之内，因此价格波动幅度较小；其二，为简化计算考虑，将价格弹性系数设为常数。

1. 目标函数

目标函数是将电动汽车分时租赁企业所获取的利润最大化。从电动汽车分时租赁运营商的角度来看，运营收入主要来源为租赁费用，在此假设电动汽车的分时租赁项目是按时收费的，则运营收入的表达如式(7-6)所示。

$$B_{\text{all}} = \sum_{\substack{k_t j_{t+\delta_{kj}^t} \in A_1 \\ z,w \in Z' \\ i \in I'}} P_{zw}^i \times D_{k_t j_{t+\delta_{kj}^t}} \times \delta_{kj}^t \tag{7-6}$$

电动汽车分时租赁系统的成本主要包含：车辆行驶成本包括用电成本、停车桩位成本、车辆折旧成本。

$$C_{\text{all}} = \sum_{\substack{k_t j_{t+\delta_{kj}^t} \in A_1 \\ z,w \in Z' \\ i \in I'}} C_{\text{mv}} \times D_{k_t j_{t+\delta_{kj}^t}} \times \delta_{kj}^t + C_{\text{mp}} \sum_{k \in K'} Z_k + C_{\text{v}} \cdot m \tag{7-7}$$

综上，电动汽车分时租赁企业的利润为总收入减去总成本，计算公式如下：

$$\text{Max } \theta = \sum_{\substack{k_t j_{t+\delta_{kj}^t} \in A_1 \\ z,w \in Z' \\ i \in I'}} (P_{zw}^i - C_{\text{mv}}) \times D_{k_t j_{t+\delta_{kj}^t}} \times \delta_{kj}^t - C_{\text{mp}} \sum_{k \in K'} Z_k - C_{\text{v}} \cdot m \tag{7-8}$$

2. 约束条件

$$D_{k_t j_{t+\delta_{kj}^t}} \geqslant D0_{k_t j_{t+\delta_{kj}^t}} + \frac{E \times D0_{k_t j_{t+\delta_{kj}^t}} \times (P_{zw}^i - P0_{zw}^i)}{P0_{zw}^i} - 0.5,$$
$$(k_t, j_{t+\delta_{kj}^t}) \in A_1; z, w \in Z'; i \in I' \tag{7-9}$$

$$D_{k_t j_{t+\delta_{kj}^t}} \leq D0_{k_t j_{t+\delta_{kj}^t}} + \frac{E \times D0_{k_t j_{t+\delta_{kj}^t}} \times (P_{zw}^i - P0_{zw}^i)}{P0_{zw}^i} +$$
$$0.5, (k_t, j_{t+\delta_{kj}^t}) \in A_1; z, w \in Z'; i \in I' \qquad (7-10)$$

$$D0_{k_t j_{t+\delta_{kj}^t}} + \frac{E \times D0_{k_t j_{t+\delta_{kj}^t}} \times (P_{zw}^i - P0_{zw}^i)}{P0_{zw}^i} \geq 0 \qquad (7-11)$$

$$V_{k_t k_{t+1}} + \sum_{j \in K'} D_{k_t j_{t+\delta_{kj}^t}} - \sum_{j \in K'; t'=t-\delta_{kj}^{t'}} D_{j_{t'} k_t} - V_{k_{t-1} k_t} = 0, \forall k_t \in X \qquad (7-12)$$

$$a_{k_t} - \sum_{j \in K'} D_{k_t j_{t+\delta_{kj}^t}} - V_{k_t k_{t+1}} = 0, \forall k_t \in X \qquad (7-13)$$

$$v \cdot x = (b-x)\frac{L}{n} \qquad (7-14)$$

$$\sum_{k,j \in D_{k_t j_{t+\delta_{kj}^t}}} \delta_{kj}^t \leq 60 \cdot m \cdot x \qquad (7-15)$$

$$Z_k + 5 \geq a_{k_t}, \forall k_t \in X \qquad (7-16)$$

$$2 \cdot Z_k \geq a_{k_t}, \forall k_t \in X \qquad (7-17)$$

$$D_{k_t j_{t+\delta_{kj}^t}} \in N^0, (k_t, j_{t+\delta_{kj}^t}) \in A_1; \qquad (7-18)$$

$$P_{zw}^i \in R^0, \forall z, w \in Z', i \in I' \qquad (7-19)$$

$$V_{k_t k_{t+1}} \in N^0, \forall (k_t, k_{t+1}) \in A_2 \qquad (7-20)$$

$$a_k \in N^0, \forall k_t \in X \qquad (7-21)$$

$$Z_k \in N^0, \forall k \in K' \qquad (7-22)$$

约束条件(7-9)、(7-10)、(7-18)表示需求随价格的变化情况,由于需求是价格的连续函数,此处使用了两个不等式,以确保需求的值为四舍五入之后的整数。约束条件(7-11)保证需求是正数。约束条件(7-12)和(7-13)表示系统内任意时刻任意站点的车辆流平衡。约束条件(7-14)和(7-15)表示租赁系统内电动汽车行驶时长的总和,不超过电动汽车可服务的最大时长。约束条件(7-16)和(7-17)表示站点车辆数不超过站点停车位数量的 2 倍且停放在固定停车位以外的车辆数不大于 5。表达式(7-18)～式(7-22)设置了各个变量的取值区间。

7.2.3 电动汽车分时租赁系统收益边界

1. 理论最小收益边界

当所需的成本最大、收益最小时,电动汽车分时租赁的系统收益最小。通过分析收入公式(7-6)和成本公式(7-7)可知,当 $P_{zw}^i=0$ 时,此时总收入最小,$B_{all}=0$;需求量达到最大值,此时行驶成本 $\sum\limits_{\substack{k_t j_{t+\delta_{kj}^t} \in A_1 \\ z,w \in Z' \\ i \in I'}} C_{mv} \times D_{k_t j_{t+\delta_{kj}^t}} \times \delta_{kj}^t$ 也达到最大值。由于车辆折旧成本和停车桩位成本为固定值,此时 C_{all} 总成本最大。因此,当价格设置为 0 时,总收益最小。

2. 理论最大收益边界

当不考虑固定成本时,收益函数如下:

$$\rho = \sum_{\substack{k_t j_{t+\delta_{kj}^t} \in A_1 \\ z,w \in Z' \\ i \in I'}} (P_{zw}^i - C_{mv}) \times D_{k_t j_{t+\delta_{kj}^t}} \times \delta_{kj}^t \tag{7-23}$$

$$D_{k_t j_{t+\delta_{kj}^t}} = D0_{k_t j_{t+\delta_{kj}^t}} + \frac{E \times D0_{k_t j_{t+\delta_{kj}^t}} \times (P_{zw}^i - P0_{zw}^i)}{P0_{zw}^i},$$
$$(k_t, j_{t+\delta_{kj}^t}) \in A_1; z,w \in Z'; i \in I' \tag{7-24}$$

$$\rho = \sum_{\substack{k_t j_{t+\delta_{kj}^t} \in A_1 \\ z,w \in Z' \\ i \in I'}} (P_{zw}^i - C_{mv}) \times D_{k_t j_{t+\delta_{kj}^t}} \times \delta_{kj}^t \tag{7-25}$$

当 $\rho'=0$ 时,ρ 取得极值。

$$\frac{\partial \rho}{\partial P_{zw}^i}=0, \ \forall z,w \in Z', i \in I' \tag{7-26}$$

$$\rho' = \sum_{\substack{k_t j_{t+\delta_{kj}^t} \in A_1 \\ z,w \in Z' \\ i \in I'}} \left(D0_{k_t j_{t+\delta_{kj}^t}} \times \delta_{kj}^t + \frac{2\delta_{kj}^t \times E \times D0_{k_t j_{t+\delta_{kj}^t}} \times P_{zw}^i}{P0_{zw}^i} - \delta_{kj}^t \times \right.$$
$$\left. E \times D0_{k_t j_{t+\delta_{kj}^t}} - \frac{\delta_{kj}^t \times C_{mv} \times E \times D0_{k_t j_{t+\delta_{kj}^t}}}{P0_{zw}^i} \right) = 0 \tag{7-27}$$

$$P_{zw}^i = \frac{P0_{zw}^i}{2} + \frac{C_{mv}}{2} - \frac{P0_{zw}^i}{2E}, \ \forall z,w \in Z', i \in I' \tag{7-28}$$

为了保证极大值有且只有一个,需满足

$$\frac{\partial^2 \rho}{\partial^2 P_{zw}^i} < 0, \ \forall z,w \in Z', i \in I' \tag{7-29}$$

$$\sum_{\substack{k_t j_{t+\delta_{kj}^t} \in A_1 \\ z,w \in Z' \\ i \in I'}} \frac{2\delta_{kj}^t \times E \times D0_{k_t j_{t+\delta_{kj}^t}}}{P0_{zw}^i} < 0 \qquad (7\text{-}30)$$

公式(7-30)中价格弹性系数 E 为负数,其他变量 δ_{kj}^t,E,$D0_{k_t j_{t+\delta_{kj}^t}}$,$P0_{zw}^i$ 的取值区间均大于等于0,因此公式(7-30)成立。

由此求出的价格 $P_{zw}^i = \frac{P0_{zw}^i}{2} + \frac{C_{mv}}{2} - \frac{P0_{zw}^i}{2E}$,$\forall z,w \in Z', i \in I'$,各项均为常数,因此 P_{zw}^i 为常数,此时无论站点属于哪一个类别价格均相同。

7.3 电动汽车分时租赁动态定价求解

动态定价模型是以目标函数为非凸函数,以约束函数均为线性约束,以判定约束函数为凸函数的混合整数非线性规划模型。选择最常见的分支定界法来求解动态定价模型,将非凸目标函数进行凸化变换,经过处理的非凸MINLP问题就可以选择凸MINLP的算法进行求解。

7.3.1 分支定界法的简介

非线性规划—分支定界算法(NLP-branch-and-bound,NLP-BB)是求解MILP的分支定界算法(BB)在MINLP问题中的直接推广。1960年,Land和Doig[1]首次将BB算法应用到MILP问题;1965年,Dakin[2]第一个提出BB算法可以应用到凸MINLP问题,推动了BB算法的发展,但Dakin只介绍了算法理论,并没有示范计算实例。1985年,Gupta和Ravindran[3]也将非线性规划—分支定界算法应用到了凸MINLP问题,研究了算法可行性,并给出了运算过程。通常,混合整数规划问题有无限多个可行解,即便是纯整数规划问题,其可行解的数目也会随着问题规模的扩大而急速增加。因此,通过列举所有的可行解,然后从中选出最优解的算法在实际生活中很少有应用价值。而分支定界法(branch and bound method)是一种隐枚举法(implicate numeration)或者称为部分枚举法,它是一种在枚举法基础上进行改进的算法,分支和定界是分支定界法的关键。

分支定界法的基本概念是拆分排除法[4],对于那些难以直接处理的复杂问题,我们

---

[1] Land A, Doig A. An automatic method of solving discrete programming problems. Econometrica, 1960, 28: 497-520.

[2] Dakin R. A tree-search algorithm for mixed integer programming problems. Comput J, 1965, 8: 250-255.

[3] Gupta O, Ravindran V. Branch and bound experiments in convex nonlinear integer programming. Manag Sci, 1985, 31: 1533-1546.

[4] Hamdy A. Taha.运筹学导论[M].北京:人民邮电出版社,2008.

把它逐渐拆分成越来越小的子问题,直到这些子问题能被处理,分支(拆分)的工作是通过把整个可行解的集合分成越来越小的子集来完成的;剪枝(排除)的工作是通过界定子集中的最好的解的"好"的程度,然后舍弃这样的子集——其边界值表明它不可能包含原问题的最优解来完成。

7.3.2 分支定界法的求解

分支定界算法首先要对分支定界树进行初始化,通常只包含一个根节点,即将整数变量 $\hat{y} \in Y \cap Z^p$ 松弛到 $l_I \leqslant \hat{y} \leqslant u_I$。接下来,运行步骤如下:

第一步是节点选择,搜索分支定界树,选定某一节点,在此节点处求解 NLP 问题,若此问题不可行,则删除此节点并重新搜索分支定界树;否则,设得到解 $(\hat{x}, \hat{y})$。

第二步是剪枝,如果在此点处的目标函数大于当前上界,这部分可行域显然不包含最优解,故剪枝。

第三步是分支,主要是对整数约束变量 $\hat{y}$ 进行检验,若点 $\hat{y}$ 不满足整数约束条件,假设 $\hat{y}_i$ 为小数,则问题分支是左右两个子节点,分别添加左分支约束 $y_i \leqslant [\hat{y}_i]$ 和右分支约束 $y_i \geqslant [\hat{y}_i]+1$;否则,若 $\hat{y}$ 满足整数约束条件,且目标函数值小于当前的最优值,则更新上界,并排除目标函数值大于当前上界的分支。

第四步是检查分支定界树是否为空,若分支定界树非空,则返回第一步;若为空,则算法终止并输出当前最优解[1]。

分支定界算法有三个关键的步骤,即分支、节点选择和剪枝。分支就是将可行域逐次分割为越来越小的子集,通常采用的分支准则包括强分支、伪费用分支、可信性分支和混合分支等[2];节点选择策略包括深度优先搜索、最佳优先搜索、最佳估计搜索以及它们的结合策略;剪枝就是当算法满足当前目标函数值大于当前最好上界时,或者 NLP 子问题的解 $\hat{y}$ 恰好是整数等情形,不需要对当前节点进一步分支时进行的操作。

7.4 EVCARD 分时租赁案例分析

7.4.1 EVCARD 分时租赁模型参数

以 EVCARD 电动汽车分时租赁项目为例,对动态定价模型进行实证研究。模型选取 2016 年 EVCARD 在上海地区某一工作日的订单作为研究内容,并对该工作日的订单做适当处理,即删除用车时间在 3 分钟以内且取还车在同一站点的订单,有理由认为这一类的订单为用户误操作而产生的无效订单;删除订单时间在 24 小时以上的订单,

---

[1] 刘明明,崔春风,童小娇,等.混合整数非线性规划的算法软件及最新进展[J].中国科学:数学,2016,46(1):1-20.
[2] Achterberg T. Constraint integer programming[D]. Berlin: Institute of Technology, 2007.

即使用时长超过 1 440 分钟的订单,使用时长在 1 440 分钟以上的订单对模型结果影响较大,且不符合本书设定的订单量随订单价格变化的关系,故剔除这一类订单,最后得到 1 362 条有效订单。

由于 EVCARD 电动汽车分时租赁项目在 2016 年处于快速扩张阶段,其站点数、停车桩位数、运营车辆数均在不断地变化,系统内站点数以及车辆数判定为选定的研究时间前后各一周有使用记录的站点数及车辆数。由此,从订单数据中筛选出的站点数为 $k=342$,运营车辆数为 $m=669$,停车桩位数为 803。Z_k 即各个站点的停车位分布情况已知,在 $t=1$ 时,各个站点的可用车辆数分布情况即 a_{k1} 已知。在 t 时刻从车辆从 k 站点行驶到 j 站点所需要的时间 δ_{kj}^t 已知。车辆租赁价格为 $P_0=0.5$ 元/分钟。

1. 时间段划分

图 7-1 展示出一天订单量随时间的变化关系,可以看出,在该电动汽车分时租赁系统内,早高峰出现在 7:00—9:00,晚高峰出现在 17:00—19:00,与上海市居民交通出行规律相符。此外,午间用车也处于高位状态,多为政府、事业单位、企业办公出行,以及午间用餐出行;19:00—23:00 订单量不断减少,主要出行目的为加班晚归、下班娱乐等。

经过 K 均值聚类分析,根据各个小时段内各个站点的停车位使用频次,将 24 个小时划分为 6 个时间段,具体情况如表 7-3 所示。K 均值聚类分析结果见表 7-4。将一个工作日 24 小时分为时长不等的 6 个时间段,该时间段的划分结果可以较好地反映图 7-1 中显示出的电动汽车分时租赁系统用户出行规律。

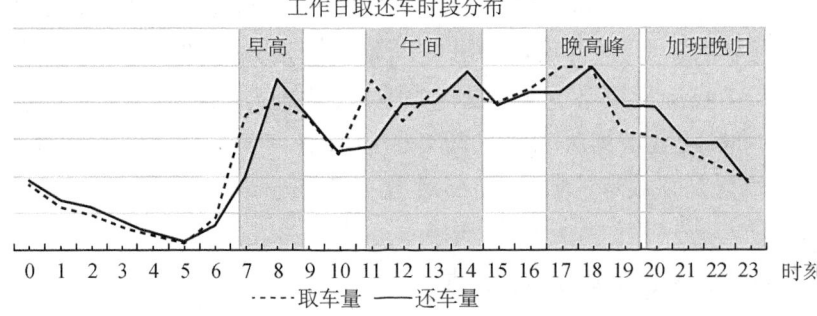

图 7-1 取车订单量及还车订单量随时间变化关系

表 7-3 时间段聚类情况

时间段	具体时间	历时	用户作息
时间段 1	(0:00—6:59)	7 小时	夜间
时间段 2	(7:00—8:59)	2 小时	早高峰
时间段 3	(9:00—12:59)	4 小时	午间
时间段 4	(13:00—14:59)	2 小时	午间高峰
时间段 5	(15:00—18:59)	4 小时	晚高峰
时间段 6	(19:00—24:00)	5 小时	晚间

表7-4 时间段聚类分析结果之聚类成员

案例号	小时段	聚类编号	距离（公里）
1	0:00	1	3.430
2	1:00	1	2.451
3	2:00	1	1.989
4	3:00	1	1.460
5	4:00	1	1.831
6	5:00	1	1.922
7	6:00	1	2.434
8	7:00	5	2.619
9	8:00	5	2.619
10	9:00	2	3.674
11	10:00	2	2.329
12	11:00	2	2.797
13	12:00	2	3.854
14	13:00	4	2.777
15	14:00	4	2.777
16	15:00	6	4.249
17	16:00	6	3.485
18	17:00	6	3.349
19	18:00	6	4.738
20	19:00	3	5.136
21	20:00	3	2.666
22	21:00	3	2.770
23	22:00	3	3.156
24	23:00	3	3.521

2. 价格弹性系数 E

弹性的说法源自微观经济学中的价格理论，在西方经济学中，需求弹性有需求的价格弹性、交叉弹性和收入弹性等。其中，需求的价格弹性又通常被称为需求弹性，只要两个经济变量之间存在着某种关系，就可以用弹性系数表示因变量对自变量变动的敏感性。简单地说，需求弹性就是一个数字，当一个经济变量发生百分之一的变化时，由它影响的另外一个经济变量变动的百分比就是需求弹性系数[①]。价格弹性系数的一般表达式为

$$E = \frac{因变量变动百分比}{自变量变动百分比} \tag{7-31}$$

---

① 萨缪尔森.经济学[M].18版.萧琛,主译.北京：人民邮电出版社,2008.

电动汽车分时租赁的服务起步较晚,目前还没有价格与电动汽车分时租赁出行需求之间变动关系的历史数据可以作为求解弹性系数的相关数据,本书将参考郝佳[1]文章中求解得到的出租车价格需求弹性系数。由于电动汽车分时租赁与城市出租车的受众存在较大的重合度,不管是在消费者的出行目的、用车时长、用车时间,还是乘坐舒适性上,两种交通出行方式均较为相似,均为满足用户个性化的城市短途出行方式,因此以出租车服务的价格需求弹性系数作为电动汽车分时租赁服务的价格需求弹性系数是合理的。

郝佳是以问卷调查的方式求解出出租车出行服务的价格需求弹性系数的。具体情况如下:在消费者出行距离为8公里以内时,在消费者调研中显示有658名乘客选择1.2元/公里的出租车出行服务,当价格涨到1.6元/公里时,这658名乘客中仅有568名表示仍会继续选择出租车出行,出租车服务的需求量减少了90名。通过(90/658)/(0.4/1.2)=−0.41计算分析可知,当消费者出行距离在8公里以内,且出租车价格在1.2元/公里时,租车价格每涨价1%,出租车出行需求量降低0.41%。梁希喆[2]文章中运用2001—2011历年的出租车服务价格浮动数据,采用OLS法和Engle-Granger两步协整检验法建立了租车服务需求量与出租车价格的对数计量经济模型,实证结果表明北京市出租车服务需求价格弹性系数为−0.49。前者采用问卷调研的形式,后者采用实际历时数据,前者求出的价格弹性系数为−0.41,后者为−0.49,相差不大,均具备一定的参考性。本书取二者的平均值作为电动汽车分时租赁服务的价格弹性系数,即−0.45。

3. 电动汽车分时租赁系统成本概算

C_{mv}:每辆车单位行驶时间成本,即单位时间电量消耗成本为0.074元/分钟,电动汽车的充电成本为1元/千瓦时,电动汽车充满电需要8个小时,满电续航150公里,电池容量为22.3千瓦时(为方便计算,本书假设电动汽车分时租赁系统内运营车型均为奇瑞EQ)。假设上海市私家车市区内平均行驶车速为30公里/小时。则电池充满电需要22.3元,可行驶300分钟,单位行驶时间的成本为0.074元/分钟。

C_v:每辆车一天的折旧成本为32.82元/天,以奇瑞EQ为例,车辆购置成本约为5.99万元,租赁车辆的使用年限为5年,一年按365天计,车辆一天的折旧成本约为32.82元。

C_{mp}:单个停车桩位一天的使用成本,即停车位的获取成本加上充电设施的成本为46元/天,单个停车位一天的成本包括停车位维护成本以及充电设备折旧成本,停车位一天的成本以低于市均价的水平计算,约为40元/天,充电设备的成本包括充电电网布置成本,充电桩折旧成本,约为6元/天。

由于运营成本涉及企业机密,以上运营成本均为估算,与实际情况可能存在差异,但由于成本参数不影响动态定价模型的效果,故不作详细论述。

---

[1] 郝佳.北京市出租车租价结构及需求弹性研究[D].北京:北京交通大学,2006.
[2] 梁希喆.北京市出租车需求价格弹性分析——基于2001—2011年的年度数据[J].交通财会,2013(4):69-72.

7.4.2　EVCARD 分时租赁模型结果

1. 站点聚类分析输出结果

采用"站点各个时间段内的停车位平均利用率"这一变量将分时租赁系统内的站点通过 K 均值聚类分析法分为个 5 类别。6 个时间段内 342 个站点所属的类别如图 7-2 所示，图中每一个色块由行列 19×18 个即 342 个方格组成，每个方格代表一个站点，站点按站点编号按行依次排列。

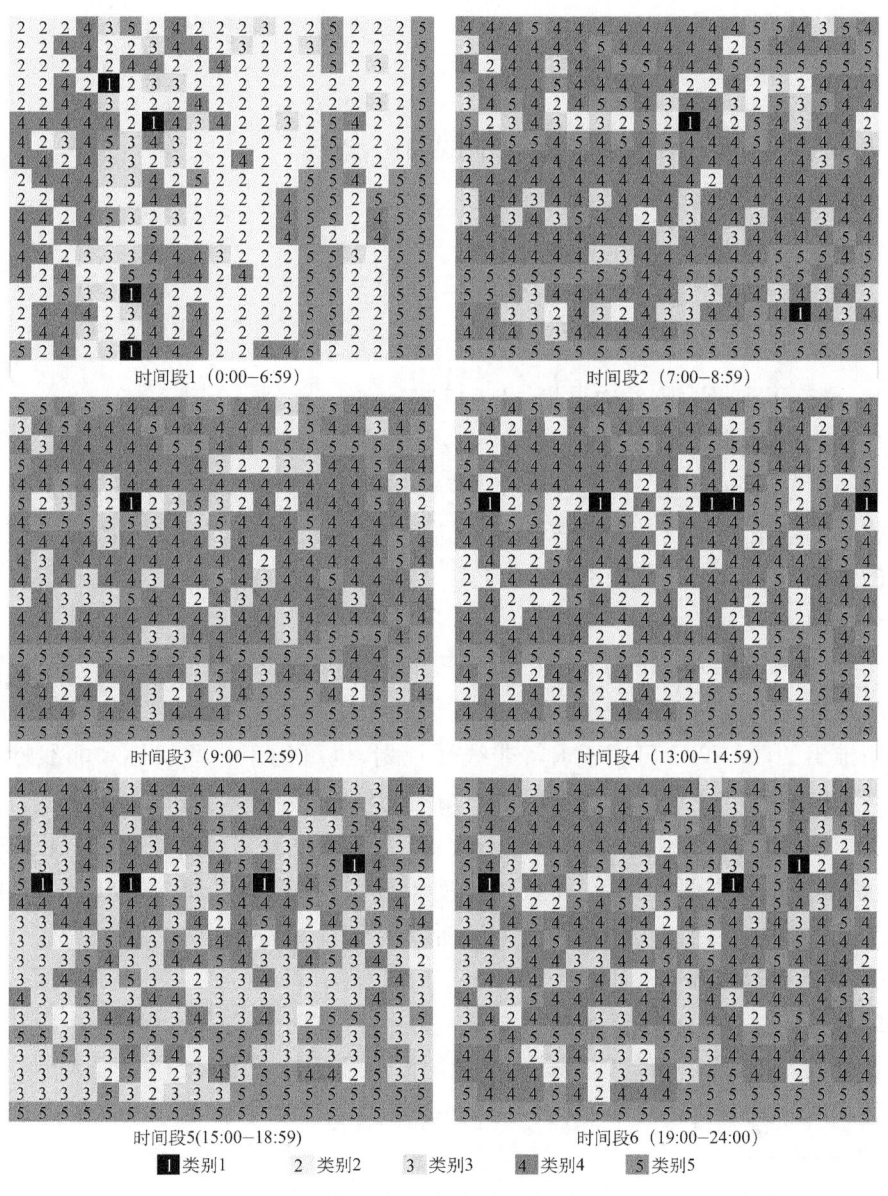

图 7-2　站点聚类分析结果示意

2. 系统收益边界分析结果

1) 理论最小收益边界

令 $P_{zw}^i = 0$

$$D_{k_t j_{t+\delta_{kj}^t}} = (1-E)D0_{k_t j_{t+\delta_{kj}^t}}, (k_t, j_{t+\delta_{kj}^t}) \in A_1; z, w \in Z'; i \in I' \quad (7\text{-}32)$$

带入得到

$$\text{Max } \theta = \sum_{\substack{k_t j_{t+\delta_{kj}^t} \in A_1 \\ z, w \in Z' \\ i \in I'}} (E-1)C_{\text{mv}} \times D0_{k_t j_{t+\delta_{kj}^t}} \times \delta_{kj}^t - C_{\text{mp}} \sum_{k \in K'} Z_k - C_{\text{v}} \cdot m - C_{\text{bx}} \cdot m \quad (7\text{-}33)$$

因此，最终得到最小收益边界为 $-68\,992.81$ 元/天。

2) 理论最大收益边界

$$P_{zw}^i = \frac{P0_{zw}^i}{2} + \frac{C_{\text{mv}}}{2} - \frac{P0_{zw}^i}{2E}, \forall z, w \in Z', i \in I' \quad (7\text{-}34)$$

即 $P_{zw}^i = 0.843$。

因此，最终得到最大收益边界为 $-8\,747.21$ 元/天。

3) 使用动态定价策略前的收益

当 $P_{zw}^i = 0.5$ 时，动态定价前模型收益为 $-18\,736.33$ 元。综上所述，得到分时租赁系统日收益的理论最小值为 $-68\,992.81$ 元/天，最大值为 $-8\,747.21$ 元/天。使用动态定价前的系统收益为 $-18\,736.33$ 元/天。

3. 模型求解过程

采用 LINGO(Linear Interactive and General Optimizer)软件来求解动态定价混合整数非线性规划问题；LINGO 是"交互式的线性和通用优化求解器"，是由美国 LINDO 系统公司推出的，LINGO 可用于求解非线性规划，也可用于一些线性和非线性方程组的求解等，其功能非常强大，是求解优化类相问题较好的选择之一；LINGO 的特色在于其内置的建模语言，可提供十几个内部函数，可以允许决策变量是整数（即整数规划，包括 0~1 整数规划），方便且灵活，而且执行速十分快，并能够方便与 EXCEL、数据库等其他软件交换数据；目前 LINGO16.0 为最新版本[①]。LINGO 具备以下特征：

1) 简单的模型表示

LINGO 可将线性、非线性和整数相关问题迅速地用公式表示出来，并且容易阅读理解以及修改。LINGO 的建模语言允许使用汇总和下标变量，使得编程人员能以一种易懂的直观的方式来表达模型，其编写过程非常类似使用纸和笔。模型搭建起来十分

---

① 谢金星,薛毅.优化建模 LINDO/LINGO 软件[M].北京:清华大学出版社,2005.

容易,更容易理解,因此也更容易维护与修改。

2) 方便的数据输入和输出选择

在 LINGO 环境下建立的模型可以直接从数据库或工作表中获取数据。同样,LINGO 可以将求解结果直接输出到数据库或工作表中,使得编程人员能够在其选择的应用程序中生成报告。

3) 强大的求解器

LINGO 拥有一整套快速、内建的求解器,用来求解线性、非线性(球面以及非球面)、二次、二次约束以及整数优化类问题。操作者一般不需要指定或启动特定的求解器,因为 LINGO 会读取操作者的方程式并自动选择合适的求解器来自动求解。

动态定价模型相应的 LINGO 程序如下:

```
model:
sets:
time/1..6/;
state/1..342/:z,A3;
! z:站点停车位数,A3:站点初始车辆数;
zone/1..5/;
link1(time,state):A1,A2;
! A2:站点在某一时刻的车辆数,A1:站点在某一时刻的类别数;
link2(time,zone,zone):P1;
! p1:某一时间段内从某一站点类别到另一站点类别的订单单价;
link3(time,state,state):P,D0,D;
! p:动态定价后某一时间段内从某一站点到另一站点的订单单价,D0:动态定价前某一时间段内从某一站点到另一站点的订单量,D 动态定价后某一时间段内从某一站点到另一站点的订单量;
endsets
max=@sum(time(k):@sum(state(i):@sum(state(j):(P(k,i,j)-Cmv)*D(k,i,j)*T)))-Cmp*Sta_num-Cv*car_num;
@for(time(k):@for(state(i):@for(state(j):(D(k,i,j)-D0(k,i,j))>=(D0(k,i,j)*E*(P(k,i,j)-P0)/P0))));
@for(time(k):@for(state(i):@for(state(j):(D(k,i,j)-D0(k,i,j))<=(D0(k,i,j)*E*(P(k,i,j)-P0)/P0+0.5))));
@for(time(k):@for(state(i):@for(state(j):@gin(D(k,i,j)))));
@sum(time(k):@sum(state(i):@sum(state(j):D(k,i,j))))*T<=60*8.73*car_num;
@for(time(k):@for(state(i):@gin(A2(k,i))));
@for(time(k)|k#gt#1:@for(state(i):@for(state(j):(A2(k,i)-A2(k-1,i))=(-D(k,i,j)+D(k,j,i)))));
@for(time(k)|k#eq#1:@for(state(i):@for(state(j):A2(k,i)=(A3(i)-D(k,i,j)+D(k,j,i)))));
```

@for(time(k):@for(state(i):A2(k,i)<=2*z(i)));
@for(time(k):@for(state(i):A2(k,i)<=(z(i)+5)));
@for(time(k):@for(state(i):@for(state(j):P(k,i,j)=P1(k,A1(k,i),A1(k,j))))));
data:
E=-0.45;
P0=0.5;
Cmv=0.074;
Cmp=46;
Sta_num=803;
Cv=32.82;
car_num=669;
T=69.19;
A3=@file('20161130cheliangfenbu.txt');
D0=@file('matlab_result_demand0.txt');
A1=@file('20161209zhandianjulei.txt');
z=@file('20161130 tingcheweifenbu.txt');
@text('Lingo_result_demand.txt')=D;
@text('Lingo_result_price.txt')=P1;
enddata
end
```

LINGO 求解结果如图 7-3 所示。

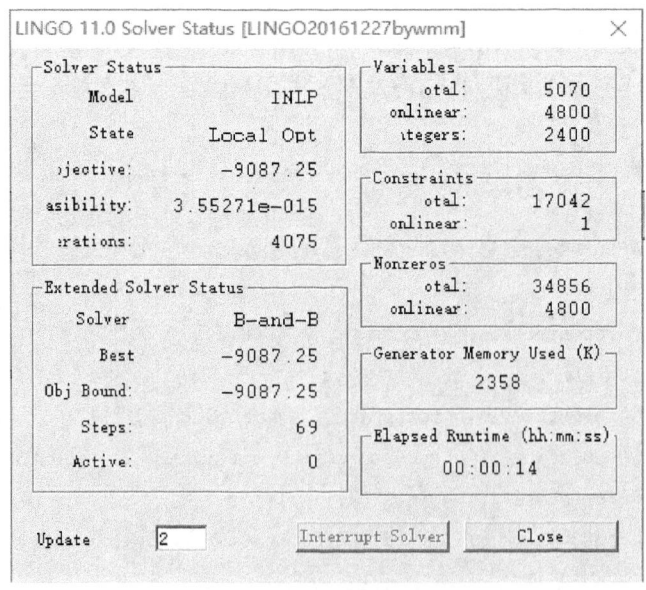

图 7-3　动态定价模型运行结果
```

4. 模型结果

模型结果如表7-5所示,使用动态定价策略后相比于使用动态定价前系统收益由原来的-18 736.3元/天提升至-9 087.25元/天,提升幅度为51.50%。订单收入由40 158.25元/天提升至49 807.35元/天,提升幅度为24.03%;订单数量从1 362降至949,降幅为-30.32%。由此,可以看出动态定价策略的使用可以较为显著的提高系统收益及订单收入,且由于订单量减少了,在实际情况中,满足动态定价策略后的订单所需的车辆及停车位数量也可以相应地减少,进一步地降低电动汽车分时租赁系统的成本。因此,动态定价策略的作用进一步地提升。

表7-6为LINGO程序计算得出的在系统收益最大化的情况下6个运营时间段内5个站点类别间的订单价格。价格取值区间为[0.19,1.06]。

表7-5 动态定价前后系统收益、收入及订单量变化情况

	系统收益（元/天）	订单收入（元/天）	订单数量	总收益变化	订单收入变化	订单数量变化
动态定价前	-18 736.33	40 158.25	1 362	51.50%	24.03%	-30.32%
动态定价后	-9 087.25	49 807.35	949			

表7-6 动态定价后各个时间段不同站点类别的订单价格

时间段1(0:00—6:59)						时间段2(7:00—8:59)					
站点类别	1	2	3	4	5	站点类别	1	2	3	4	5
1	0.38	0.35	0.5	0.5	0.45	1	0.36	0.2	0.29	0.31	0.38
2	0.5	0.83	0.82	0.87	0.5	2	0.26	1.06	0.45	0.94	0.37
3	0.28	0.5	0.5	1.06	0.47	3	0.49	1.06	0.83	0.87	0.87
4	0.87	0.87	0.82	0.8	0.5	4	0.5	0.83	0.84	0.85	0.94
5	0.39	0.8	0.78	0.87	0.87	5	1.06	0.94	0.8	0.83	0.87
时间段3(9:00—12:59)						时间段4(13:00—14:59)					
站点类别	1	2	3	4	5	站点类别	1	2	3	4	5
1	0.2	0.29	0.5	0.35	0.47	1	1.06	0.36	0.44	0.37	0.26
2	0.28	0.87	0.5	0.94	1.06	2	0.5	0.85	0.39	0.85	0.82
3	0.19	0.43	0.83	0.83	1.06	3	0.5	0.83	0.48	0.84	0.84
4	0.5	0.82	0.84	0.84	0.82	4	0.26	0.85	0.42	0.82	0.82
5	0.5	0.94	0.78	0.82	0.85	5	0.5	0.22	0.49	0.5	0.25

续 表

站点类别	时间段5(15:00—18:59)					站点类别	时间段6(19:00—24:00)				
	1	2	3	4	5		1	2	3	4	5
1	0.5	0.78	0.87	0.94	0.25	1	0.32	0.19	0.45	0.5	0.5
2	0.43	0.82	0.86	0.85	0.87	2	0.22	0.78	0.87	1.06	0.5
3	0.43	0.35	0.45	0.49	0.32	3	0.32	0.78	0.87	0.85	0.78
4	0.5	0.78	0.82	0.85	0.87	4	0.45	0.9	0.85	0.85	0.83
5	0.5	0.5	0.87	0.83	0.87	5	0.24	0.87	0.94	0.83	0.87

5. 参数敏感性分析

1) 聚类类别数对结果的影响

从表7-7可以看出,当站点类别数为5时,系统收益以及订单收入取得最大值,订单数量取得最小值,此时动态定价效果最好。可见,站点类别数太多如7个,或者太少如2个均不利于动态定价策略的效果。

表7-7　站点类别数对动态定价策略效果的影响

站点类别数	系统收益(元/天)	订单收入(元/天)	订单数量
2	−9 587.472	49 307.108	971
5(对照组)	−9 087.25	49 807.350	949
7	−9 471.555	49 423.025	964

2) 价格弹性系数对结果的影响

从表7-8可以看出当价格弹性系数在[−0.2,−1.2]范围内,随着价格弹性系数绝对值的增加,即用户对价格敏感度提升,系统收益逐渐减少,订单收入逐渐减少,订单数量逐渐增加。当价格弹性系数在[−1.2,−1.5]范围内变化时,随着价格弹性系数绝对值的增加,即用户对价格敏感度提升,系统收益逐渐增加,订单收入逐渐增加,订单数量逐渐增加。当$E=-0.2$时,系统收益最大为20 891.12元/天,当$E=-1.2$时系统收益取得最小值−18 871.9元/天,此时的系统收益相比于动态定价前的系统收益小−0.72%。可见,价格弹性系数的大小直接决定动态定价策略的应用效果。且价格弹性系数对动态定价效果的影响并非绝对值越小越好或越大越好,而是在一定范围内越小越好,在另一范围内越大越好。

表7-8　价格弹性系数对动态定价后系统收益的影响

价格弹性系数E	系统收益(元/天)	订单收入(元/天)	订单数量	总收益变化[注]	订单收入变化[注]	订单数量变化[注]
−0.2	20 891.12	79 785.7	799	211.50%	98.68%	−41.34%
−0.3	2 430.673	61 325.25	863	112.97%	52.71%	−36.64%

续表

价格弹性系数 E	系统收益（元/天）	订单收入（元/天）	订单数量	总收益变化注	订单收入变化注	订单数量变化注
−0.45	−9 087.25	49 807.35	949	51.50%	24.03%	−30.32%
−0.6	−14 224.5	44 670.13	1 037	24.08%	11.24%	−23.86%
−0.8	−17 342.1	41 552.47	1 148	7.44%	3.47%	−15.71%
−1	−18 528	40 366.56	1 268	1.11%	0.52%	−6.90%
−1.2	−18 871.9	40 022.68	1 424	−0.72%	−0.34%	4.55%
−1.3	−18 665.6	40 229.02	1 428	0.38%	0.18%	4.85%
−1.5	−18 188.5	40 706.11	1 550	2.92%	1.36%	13.80%
−2	−15 905.7	42 988.9	1 841	15.11%	7.05%	35.17%

注：此时的变化值均基于动态定价前相应的值。

3）时间段划分数量对结果的影响

确定一个工作日的时间段划分数量以及时间段长度时，需要真实反映出该城市的电动汽车分时租赁用户的出行特征。如果一个电动汽车分时租赁项目早高峰出现在 8:00 左右，晚高峰出现在 17:00 左右，而将其简单地分为 7:00—19:00 和 19:00—7:00 这样两个时间段，此时两个高峰期均在同一个时间段内，模型不能良好地反映出用户出行特征，故无法得到最优收益。但如果将时间段充分切割，尽管可以更加精确地反映系统的真实情况，但模型的求解难度将会随着时间段数量的增加以指数型的速度增加，因此时间段并非越多越好。

7.5 研究总结

由于一个工作日内用户的取还车需求随时间波动较大，电动汽车分时租赁企业即使在运营之初能够准确预测用户需求，在运营之中仍不可避免地出现某些时间站点车辆及车位的供需不平衡状况，资源的错配导致车辆利用率不能达到理想水平，而车辆利用率直接决定了电动汽车分时租赁运营商的收益。价格作为调节需求的杠杆，能够有效地解决供需不平衡的问题。因此，以电动汽车分时租赁系统整体收益最大化的原则制定电动汽车分时租赁服务动态定价方案是十分必要的。

电动汽车分时租赁过程中动态定价策略应用的关键影响因素有两个：一是用户预约取车时间；二是用户预约取车站点状态以及用户预约还车站点状态。通过定义变量来描述电动汽车分时租赁系统内各站点在某一时间段内的供求关系，采用多变量 K 均值聚类分析法，将一天 24 个小时分为 I 个时间段，求出各个时间段的平均车辆利用率，以这一变量来衡量站点之间的相似度。随后，建立动态定价模型，以系统利润最大化为目标函数,以系统内各个站点的车辆流平衡、需求随价格变化情况、电动汽车续航里程限制、停车位停车数量限制,各个变量取值范围等作为约束条件。最后,采用边界分析方法,对动态定价模型中电动汽车分时租赁系统日收益的取值范围进行了初步界定。然后,根据动态定价模型特征,采用分支定界算法求解模型。以上海 EVCARD 电动汽车分时租赁项目为案例,采用动态定价模型进行分析,得出如下结果:

(1) 动态定价策略可显著的提升电动汽车分时租赁系统日收益,提升幅度为51.50%,日订单收入提升幅度为24.03%,日订单数量降幅为30.32%。

(2) 在系统收益最大化的情况下 6 个运营时间段内 5 个站点类别间的订单价格取值区间为[0.19,1.06]。

(3) 动态定价模型中站点类别数对模型结果有显著影响,当站点类别数为 5 时,系统收益以及订单收入取得最大值。而站点类别数太多或太少均不利于动态定价策略的效果。

(4) 动态定价模型中,价格弹性系数的选取对模型结果又显著影响。当价格弹性系数在[-0.2,-1.2]范围内,随着价格弹性系数绝对值的增加,即用户对价格敏感度提升,系统收益逐渐减少。当价格弹性系数在[-1.2,-1.5]范围内变化时,随着价格弹性系数绝对值的增加,即用户对价格敏感度提升,系统收益逐渐增加。

(5) 时间段划分数量对结果也有显著的影响,时间段划分情况需要真实地反映出该城市的电动汽车分时租赁用户的出行特征,而不至于使模型复杂到无解。

第 8 章
电动汽车分时租赁管理系统

分时租赁管理系统通过解决移动终端、车载终端以及云端服务之间的安全互联,真正为用户提供安全、便捷的共享出行服务。目前,学界和相关企业对于电动汽车分时租赁通信管理系统的设计研发正处于萌芽阶段,已建成的平台系统只限于企业内部使用,不利于电动汽车商业运营的发展,限制了电动汽车的发展规模。

本章结合目前电动汽车分时租赁信息管理系统的研究现状,总结现有分时租赁管理系统的总体应用架构、物理组成和数据结构。未来,随着云计算技术和车联网技术的不断发展进步,电动汽车分时租赁信息管理系统将进一步结合成熟化的硬件设备与软件系统,完善车辆调度监控、用户管理与结算、站点管理与充电等功能,实现"人—车—桩—云端"的互联互通。

8.1 系统总体架构设计

包含电动汽车分时租赁服务提供商、电动汽车和电动汽车分时租赁用户在内的互联互动一体化信息管理系统,其建设内容包括自主租车、结算支付、统一服务、车联网、云数据中心等多个方面。本节将通过明确系统设计目标,确定系统总体架构,阐述系统的物理和数据结构。

8.1.1 系统设计目标

电动汽车分时租赁系统开发技术门槛低,但设计承担风险大,一旦系统设计出现失误,将使未来运营蒙受巨大的损失。系统设计以业务第一为原则,对分时租赁商业模式和业务流程的理解深度,决定了系统的成败。系统的业务设计、流程设计都围绕着以客户为中心、效益为核心、运行为保障的思路进行设计。

国内目前已有多家分时租赁服务提供商,如车纷享、一点租车、微公交、EVCARD、绿狗租车等,各有其特点和长处,并作出了相当大的努力。但由于整个行业仍处于早期探索阶段,系统开发在智能化程度、业务逻辑、灵活性、扩展性等方面任有欠缺,与国外系统相比仍有一些差距,如表 8-1 所示。

表 8-1　国内外分时租赁系统比较①

运营项目	Autolib	DriveNow	EVCARD	车纷享
技术先进性	中	高	低	低
产品成熟度	高	高	低	低
可扩展性	中	高	中	高
外围智能辅助设备	有,会员注册机,定制化充电桩,会员卡激活机	无,只有深度定制车带屏幕	无,建议RFID刷卡器＋车机	无,简易RFID刷卡器＋车机＋按键式解码器
智能电网管控与融合	是	否	否	否
提供广泛车辆数据	全车动态数据收集	全车动态数据收集	只能收集SOC、GPS等信息	只能收集SOC、GPS等信息
优势与劣势	和整车Bulecar紧密结合深度定制,充电桩也是深度配套的,并且停车位有政府支持,且运用最多的非车载智能设备,软硬件智能水平最高	燃油汽车和电动汽车并行,通过外接车机与车辆结合,背后有整车厂技术支持,软硬件结合程度相对较高	只有纯电动汽车,通过第三方设备与车辆对接,第三方设备价格低廉,但相对较落后,读卡机设计水平相对国内较高但车机落后	车载终端成本最低但也最落后,稳定性不高,经常出现"丢车"情况,但安装接驳相对简单容易

如何满足分时租赁平台对技术先进性、产品成熟度、可扩展性的需求,如何满足分时租赁平台管理日益精细化的要求,如何实现电动汽车管理中控、管、监等多方面要求,如何实现对汽车全生命周期的全方位动态管理与检测,如何提高可靠性降低管理成本,都成为企业需要实现的目标。在这样的背景下,建立一个全面可靠的电动汽车分时租赁平台显得刻不容缓。该平台的设计应该遵循五大目标。

1) 基础功能

- 提供预订、租车、取车、充电、用车、客服、支付、维护、结算、电量检测、充电等基础业务功能;
- 支持刷卡、App、社交平台、keybox等多种取还车模式;
- 支持不同品牌车型、车机的接入。

2) 互联互通

- 支持单一企业独立运营,也支持不同企业不同城市之间的互联互通;

---

① 北京分时共享科技有限公司.电动汽车分时租赁业务流程设计与系统开发[EB/OL].http://max.book118.com/html/2019/0216/5342310242002011.shtm.

- 为与充电桩、停车场、停车位互联互通预留接口进行系统管理,实现电动汽车链条的全覆盖;
- 支持不同所有权车辆运行,有利于商业模式轻资产化。

3) 管理能力
- 合理设计内部和外部业务流程,整个企业的运营实现平台化管理;
- 运营策略、业务流程、价格策略可随时调整,适应实际运营策略的各种需求;
- 实现对客户、车辆、电桩、停车场、车辆所有者、内部各职能部门的全面流程化管理。

4) 适应性与灵活性
- 支持分时租赁、传统长租、日租、公务车包租、专车等所有相关租赁类型;
- 各种租赁和共享方式可在平台上共行,并可无缝连接转换;
- 提供 App、社交平台、桌面浏览器等用户入口,各种租赁方式的消费体验方便简单统一;
- 原生支持商业模式和业务流程的灵活调整,并可根据企业需要二次开发。

5) 硬件与技术
- 结合物联网技术,提供车机和其他硬件产品;
- 提供技术手段,协助企业解决 CAN 协议等相关问题;
- 充分考虑系统的安全性、稳定性、可扩展性。

8.1.2 系统物理架构设计

分时租赁系统设备主要包括远程管理控制中心(云端),装有汽车电池数据采集模块、无线通信模块、智能控制模块的电动汽车(车端),装有智能控制单元和通信模块的充电桩(桩),以及 App 或网页入口(用户端)。

系统物理架构,即从具体实现角度提出系统总体的软硬件物理部署方式,为系统运行提供充足的平台资源。电动汽车分时租赁信息管理系统的物理框架如图 8-1 所示。将手机或网页客户端的前置服务、租车网站、分时租赁管理系统和车联网平台等软件系统都部署在云端,电动汽车租赁用户可以通过 2G、3G、4G、5G 或者 Wi-Fi 网络使用用户端的相关功能,系统通过网络实现用户、车辆、订单信息在用户端和平台之间的交互。租赁点工作人员或总部工作人员可以通过 Internet 访问分时租赁管理系统;车载终端可以通过 4G/5G 网络实现与车联网平台之间的双向通信;充电桩可以通过互联网实现与车辆、用户和平台的互联。车联网平台、客户端前置和分时租赁管理系统之间存在频繁的数据交互访问,共享同一个数据库。

电动汽车分时租赁系统主要包括车载系统、充电系统和 IT 系统三个主要部分,其中以 IT 系统联通车载系统、充电系统和客户端。

(1) 车载系统:主要由钥匙系统和车辆管理系统组成,实现车辆的识别、防盗,以及

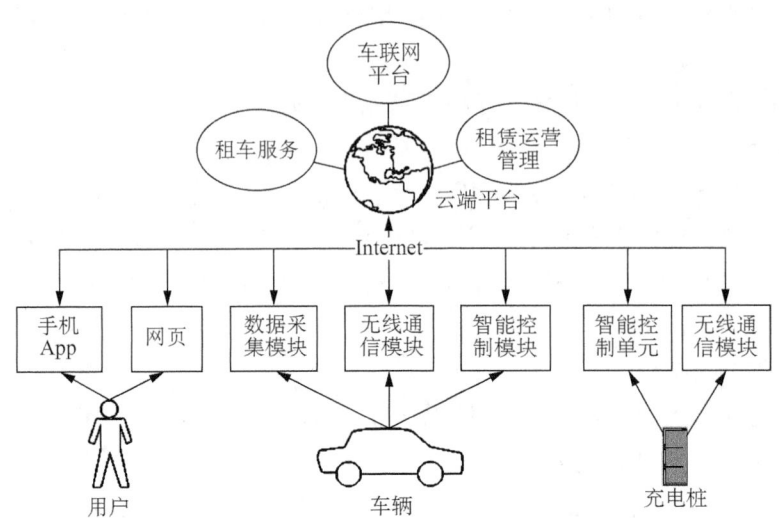

图 8-1 电动汽车分时租赁信息管理系统物理结构

车辆的调度运营与安全、能量状态监控。

(2) 充电系统:主要监控充电桩信息,方便通知车主及时进行充电。

(3) IT 系统,主要由以下几个部分组成:

① 订单系统:面对客户的接口,主要有手机 App、网页、语音和自助机器操作等端口,管理识别客户信息,处理用户订单,联通订单后台。

② 运营管理:车辆的分配和调度、车辆的管控、汽车可用里程的调取、车辆状态的监控,特别是电池健康和能量预警,对于纯电动汽车尤为重要。

③ 计费管理:记录车辆运行和停止的状态,为消费者提供合理和人性化的计费服务。

④ 保修处理:专业化的行车记录系统,处理不同客户造成的多样化事故保险。

系统架构如图 8-2 所示,图中 RFID(Radio Frequency Identification)为射频识别技术,用于车辆、充电桩的身份识别。

下面分别介绍各系统具体应用结构与实现。

1. 车载系统:分时租赁车载终端

分时租赁车载终端预先部署在车辆上,作为车辆与客户端及后端租车服务平台之间的通信接口,可以有效采集车辆型号、牌照信息,实现车辆注册,实时监测车辆位置、速度、方向等重要数据,远程获取车辆行驶里程和电池电量 SOC 水平。除实现平台通信功能,车载终端还应在确保安全收到后端服务平台的业务逻辑消息后,通过其他功能接口对车辆进行控制,接受并完成开关门、车灯闪烁、鸣笛等动作指令,并支持后续租车流程。车载终端应用框架如图 8-3 所示。

第 8 章 电动汽车分时租赁管理系统

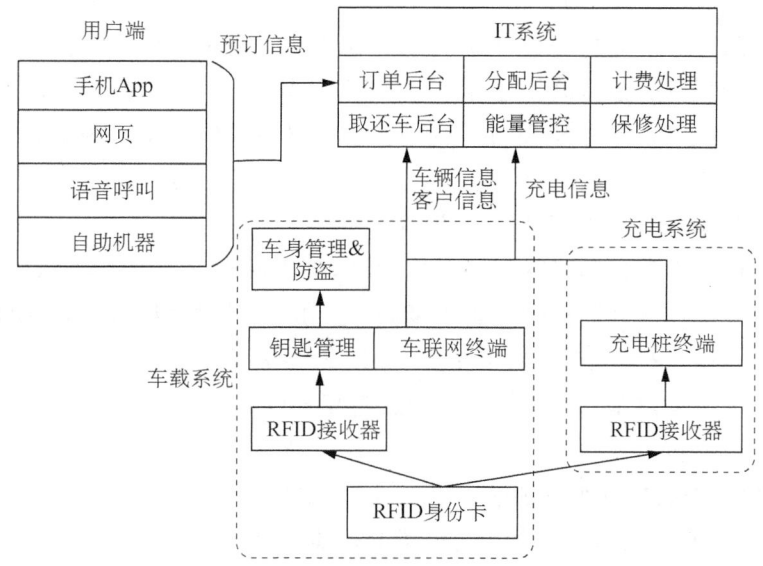

图 8-2　电动汽车分时租赁系统物理架构①

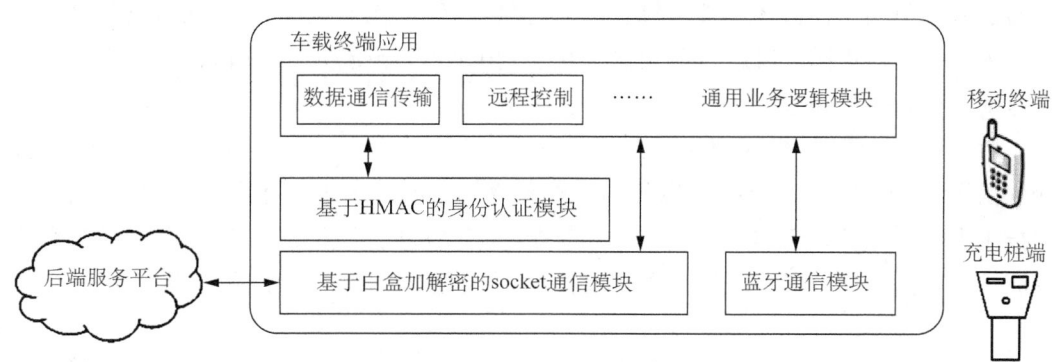

图 8-3　车载终端应用框架

分时租赁车载终端通常采用车载 T-BOX(Telematics BOX),如图 8-4 所示,用于和后台系统及手机 App 通信,实现车辆信息显示、传输与控制。

当用户通过手机端 App 发送控制命令后,TSP 后台会发出监控请求指令到车载 T-BOX,车辆在获取到控制命令后,通过 CAN 总线发送控制报文并实现对车辆的控制,最后反馈操作结果到用户的手机 App 上。仅这个功能可以帮助用户远程启动车辆、打开空调、调整座椅至

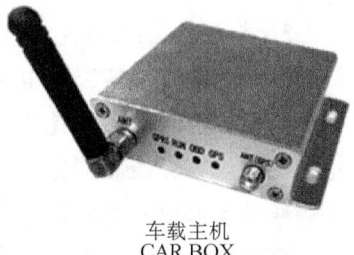

车载主机
CAR BOX

图 8-4　分时租赁车载终端图例

---

① 分时租赁的系统架构[EB/OL]. https://wenku.baidu.com/view/22504f300c22590103029d41.html.

合适位置等。

车辆通信装置通常为GSM/GPRS模块,GPRS模块为车辆与后台的通信模块,同时也支持了整个租赁业务的核心逻辑,如存储用户ID、执行刷卡打开车门指令、执行锁车指令等。信息读入装置为RFID读卡器模块。分时租赁装置还包括指示灯提示模块,指示灯提示模块与车载信息平台电连接,通过指示灯及语音提示提醒用户相关业务信息,如车辆可租、车辆被预约、车辆不可租等。

随着物联网技术和移动互联网的飞速发展,消费者对于汽车驾驶乐趣、功耗水平、娱乐服务以及安全性等方面的需求越来越高,电动汽车分时租赁管理系统的智能化水平与安全性能也亟待提升,远程通信技术、信息安全技术、人工智能技术、物联网技术等将进一步应用于电动汽车分时租赁系统车载终端的设计中。智能时代的车载终端的设计需要实现以下进步。

(1) 安全性要求:提高系统加密水平,针对车载系统中存在的安全威胁及攻击方式,制定相应的安全防护措施,提高汽车防盗反劫持能力。

(2) 高精度、高稳定性、低能耗:提高车辆定位精度,利用新型无线网络技术和全球定位系统,实现远距离无线定位通信。利用多路IO控制提高运算速度。在近程互联通信场景中应用低功耗蓝牙连接手机和汽车,提供超低功耗待机模式,最大程度降低分时租赁车载终端的功耗。通过一系列提高精度、稳定性、降低功耗的措施,提高系统的反应速度,降低对用户的多余干扰,优化用户体验。

(3) 智能化要求:智能简化用户操作步骤,实现手机App远程控制车辆动作,如开关空调、车窗及调整座椅等;应用AI、图像控制技术等实现手势操作;结合高精度地图技术提升车载终端智能化水平;完善车端与充电桩的近景交互,简化订单结束和充电流程。通过一系列高新技术的应用提升系统智能水平,给予用户更优人机交互体验。

(4) 扩展性要求[①]:开放式的系统架构,可以轻松实现已有App、后台的接入和升级集成,最大程度兼容市面上的所有电动车型,支持远程在线升级、远程推送升级和参数设定等。

2. 充电系统:主要对充电桩信息进行监控,方便通知使用者进行充电

汽车充电桩一般以充电桩集群形式在选定安装地点安装,每个充电桩集群均安装有集群控制器和GPRS终端,集群控制器与带有存储芯片的GPRS终端电连接。单个充电桩均与集群控制器电连接,集群控制器通过GPRS终端与云平台实现通信,GPRS终端通过集群控制器实现与充电桩管理系统的通信。

充电桩除具有基本的充电功能外,还具备锁止机构,防止充电插头被非刷卡人员拔出。每个独立充电桩均装有RFID读卡器和地锁。RFID读卡器具有识别用户身份的

---

① 刘越.基于安全互联的汽车分时租赁系统设计与实现[D].成都:电子科技大学,2017.

功能，充电桩可通过 RFID 读卡器控制地锁的升降。充电桩上安装有智能控制单元和通信模块，实现与充电桩管理系统的互联与对接。通过充电桩的管理，实现充电桩与车的绑定、充电桩状态监控、充电桩通与断电控制等。

充换电站一般由四部分组成：电动汽车充电桩、集中器、电池管理系统（BMS）和充电管理服务平台。

电动汽车充电桩的控制电路主要由嵌入式 ARM 处理器完成，用户可自助刷卡进行用户鉴权、余额查询、计费查询等功能，也可提供语音输出接口，实现语音交互。用户可根据液晶显示屏指示选择 4 种充电模式：包括按时计费充电、按电量充电、自动充满、按里程充电等。[①]

电动汽车充电机控制器与集中器利用 CAN 总线进行数据交互，集中器与服务器平台利用有线互联网或无线 GPRS 网络进行数据交互，为了安全起见，电量计费和金额数据实现安全加密。

电池管理系统（BMS）的主要功能是监控电池的工作状态（电池的电压、电流和温度）、预测动力电池的电池容量（SOC）和相应的剩余行驶里程，进行电池管理以避免出现过放电、过充、过热和单体电池之间电压严重不平衡现象，最大限度地利用电池存储能力和循环寿命。

充电管理服务平台主要有三个功能：充电管理、充电运营和综合查询。充电管理对系统涉及的基础数据进行集中式管理，如电动汽车信息、电池信息、用户卡信息、充电桩信息；充电运营主要对用户充电进行计费管理；综合查询指对管理及运营的数据进行综合分析查询。

下文通过具体介绍充电桩运营管理监控系统和充电桩计费控制单元，向读者展示充电系统的重要功能与设备结构。

1）充电桩运营管理监控系统

充电桩运营管理监控系统是针对充电桩的全方位管理解决方案，通常为多层级、多站点集中管理，集可视化管理、数据统计与分析为一体的智能充电桩运营管理系统。该系统作为整个充电网络运营的基础，对分散于各地区的充电桩运营集中管理和集中监控。充电桩运营管理系统包括站点管理、用户管理、充电桩管理、运营管理、计量计费、发卡管理等功能模块，为电动汽车充电网络提供有力的支撑，保证运营方整个充电网络运营的高效有序运行，解决了购车用户的痛点，增加车企服务后市场多元化发展及充电营收；运营监控系统包括运营数据监控、站点运维监控等功能，同时还支持监控告警、报表导出、数据分析、远程升级等增值业务，为电动汽车充电网络的正常运行提供了有力的支撑，保证整个充电网络高效有序的运营，实现充电桩运营管理监控智能化

---

① 摘自 CSDN 博主「peixiuhui」的原创文章，遵循《CC 4.0 BY-SA 版权协议》，原文链接：https://blog.csdn.net/peixiuhui/article/details/70213980。

和规范化。

充电桩运营管理监控系统联通用户端与企业端（平台端），通常以前置 App 和后台的形式展示。前端充电 App 服务于用户，支持寻找桩位、预约充电、地图导航、启动充电、支付计算、请求救援等多种业务逻辑；后台系统服务于企业，包括充电桩企业、车企、运营商和其他有充电需求的企业，以 API 接口或 SDK 形式，帮助供应商实现站点建立、桩位布置、充电桩与平台通信、订单与桩/站监控和启停、车桩调度、计费管理、会员管理、平台结算、救援车调度、停车场运营、数据统计等多种复杂功能。支持数据开放共享，在不打破支付流程的基础上快速接入，同时可对服务号二次开发。电桩联网，用户共享，打造良好的充电网络生态，实现真正意义上的互联互通。

2) 充电桩计费控制单元

充电桩计费控制单元通常具有人机显示、计量计费、支付、数据加解密、控制充电设备启停、与车联网平台通信等功能，为客户对充电运营数据的深度挖掘提供了有力的后勤保障。一个计费控制单元同时操控多个充电桩，极大程度地节省了运营成本。充电桩计费控制单元主要为 ARM 架构的电路板，搭载核心处理器、移动/Wi-Fi/蓝牙通信模块和丰富的外围接口资源。

由于充电桩接入电网设施，因此须严格依照国家电网标准要求设计。充电桩作为电动汽车的重要配套基础设施，一直备受国家重视，2014 年召开的电动汽车充换电设施标准体系完善研讨会上，国家电网提出"主导快充、兼顾慢充"的建设原则。2015 年 12 月 28 日，质检总局、国家标准委联合国家能源局、工信部、科技部等部门发布新修订的电动汽车充电桩接口与通信协议 5 项国家标准，破解了备受市场关注的充电接口不统一问题。新标准于 2016 年 1 月 1 日正式实施，推动了充电桩互相兼容，打开了行业未来的市场空间。分析人士指出，由于新国标在安全性和兼容性上设定了更高门槛，倒逼充电桩企业、整车企业进行技术升级并优胜劣汰。

下文将介绍一种针对国家电网标准的 ARM 嵌入式计费控制单元方案[①]。

嵌入式的充电桩计费控制单元为核心板加底板结构。采用现有的 IAC-335X 核心板，设计出 QY-335X-MB 底板，该开发板完全符合国家电网标准要求，客户可直接用于充电桩计费单元控制，而且相对于单板而言，核心板加定制底板的形式，定制的周期比较短，在后续设计、功能变更时，也比较灵活。同时，该核心模块提供了丰富的接口资源，可以满足充电桩在设计过程中的各种需求，其工业级标准可保证在室外环境的稳定运行。而针对国家电网标准定制的计费控制单元底板则将标准内的所有功能接口引出。其方案整体框图如图 8-5 所示，具体参数见表 8-2。

---

① 摘自 CSDN 博主「vickycheung3」的原创文章，遵循《CC 4.0 BY-SA 版权协议》，原文链接：https://blog.csdn.net/vickycheung3/article/details/80704400。

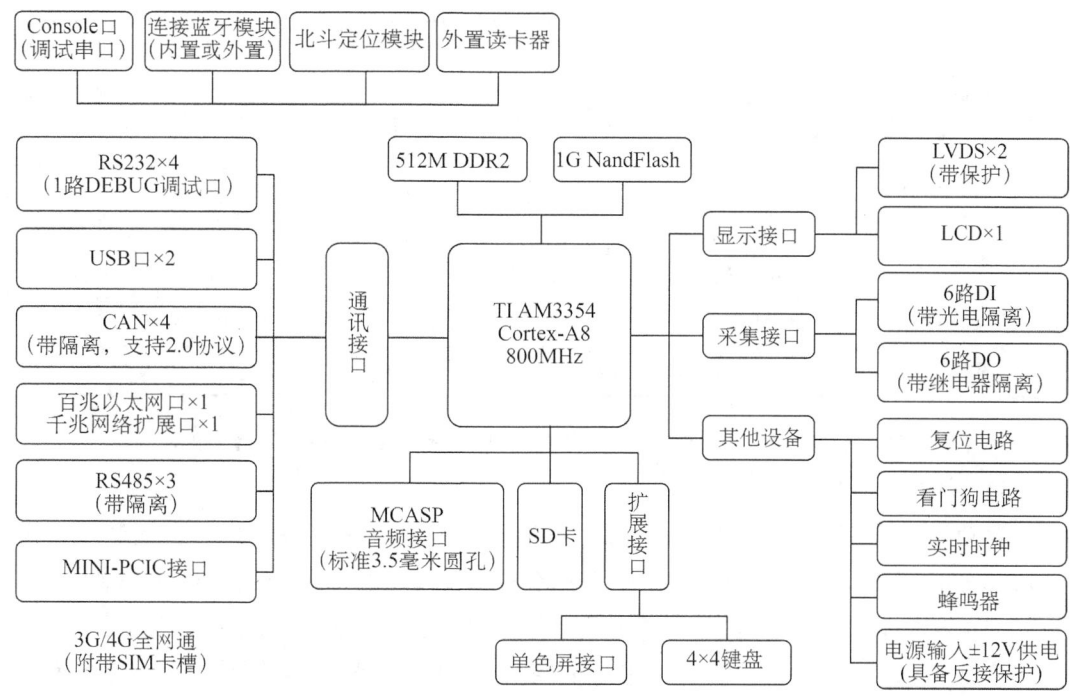

图 8-5　充电桩计费控制单元主板方案整体框图

表 8-2　计费单元主板参数

方案名称	国网充电桩计费控制单元主板
处理器	TI AM335X 系列处理器； 内核 ARM Cortex-A8； 主频 800MHz
内存	512M DDR2 SDRAM
FLASH	2MB DataFlash； 1G NandFlash
通信接口	4 路 RS232 串口，其中一路为 DEBUG 调试口； 2 路 USB 口； 1 路 MINI-PCIE 接口（接 3G/4G 全网通，2 个编制 SIM 卡座）； 2 路 CAN 接口（带隔离），支持 CAN2.0 协议； 3 路 RS485 接口（带隔离）； 6 路 DI，外部提供空节点，内部 12 V，光电隔离； 6 路 DO 220V/5A，继电器隔离
显示接口	2 路 LVDS 接口（带保护）； 1 路 LCD 接口； 1 路单色屏接口
音频接口	MCASP 音频接口，单声道音频输出（标准 3.5 圆孔接口）

续 表

方案名称	国网充电桩计费控制单元主板
存储接口	1路SD卡接口
IO	8路
输入接口	一路8pin接4×4矩阵键盘接口
外接芯片	可外接ESAM/PSAM芯片:实现计费单元加密； 可外接GPS或北斗模块:实现充电桩定位
蜂鸣器	异常报警
系统电源	+12V供电,具备反接保护

3. IT系统:通常由智能移动终端与分时租赁运营管理系统(平台)组成

1) 智能移动终端

移动终端通常包含手机端App和客户端租车网页,通过良好的UI交互体验将电动汽车分时租赁系统的服务提供给租车服务使用者,一般支持个人租赁业务,实现车辆和充电桩的查询、预约、取还车等功能。现代智能移动终端为优化用户体验,也可无须下载App,而通过社交或支付平台实现充电服务。智能移动终端还可对车型和品牌进行适配,帮助客户在线查找适合车型的最近的充电点,支持远程预约,避免充电车位被占用。除此之外,还有服务于管理人员的Web界面,能够实现用户账号管理、信息管理、各种信息发布与业务办理、车桩维护、计费设置、车辆状态监控及阈值设定等功能。

移动终端通过通信模块和身份认证模块与后端服务平台相连接,通过蓝牙通信模块与车载终端应用实现近程通信,在安全通信的基础上实现相应的具体业务逻辑,向服务平台申请车辆信息、向车辆发送相应请求指令等。移动终端应用主要由多个安全通信相关模块、数据—视图适配层和用户界面构成,其整体框架如图8-6所示。

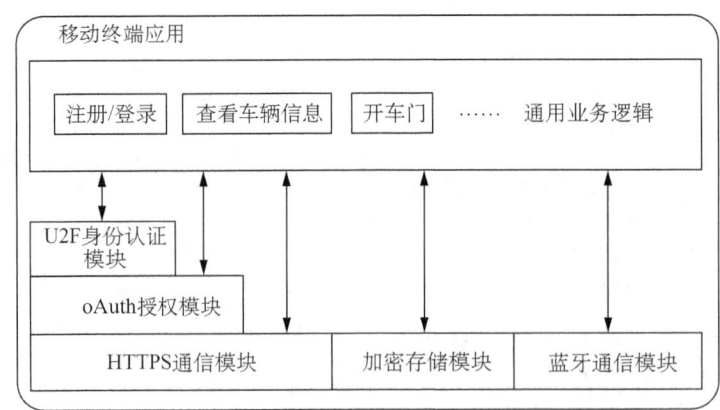

图8-6 移动终端应用框架设计

2）分时租赁运营管理系统

分时租赁运营管理系统是整个系统的后端服务平台，提供了整个系统安全互联的重要支撑，通过通信模块分别与App、车载终端、充电桩进行互联，从而联通整个系统，保障整个系统的数据传输和存储安全。利用架构中的通用身份认证模块确保与其他端之间交互的合法性，在这些基础上提供具体的业务。根据不同需求对车载终端、用户终端、充电终端上传的车桩、用户、订单信息进行分类、处理及存储管理，然后将数据封装成不同的服务提供给终端应用或向终端发送具体请求，实现包含车辆管理、站点管理、会员管理、设备管理、财务报表、租车管理、监控告警、运营报表、客服管理等具体功能。分时租赁运营管理系统集中解决用户在电动汽车分时租赁过程中遇到的如充电网点紧缺、智能化不足等各种难点，从根本上解决了车与用户、车与桩、车与充电网点的关系，并且兼顾个人用户与企业用户需求，在第8.2节中将详细介绍该系统的设计与实现。

8.1.3 系统业务应用设计

电动汽车分时租赁业务流程主要包含注册、预定、取车、使用、中途临时停车、寻桩、充电、还车等环节。使用业务前一般需要注册会员，无须支付年费。取车前需提前计划出行路线计算里程，在预订车辆之前就通过App了解到当前车辆的电量情况及巡航里程，并且了解还车网点充电桩状态及位置。电动汽车分时租赁还车通常为站点模式和流动模式并存。在电量低于阈值时，必须开到具有充电桩的位置还车；电量高于阈值时，可以停在没有充电桩的网点还车，但若仍到有充电桩网点充电后还车，会得到相应的会员奖励。租车费用可只由时间决定（一般以10分钟为一个计价单位），也可由时间（分钟、小时）和行驶里程同时决定。

本书将以上业务流程简化为四大业务环节，即预约、取车、中途临时停车和还车，分别就四大业务流程进行详细介绍。

（1）分时租赁预约流程。用户通过手机或网页端查看附近租车点，选择租车点并预约。预约成功需要支付车辆事故押金和租车定金，若未及时支付相关费用，系统将自动取消订单。具体流程如图8-7所示。

（2）分时租赁取车流程。用户查询已约租车点或附近租车点信息，通过导航找到租车点，选择可租车辆，通过信息校验进行取车，若验证信息一致则取车成功；如果不成功，则重新进行信息校验。具体流程如图8-8所示。

（3）分时租赁中途临时停车流程。用户在用车途中需要临时停车时，进入车辆控制界面，点击"一键锁车"即可实现锁车。重新开车时，进行同样操作即可取得车辆。中途临时停车不进行计费与结算。具体流程如图8-9所示。

（4）分时租赁还车流程。用户通过地图或列表寻找附近租车点，选定租车点后通过导航找到租车点位置并找到可用停车位。进入还车界面，平台计算本次租车费用，跳转到支付界面，用户确认并支付后成功还车。若干工作日后，系统根据用户用车期间违章情况进行押金退还或扣除操作。押金退还成功后更新用户的租车信息记录。具体流程如图 8-10 所示。

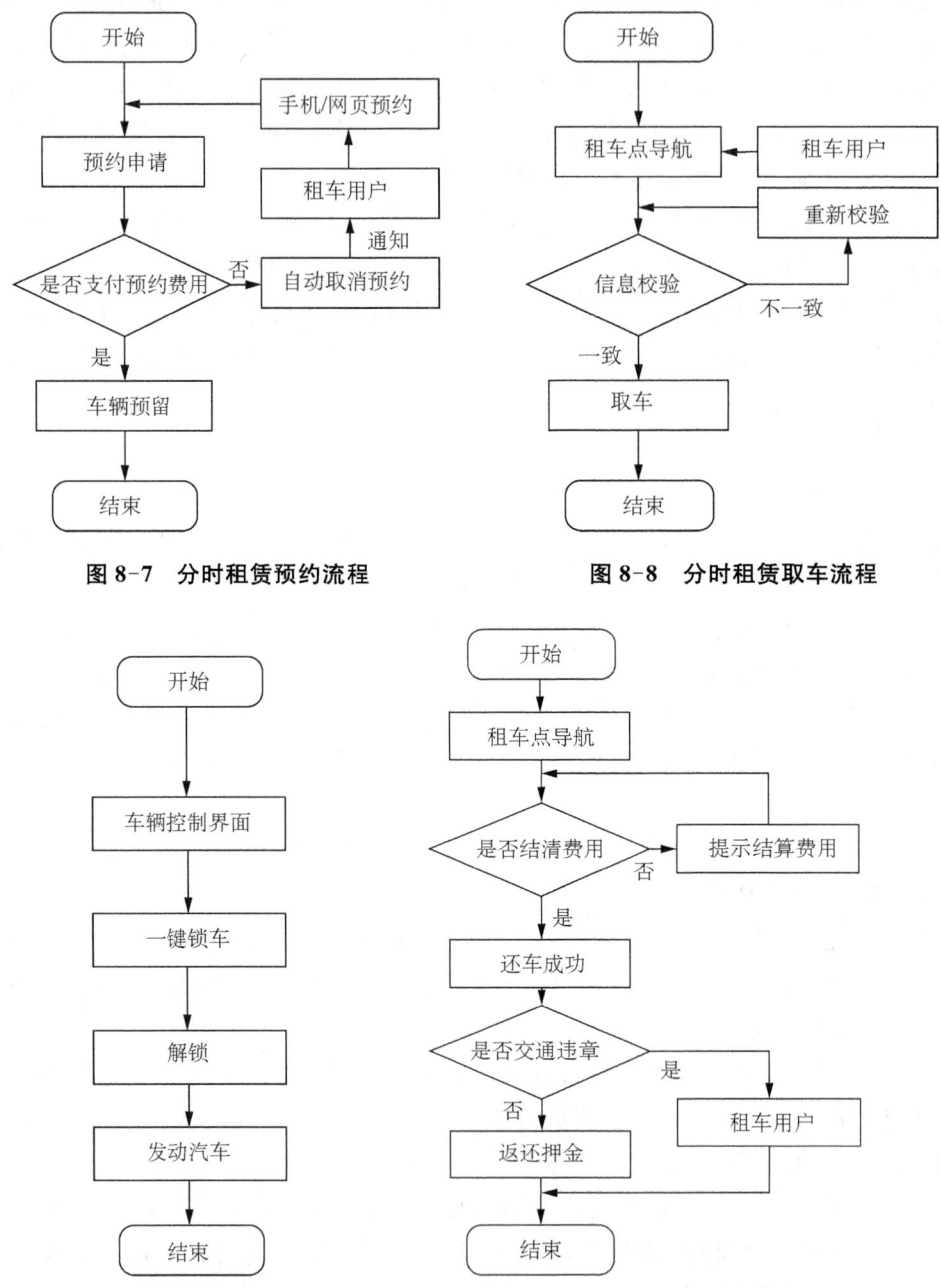

图 8-7　分时租赁预约流程　　图 8-8　分时租赁取车流程

图 8-9　分时租赁中途临时停车流程　　图 8-10　分时租赁还车流程

分时租赁系统的构建,应考虑到电动汽车租赁用户可以在任何一个租车点自助取还车,以及行车过程中车辆安全的监控与保障。基于以上需求,电动汽车分时租赁管理系统可设置运营监控中心,为分时租赁业务提供统一的资产管理、费用结算、运营分析、调度监控和客户服务,支持跨省、跨区域的电动汽车分时租赁业务,电动汽车分时租赁用户可在任何一个城市或者区域跨城际取还车。同时基于车联网,实时监控车辆状态,保障车辆安全。

业务架构是指从业务的角度去理解和规划的电动汽车分时租赁系统,建立分时租赁业务模型。本书展示的业务架构如图8-11所示①。该业务架构包括三个层面,分别是设备层、支撑层和业务层。其中,设备层包括手机、充电桩和车载终端,是基本信息的采集层,分别接收用户通过手机的操作信息、充电桩和电动汽车的状态信息;支撑层主要是工作流、参数管理、调度管理、消息管理、安全认证和图形引擎等核心组件服务,支撑不同业务种类的开展;业务层包括内部管理和外部应用两个部分,内部管理主要包括分时租赁管理系统与车联网系统,外部应用主要是提供给客户的服务入口,包括手机租车(App)和网页租车。

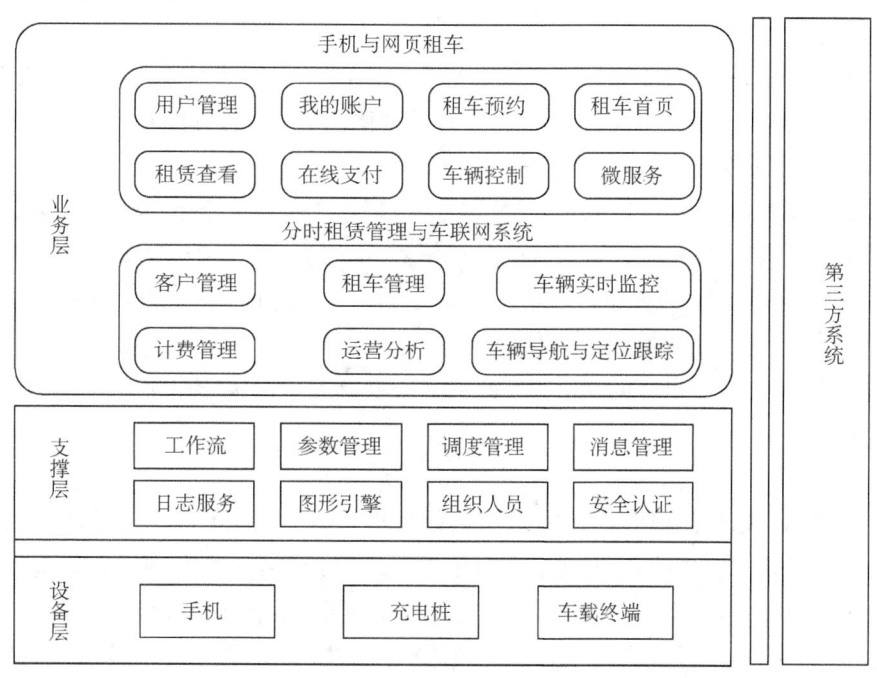

图 8-11 业务架构设计

8.2 电动汽车分时租赁云平台设计

8.2.1 系统需求分析

分时租赁管理系统的设计遵循"业务驱动"的原则,以需求调研为基础。系统的业

---

① 贲安庆,王玉梁,郑灵国.电动汽车的云端分时租赁系统设计[J].工业控制计算机,2016(5):148,152.

务设计、流程设计都围绕着以客户为中心、效益为核心、运行为保障的思路进行设计。

本章介绍的包括电动汽车租赁服务提供商、电动汽车和电动汽车租户在内的互联互动一体化信息管理系统，其建设内容主要包括以下几个方面：

（1）自助租车。建设手机租车和网站租车平台，实现电动汽车租赁的服务发布、价格发布、车辆租用状态查询、服务消费和评价、设施管理等内容，成为电动汽车租赁服务提供方和消费者相互交易、联系的平台和纽带。

（2）结算支付。建设租车结算支付平台，为电动汽车租户提供在线结算服务，实现快速、准确的费用结算和其他增值服务结算。支持多种支付方式，通过统一平台实现充电费用和其他增值服务费用的移动支付。

（3）统一服务。建设手机、网站、电话的统一服务平台，为电动汽车租户提供租车查询、定位、导航、租车、账户查询、充值等互动服务。同时，可以通过统一服务平台进行业务咨询、服务投诉等。

（4）车联网。通过开放式智能车载终端将电动汽车与构建的云服务平台相互连接，并基于开放式移动 App 应用，提高电动汽车智能化水平，实现智能找车、自助取/还车、车辆监控和增值服务等终端智能应用。

（5）云数据中心。通过采集电动汽车行驶过程中车辆状态数据、动力电池效能数据，以及用户租车习惯、租赁点车辆数量、车辆类型、租车服务与交易数据等，建立电动汽车分时租赁运行云数据中心，为电动汽车租赁服务提供商、电动汽车租户、电动汽车厂家等相关各方提供大数据分析增值服务。

下面详细介绍系统设计需求，本节将系统需求分为功能需求和非功能需求。

1. 功能需求

1）车辆与站点管理

为方便对车辆进行管理，系统需对车辆信息进行存储，因此系统应具备车辆档案管理功能：当有新的车辆加入电动汽车分时租赁管理系统时，车辆管理员和系统管理员能够增加车辆档案；同时，车辆的信息可能随时间发生变化，因此需要对车辆档案进行修改；系统应可支持用户通过查询条件查看车辆信息；如果车辆退网，车辆管理员应可以从系统中删除车辆档案；车辆类别作为车辆的重要属性，可以方便企业和用户更快地查找和管理车辆，因此应对车辆的类别进行管理。

分时租赁租车站点通常按照距离隔断设置，系统管理员应能够对站点信息进行管理，根据实际情况增加、删除和修改站点信息，方便用户租用和归还电动汽车。

车辆与站点管理需求如图 8-12 所示。

2）交易管理

电动汽车分时租赁管理系统采用用户与车辆绑定的形式，即用户只能操作一辆车来实现对用户和车辆的同步管理。为提高车辆使用效率，需要对车辆使用的整个交易进行管理。交易管理能够规范电动汽车的使用，通过获取车辆信息、取车、还车等业务，

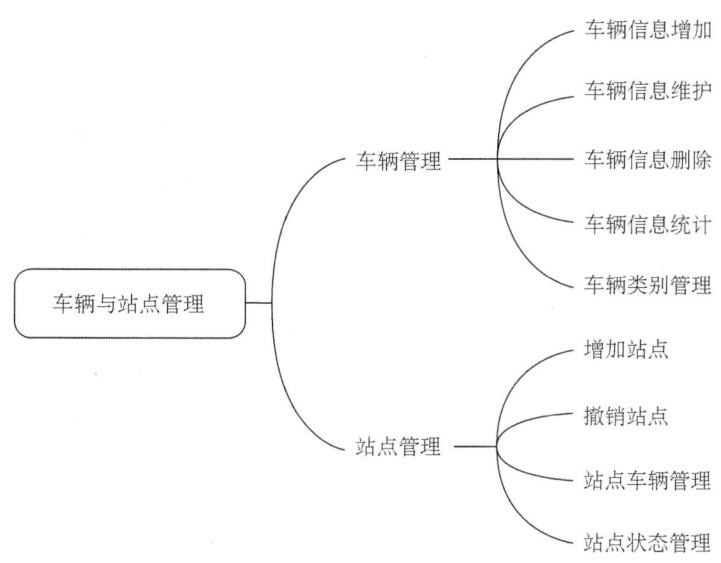

图 8-12　车辆与站点管理需求

方便用户使用电动汽车,实现车辆共享的效果。

用户需要使用车辆时,在地图上选择起点和终点,系统将自动搜索最近的站点进行车辆的自动派单,如果用户不满意派单结果,可以人工选择车辆;系统将以用户为中心半径 5 公里内的闲置车辆按照由近及远的次序进行排序,用户选择车辆后提交用车申请。申请审核通过后,系统将确认信息发送给用户,用户确认信息后生成订单。由于系统每天生成大量订单,因此系统应具备订单管理功能,方便管理员和用户对订单进行查询和状态跟踪。

用户到达租车点后可进行取车,开始使用车辆;不需要使用时可以提交还车申请,管理系统对车辆状态进行检测,处理还车申请。为方便车辆调度,所有车辆应按指定频率向服务器上传当前位置,同时还应针对位置信息进行飘点过滤[①]、重复点过滤等,确保车辆位置信息精准有效。

交易管理需求如图 8-13 所示。

3) 车辆跟踪管理

为保证行车过程安全可控,帮助车辆管理员实时了解车辆状态,系统应该对车辆进行跟踪管理,方便管理员了解车辆的使用记录。车辆管理员还可以通过车辆状态树管理,维护车辆的实时状态信息。

车辆跟踪管理还能跟踪车辆的使用情况:系统会记录用户每次取车、服务、还车的信息,对整个车辆使用流程进行管理;同时还能够对车辆的里程数和电量进行统计,了

---

① 黄健.新能源汽车分时租赁管理系统的设计与实现[D].长沙:湖南大学,2017.

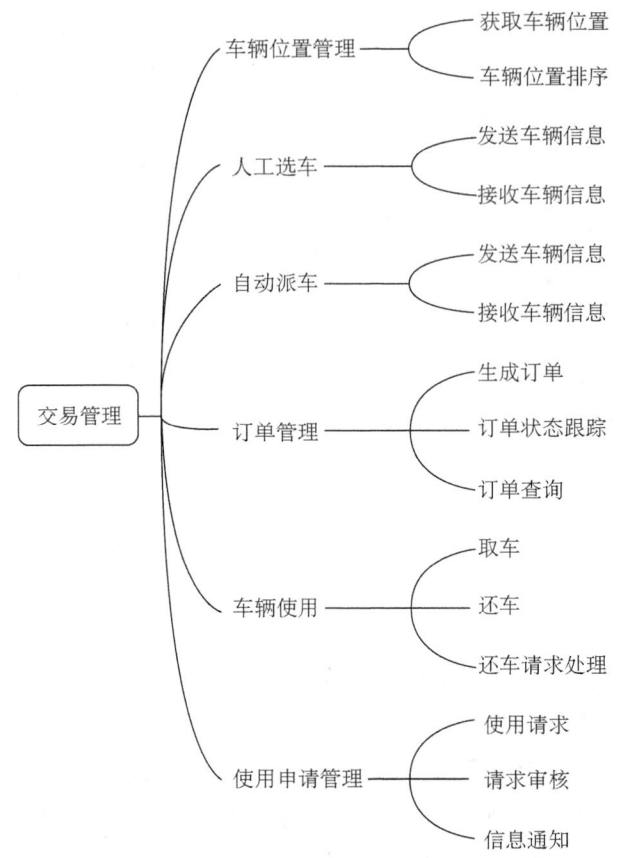

图 8-13 交易管理需求

解车辆的运行情况,通过判断里程数和电量是否在合理区间内实现对用户的监督。系统应可以通过调取地图软件的相关接口,实现对车辆活动轨迹的实时监测。

车辆跟踪管理需求如图 8-14 所示。

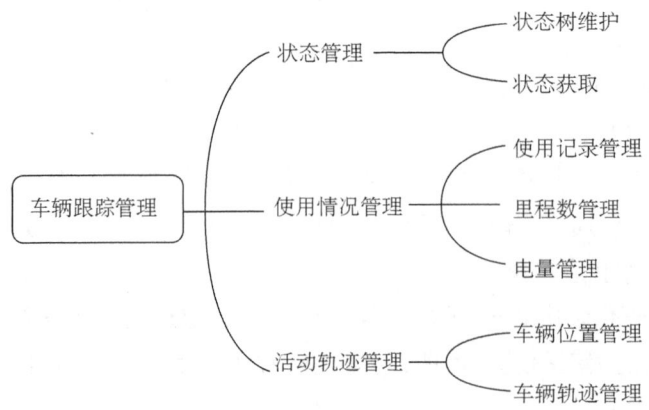

图 8-14 车辆跟踪管理需求

4）车辆故障申报与维修管理

车辆运行过程中很可能出现故障,影响用户的正常使用和系统调度,因此故障的及时排查和维修是非常重要的工作。当车辆遇到故障时,用户应可以进行故障申报,管理系统受到申报请求后,填写维护申报通知单,生成固定维修单、维修计划或者应急工单。

车辆运行过程中出现故障或老化问题,为让车辆尽快实现正常运转,系统需要具备维修管理的功能。电动汽车分时租赁管理系统的车辆维护可以由企业的车辆维修车间自行维护,也可以委托其他维修服务供应商进行就近维修。车辆维修管理还包含车辆维修结算、车辆维修验收、委托维修和车辆维修计划等。

车辆故障申报与维修管理需求如图 8-15 所示。

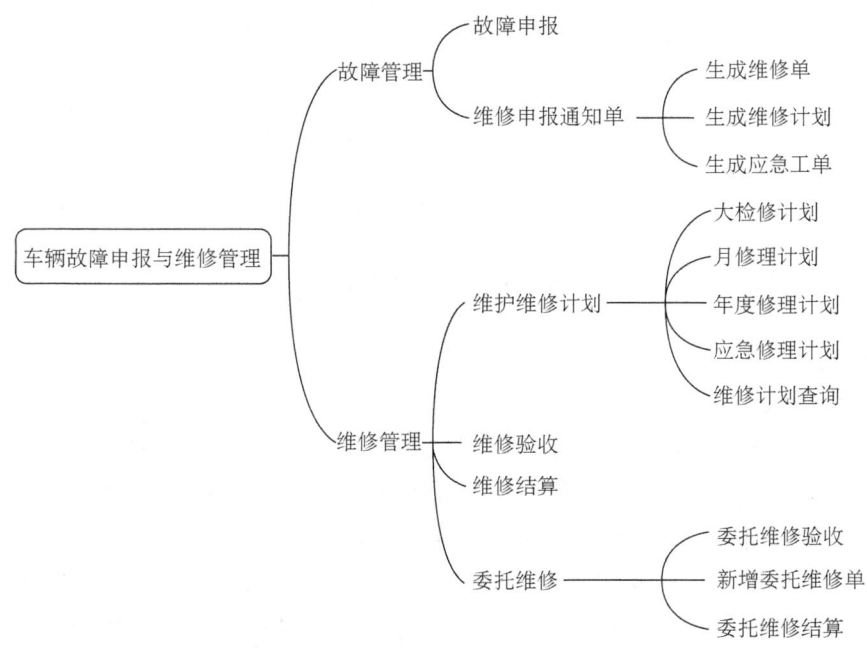

图 8-15　车辆故障申报与维修管理需求

5）系统管理

系统管理一方面需要对系统的用户和角色进行管理,另一方面需要对系统数据库和日志进行管理,以提高系统安全性。

用户管理主要包含管理用户的账户信息:为用户分配账户和密码,提供用户登录服务,管理员可以对账户信息进行管理,增加或修改账户。

角色管理是系统的重要安全保障措施。通过角色管理,系统将给企业内不同岗位角色的管理员赋予不同的权限。企业管理员或用户登录系统后,系统根据不同的权限,为使用者提供相应的功能服务,显示不同的界面。通过角色访问权限的限制,提高系统数据的安全性。

数据库管理包含对数据库中的数据进行备份、压缩和恢复,提高数据库的运行效率,保障数据安全。

日志管理即管理用户产生的日志:完整地收纳用户在使用系统时所有的浏览痕迹和信息。通过日志,使管理者可以充分了解用户的操作历程,更高效地进行系统管理维护操作,保证系统的安全、有序和健康。

系统管理需求如图 8-16 所示。

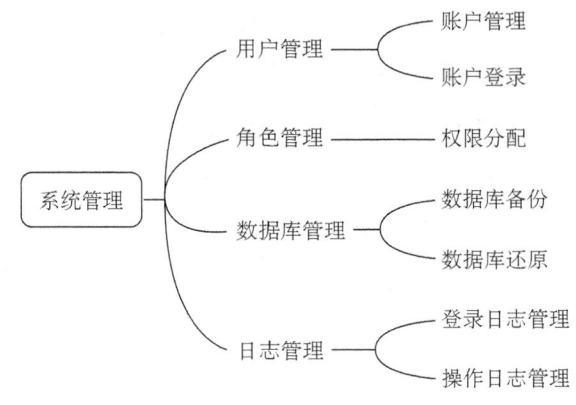

图 8-16　系统管理需求

2. 非功能需求

1)易用性

电动汽车分时租赁管理系统界面设计应简洁、友好、大气,将系统的功能和内容完整直观地展现给用户。系统能够和用户进行友好的交互,如果用户操作失误,系统将给出错误提示,以简洁易懂的提示语言或动态指令,帮助用户正确使用系统。

系统设计采用工作流程引擎设计业务流程,简化电动汽车分时租赁的流程,并且在功能、操作、界面等方面采用统一方式,使用户能够快速熟悉系统操作。用户不需要具备专业领域的知识,仅需简单的尝试便能理解并使用系统,快速发现系统各功能入口。

2)先进性

随着社会的进步与发展,分时租赁系统的硬件和软件技术均会不断迭代升级。为使该软件具有较长的生命周期,不随着技术的发展而被淘汰,软件在设计之初就应考虑当前网络结构以及软硬件的环境,采用当前发展较为先进且成熟的技术和软件架构,以保证软件设备具有较长的生命周期。

3)可扩展性

电动汽车分时租赁管理系统的设计应符合开放性原则,在软硬件方面均具备可扩展性。硬件设备方面,应可以在企业的业务规模扩大和业务模式调整细化的情况下也能不断扩展,维持功能的稳定性。软件方面,随着未来共享汽车业务应用的不断扩展,系统应该具备快速安全优化、在不影响原有业务基础上添加新的功能模块的能力。未来如果某一业务发生变化或发现漏洞，可以对系统业务模块进行修改和扩充。

4) 稳定性

用户在对系统进行操作，如提交请求、信息查询、上传内容后，系统的响应时间应尽量缩短，及时对用户进行反馈。在并发性方面，系统应该考虑到，在足够多的用户同时操作系统时，系统的响应时间不应超出限制等。系统的稳定性大大影响着用户的使用体验，是保持平台业务平稳有序运行的基石。

8.2.2 数据框架设计与云上部署方式

电动汽车分时租赁系统采用集中部署模式，系统数据都部署在云服务器上。

采集得到的数据主要来自手机、网站、充电桩和车载系统四个方面，这些数据可以分为三大类，即监控数据、业务数据和分析数据。监控数据是指实时或者定时采集上报的非加工的原始数据，包括车辆监控数据、车辆电池监控数据、充电监控数据。业务数据是指业务处理过程中产生的数据，随业务的增长而增加，包括用户数据、订单数据、计量数据、计费数据等；分析数据指根据业务管理分析需要定期汇总的数据，按时间增量增长，数据在线存储时间要求较高，包括所有满足业务分析需要的数据。

用户端的前置服务、租车网站、分时租赁管理系统以及上文提到的数据都部署和存储在云端，其具体在云服务上的部署方式分别包括 IaaS 层、PaaS 层和 SaaS 层。

IaaS 层以服务的形式提供虚拟硬件资源（基础设施），如服务器、存储设备、系统、虚拟化技术等。IaaS 层通过对计算资源池、存储资源池、网络资源池、数据资源池的资源虚拟化服务技术，提供给用户的服务是对所有设施的利用，包括处理、存储、网络和其他基本的计算资源。PaaS 层提供操作系统、中间件和运行库，其数据服务、监控服务、文件服务、安全服务、流程服务和监管服务为系统相关功能的实现提供支撑平台，保障功能的实现。SaaS 层提供的服务是运行在云计算基础设施上的应用程序模块，包括网站应用、手机应用、支付功能和导航应用四个子系统服务，用户可以在各种设备上通过客户端界面访问。

8.2.3 基于 J2EE 的平台系统设计

电动汽车分时租赁平台的设计对平台的运营和管理效率有着非常直接的影响。许多分时租赁平台只是对电动汽车的档案资料进行了简单的电子记录管理，电动汽车运行后无法对其进行再次维护，导致电动汽车的运行状况无法实时出现在台账中，之前的记录信息也无法很好地衔接，信息多次重复，耗费大量人力物力，降低管理的效率。

本书将简单介绍一种基于 J2EE 的平台系统设计方法[1]，该方法借助 UML 建模技

---

[1] 黄健.新能源汽车分时租赁管理系统的设计与实现[D].长沙：湖南大学，2017.

术进行业务实例分析,利用 JAVA 语言进行开发,通过 MySQL 数据库存取和查询数据,并通过远程终端技术实现电动汽车分时租赁的远程操作。希望可以抛砖引玉,为今后的设计者提供新的设计思路。

该系统软件架构分为数据层、逻辑层和表现层。

(1) 数据层是对系统数据访问和操作的接口,在电动汽车分时租赁管理系统中,包含结构化和非结构化的数据。对于结构化数据,采用 MySQL 数据库存储,对非结构化数据(文件、图片等),系统提供专门的访问接口。从内容角度,数据分别存储在车辆轨迹信息数据库、车辆信息数据库和调度信息数据库内。

(2) 逻辑层是系统逻辑架构的核心,是系统业务处理和数据交互的中心。逻辑层对各个模块进行了封装,只调用相关模块的接口,就能实现对模块的调用,增加系统的可读性和可维护性,逻辑层完成业务操作后,将业务处理结果返回表现层。逻辑层具体分为车辆档案管理、维修管理、调度管理、排班管理、跟踪管理、系统管理等模块。

(3) 表现层即向用户展现的系统界面,主要将系统后台传递来的数据显示出来;同时可接收用户的操作请求。表现层是用户和系统的接口,通过表现层实现用户和业务服务之间的数据通信。

系统网络拓扑参考 TNA 技术无关性设计,采用 B/S+C/S 架构设计:后台管理系统为 B/S 模式,用户端订单推送、车辆信息上传采用 C/S 模式设计。使用 Tomcat+Apache 运行环境,采用 MySQL 数据库加 Hbase 存储,满足不同耦合要求。系统部署在 Linux(首选)操作系统环境。

分时租赁管理系统体系结构中包括内网服务器、外网服务器、防火墙、因特网以及不同的客户端在内的各个构件间的关系。服务器负责对客户端发送的请求进行业务处理,包括基础数据、车辆档案、排班、调度和跟踪管理等各个业务的及时处理。各部门可通过交换机连接内网 Web 服务器。企业内部管理人员可在内网访问系统,用户可在移动端操作系统。

系统存储的实体信息及其之间的逻辑关系,即数据库的逻辑结构,如图 8-17 所示。根据以上实体属性,该系统设计了用户信息表、订单任务信息表、流程记录信息表、车辆信息表、配件信息表、故障申报单信息表、维修计划信息表、维修记录信息表等存储表单。

基于以上基础,该系统运用 J2EE 技术实现了车辆与站点管理、交易管理、车辆跟踪管理、车辆故障申报与维修等功能,具体代码在此不予列示。

该系统充分使得用户、企业形成了统一完整的集体关系,形成了充分连接、协调有序的生产—销售链。但是该系统也面临车辆终端负荷高、服务器性能和 POI 算法优化等方面缺陷,响应时间有一定延长,有待进一步优化。

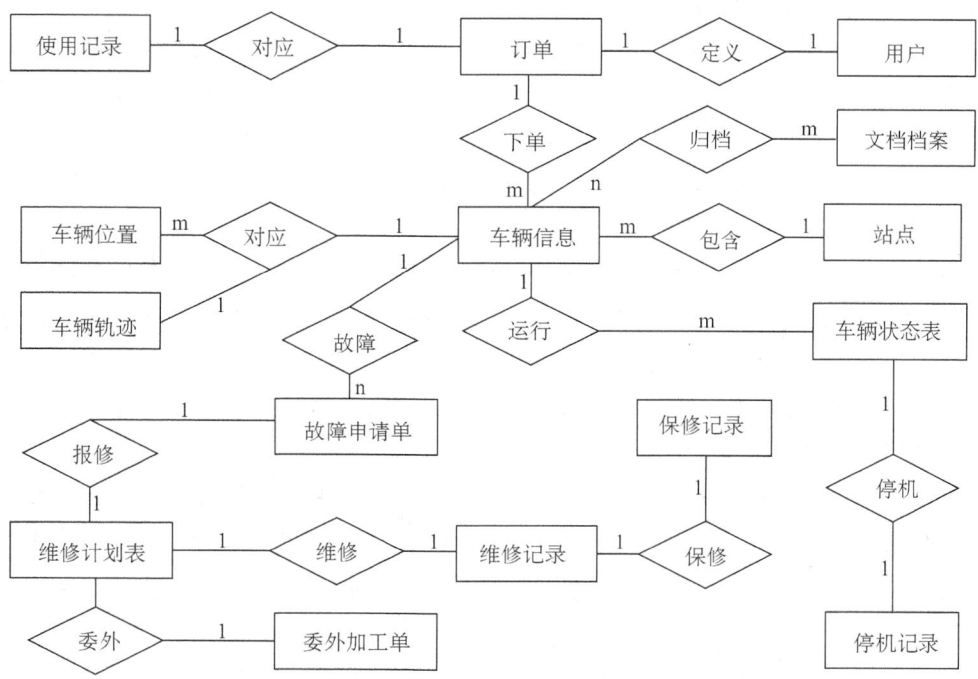

图 8-17 系统 E-R 图

8.3 电动汽车分时租赁车载终端设计

电动汽车分时租赁车载终端是分时租赁技术的核心产品,是车联网终端数据的源头,其功能的稳定性和可靠性直接决定了租赁服务的安全性和用户体验。租赁智能车载终端(RT-Box)能实时监控车辆的状态,进行远程控制和问题诊断。目前,RT-Box 适配车型多,价格低,推广速度快,主要针对电动汽车后装市场,用于满足电动汽车分时租赁业务需求。本节将针对车载终端的应用场景和功能,介绍车载终端的技术方案和挑战等,对远程控制技术的实现进行展开,最后简要介绍基于 CPS 的共享场景。

8.3.1 车载终端应用场景与功能

目前,国内电动汽车分时租赁运营商主要分为两类:一类是与整车企业属于母子公司关系的运营公司或整车企业与其他企业联合成立的运营公司,其特征是运营的新能源汽车一般是与其有关的整车企业的新能源汽车产品,如上汽集团与上海国际汽车城合资成立的环球车享(上海 EVCARD),奇瑞新能源汽车技术有限公司与其他两家公司合资成立的易开租车等,其采用的车载终端一般由整车企业采购或整车企业自身的研发产品,这种车载终端一般功能齐全,除了具备分时租赁所需功能外,也包括整车企业所需功能，兼具"前装"和"后装"的功能；另一类是由非整车企业或个人成立的运营公司，其特征是运营的新能源汽车从其他整车公司采购，如一度用车、零派乐享等，其采用的车载终端一般由自身采购或研发，这种车载终端一般针对性强，只具备分时租赁所需功能。

工信部下发《新能源汽车生产企业及产品准入管理规定》，要求 2017 年 1 月 1 日以后所有新生产的新能源汽车在出厂前必须安装车载终端并接入企业监测平台。因此，对上述两类分时租赁运营商来说，第一类运营商的影响不大，只需对原车载终端进行功能升级，使其满足工信部的标准要求；而第二类运营商如果维持现状，先向整车企业采购已经安装好"前装"车载终端的新能源汽车，然后再安装上用于电动汽车分时租赁的"后装"车载终端，必然会产生空间、时间、成本等各方面资源的浪费，而且在车辆中安装两个车载终端也有可能增加了技术上的风险。

因此，电动汽车分时租赁运营公司向整车企业采购新能源汽车的同时，应向整车企业提出分时租赁车载终端的需求，要求整车企业在出厂前安装的车载终端既包括整车企业所需功能，又包括电动汽车分时租赁运营公司所需功能。车载终端同时与整车企业监测平台和分时租赁运营平台进行数据交互。同时，为了满足分时租赁用户对新能源汽车部分功能的操控，车载终端也需要与用户端 App 进行数据交互。

根据电动汽车的应用场景与业务需求，分时租赁智能车载终端应具备以下功能，以更好地满足系统的运营需求[①]。

（1）车辆数据采集。车载终端通过整车 CAN 总线和接口实时采集车辆数据，包括车辆电池 SOC(State of Charge，电池荷电状态)、车辆续航里程、车辆行驶速度、里程、档位信息等，并可自动将采集的数据上报至车载终端后台管理服务器，由后台统一管理。

（2）远程控制。车载终端接收后台指令，实现车辆的启停、解锁、双闪、鸣笛等功能。同时可外接蓝牙模块进行功能扩展，实现远程控制车门开关锁、后备厢开合等。

（3）数据补发。当通信异常时，车载终端应将采集的实时数据存储到本地存储介质中，等到通信恢复正常后进行实时数据的补发。补发上报数据应为 7 日内通信链路异常期间存储的数据。

（4）远程定位。通过高精度定位终端查询车辆的当前位置信息，包括时间、经纬度、速度、方向、车辆终端状态等。车载终端可实现隧道、车库、地下、室内无 GPS 信号的正常工作，提供车辆的定位、测速和测姿信息。

（5）车载终端时间记录与报警。车载终端通过采集到的数据与设备内部配置文件进行比较判断事件是否触发，包括定位事件、点火/熄火、GPS 天线断线报警，以及超速、非法启动、震动或碰撞报警等。

（6）车载终端升级功能。包含本地升级和远程 OTA(Over the air Technology)空

---

① 侯少杰.浅析新能源汽车租赁之智能车载终端研究和挑战[J].汽车实用技术，2019(10)：11-13.

中下载升级,以及升级失败时的解决措施等,不能因为升级失败而导致设备不能正常工作。

(7) 车辆防盗。车载终端可实现防盗、限制启动。当车载终端不能和后台系统正常通信时,开启防盗功能(设备拆除防盗、SIM 卡拆除防盗、GPS 天线拆除防盗),限制车辆启动。

(8) 低功耗保护。当车辆电瓶剩余电量过低时,车载终端系统进入休眠模式以减少电瓶消耗。进入低功耗模式后,车载终端仍可以被终端后台通过发送指令、车辆 ACC(Adaptive Cruise Control)自适应控制电源、车辆 CAN 总线等外部唤醒。

(9) 独立运行。车载终端在外部供电异常断开后,仍可以独立运行,且至少保障将外部供电断开前 10 分钟的数据上传到平台。

8.3.2 车载终端技术方案与问题

分时租赁智能车载终端(T-BOX)是整车的通信和控制枢纽,完成车辆信息状态的采集上报及上层控制命令到 CAN 网络层的转发。电动汽车分时租赁车载终端通常以 32 位高性能级微处理器作为核心,使用 GPS 和北斗双导航系统模块实现车辆的定位跟踪,运用惯导模块完成隧道、地下、车库和室内等各类无 GPS 信号场景的正常工作。通信模块配置有 4G 全网通调制解调器来实现终端的信号传输,使用主电源电压和电池电压检测器用作终端供电,同时预留蓝牙通信、本地升级和调试接口。数据存储部分配置外扩 FLASH 存储器;车载总线选用高速 CAN 总线。其硬件原理如图 8-18 所示。

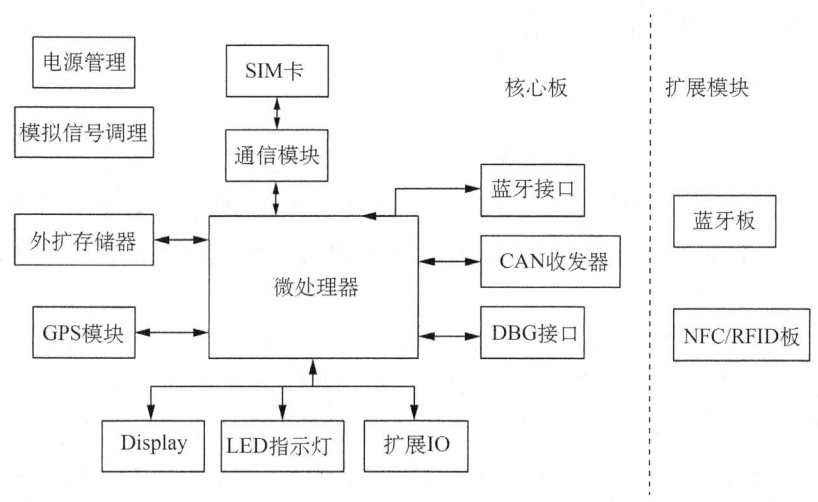

图 8-18 车载终端硬件原理

目前车载终端更多面向后装市场,分时租赁车载终端产品质量良莠不齐,很多运营商为降低成本采用低价、质量不过关的车载终端用于分时租赁,造成分时租赁用户使用功能体验不佳,对汽车共享行业造成不良影响。如"开锁""用车"等命令响应时间过长、

GPS定位不准确、找车困难、还车困难等问题。

尽管国家加快了行业技术标准的制定,如颁布《电动汽车远程服务与管理系统技术规范 第2部分:车载终端》(GB 32960.2—2016),用于规范供应商的产品设计、生产加工和试验验证过程。但很多车载终端供应商并没有严格遵循国家标准,标准执行不规范,导致了产品质量参差不齐,车与车之间兼容性较差。另外,很多终端提供商采用贴牌代工的方式生产产品,其代理商很多是来自非汽车制造业,没有按照汽车质量体系的标准严格实行来料质检、加工生产、产品下线测试、筛选入库等整套工业流程,也导致了终端产品的可靠性较差。

由于分时租赁运营商为了降低采购成本,对车载终端元器件选择标准较低,导致零部件质量选择不达标,多选择工业级元器件而非汽车级元器件。工业级元器件工作温度为-40 ℃~+85 ℃,而汽车级元器件工作温度为-40 ℃~+125 ℃,汽车级元器件比工业级元器件有着更好的温度适应性和可靠性。二者之间的温度差距最终将导致终端产品的性能存在巨大差异。

分时租赁车载终端作为车联网和整车CAN总线之间信息传输与控制的关键部件,其终端安全机制直接影响整车的安全,终端安全机制的缺陷将给车辆带来巨大的安全隐患。如终端信息的收发,如果没有采取硬件加密而是以明文方式发送信息,一旦遭受外部HACK攻击就会造成车辆重大安全缺陷。此外,车载终端供应商在难以拿到主机厂授权CAN协议的情况下,经常采用非正常手段破解车辆CAN协议和网关协议,即破线方式,该方法没有按照正常产品开发进行充分和可靠的产品集成试验验证和产品验证,给整车的安全和性能带来不利影响。

8.3.3 远程控制

远程控制作为车载终端系统的重要功能,近年来也吸引了大量企业和学者进行相关研发。电动汽车分时租赁远程控制方案中常常运用车联网技术,系统主要由车身控制模块(BCM)、智能车载终端与后端云服务平台相连,操作指令则由手机App或小程序发送至后端云服务平台。

车身中央控制模块BCM(Body Control Module)通过CAN总线与T-BOX相连,二者之间同步交互,接入后端服务平台,完成车辆关键数据的定时上传、远程控制指令接收、完成安全认证等工作。车身控制模块除能提供诸如大灯控制、雨刮控制、车窗升降、车身防盗、发动机防盗锁止(Immobilization, IMMO)、Boot loader和CAN/LIN网关[1]等基础功能外,还集成了分时租赁车载控制系统的核心单元,增加远程开关锁和远程寻车功能,保证车辆取还功能的实现与安全防盗性能。分时租赁远程控制技术方案如图8-19所示。

---

[1] 刘发军,李冠宇.分时租赁远程控制技术及应用方案[J].电子技术与软件工程,2019(4):21-29.

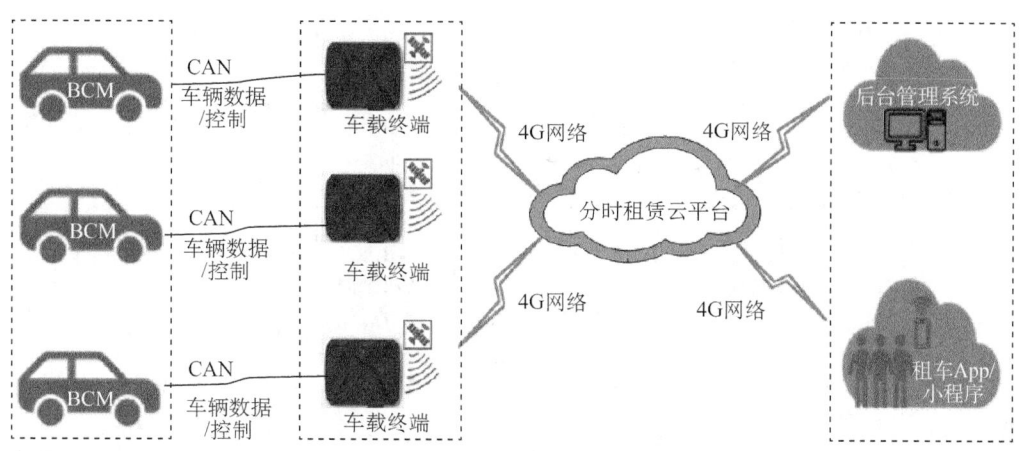

图 8-19　分时租赁远程控制技术方案

8.4　基于 CPS 的共享场景

信息物理融合系统(Cyber Physical System，CPS)于 2006 年由美国国家基金委员会首次提出，并被其列于美国未来八大关键信息技术之首。CPS 概念被提出后没有形成统一的定义，众多学者均提出了各自的定义。总体而言，CPS 系统的本质强调的是 3C 技术，即计算(Computation)、通信(Communication)以及控制(Control)技术有机融合及深度协同，实现物理资源和计算资源的紧密协调，提高系统的可靠性和高效性。从微观上看，CPS 系统通过在物理系统中嵌入计算与通信模块实现物理进程和计算进程集成，二者通过反馈循环相互影响，进而实现对物理进程进行可靠、实时以及高效的协调和控制。从宏观上看，CPS 系统将不同时空的分布、异步的异构系统集合成动态组合系统，该系统包含感知、决策以及控制等不同类型组件。各组件间通过无线及有线通信技术，相互协调，共同实现对物理过程的实时感知、远程控制等。CPS 系统架构如图 8-20 所示。

CPS 系统是建立在嵌入式系统、传感技术以及网络技术基础上的。CPS 系统与传统的嵌入式系统有所不同，相较而言，CPS 具有以下特性[1]：

(1) 计算进程与物理进程有机结合：这一点是 CPS 系统的核心，CPS 系统将计算单元嵌入进物理设备中，使得每个物理设备具有计算以及通信能力。

(2) 可靠性：相对于传统嵌入式系统既定环境和工作流程，CPS 系统面对的是不断变化的物理环境，因此对 CPS 系统的可靠性提出了很高要求。

---

[1]　陈丽娜，王小乐，邓苏.CPS 体系结构设计[J].计算机科学，2011，5(38)：295-300.

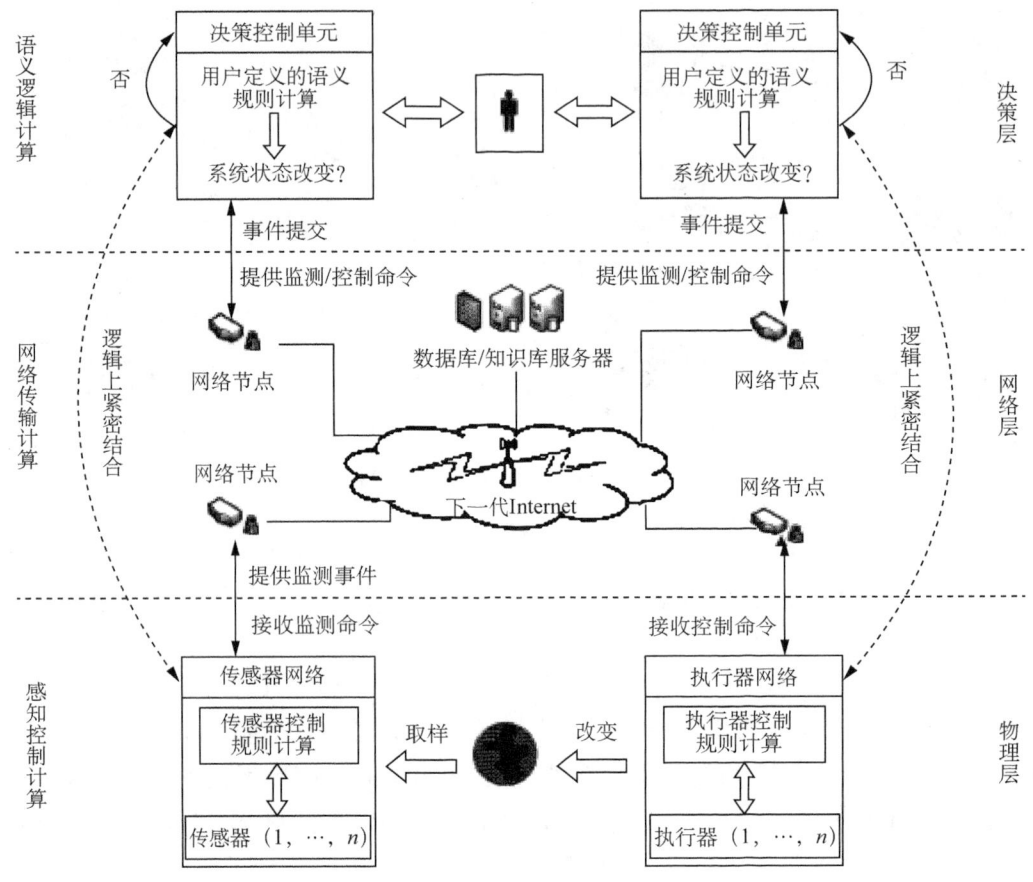

图 8-20　CPS 体系架构①

（3）实时性：CPS 作为计算进程和物理进程不断交互的系统，实时感知物理进程并对其进行干预，实时性是 CPS 系统的重要指标。

（4）自治性：自治性指 CPS 自身能基于传感器感知到的环境情况做出相应反应，即在没有干预情况下依然能正常运行。

（5）分布性：CPS 系统由大量分布式、异构性的网络节点组成，进而也决定了其分布式的管理和控制。

除上述特点之外，CPS 系统还具有适时性、并发性、异质性、安全性以及动态重组和重配置等特点。这些特点表明，CPS 不仅仅用以实现感知功能，还用以实现控制功能。传统嵌入式系统架构也具有传感单元和执行单元，但控制单元由层级更高的后台实现，各单元间连接时仅耦合，同时各层次之间时间属性不统一。在上述系统中，计算环境和物理环境的概念界定不明确。

---

① 黎作鹏,张天驰,张菁.信息物理融合系统(CPS)研究综述[J].计算机科学,2011,9(38):25-31.

CPS系统面向的是感知、控制及决策大多不在同一时间或空间的子系统,其体系架构由决策层、网络层以及物理层构成。物理层是CPS系统与物理环境连接的接口,主要承担的是感知和执行的功能;网络层则是利用新一代网络传输技术通过网络节点将不同时间和空间的子系统连接起来,传输数据与指令;决策层则是借助语义逻辑计算来实现用户与CPS系统间的逻辑耦合。CPS系统的基本组件由传感器、执行器以及决策控制单元组成(图8-21)。基本组件采用反馈循环控制机制,具备反馈循环控制机制的基本组件构成CPS系统的基本功能逻辑单元,用来执行CPS基本的监测及控制功能。

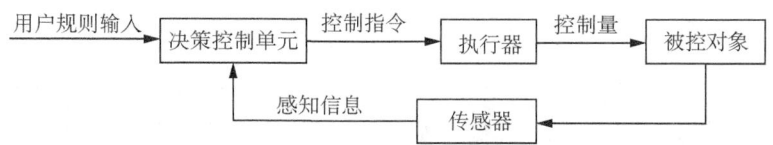

图 8-21　CPS 基本组件的反馈循环控制机制

从是否具有电力来源、移动性、感知性、计算能力、联网能力等角度对CPS系统网络节点进行分类,CPS网络节点可分为无源CPS、有源CPS以及互联网CPS三种(表8-3)。无源CPS节点主要指具有电子标签的物件;有源CPS节点则具备感知、联网以及控制等功能,相比于互联网CPS节点具有可移动特点;互联网CPS节点的存储、计算以及联网能力是三类节点中最强的。CPS系统的发展趋势是减少系统中的无源CPS节点,增加有源CPS节点以及互联网CPS节点的应用。

表 8-3　CPS 节点类型及特征

节点类型	无源 CPS 节点	有源 CPS 节点	互联网 CPS 节点
电力来源	无	有	不间断
移动性	有	可有	无
感知性	被感知	感知	感知
存储能力	无	有	强
计算能力	无	有	强
联网能力	无	有	强
连接能力	T2T	T2T, H2T, H2H	H2T, H2H

注:Thing to Thing 缩写为 T2T,Human to Human 缩写为 H2T,Human to Human 缩写为 H2H。

当前,在国内外均有不少企业进行着电动汽车共享服务的实践,国外主要有Autolib、DriveNow、Car2Go等,国内主要有车纷享、EVCARD以及绿狗租车等。尽管国内外汽车共享企业在服务流程上存在细微差别,但从车载终端的功能及交互方式上看,其共享场景都是建立在EPC(Electronic Product Codeglobal)网络架构上,即以RFID(射频识别)技术为感知层硬件基础的物联网架构。EPC网络架构由RFID识别卡、RFID读卡器、后端系统以及互联网组成,被识别端通过RFID技术自动将标签数据传至后端系统,由后端系统处理、储存信息后再由无线通信技术传至用户或其他终端接收。

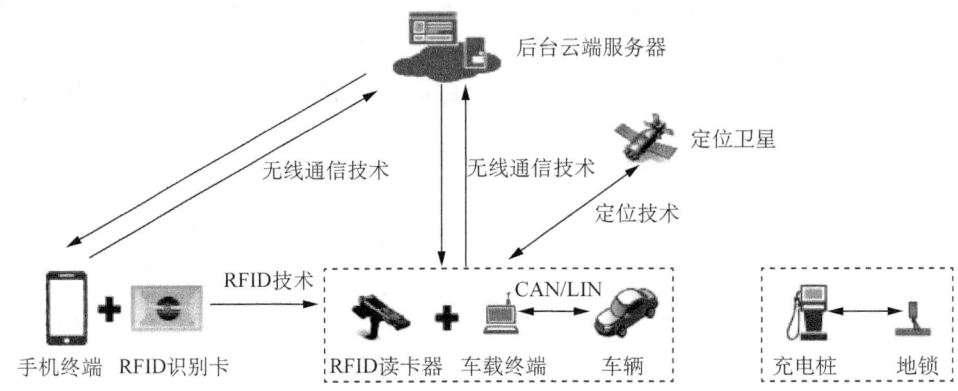

图8-22 基于EPC网络架构的共享场景

基于EPC网络架构的共享场景(图8-22)中,用户持有智能手机终端(共享服务App)和RFID识别卡,用户与车载终端的身份识别通过RFID读卡器获得用户身份信息并通过无线通信技术传至后台云端服务器。后台服务器进行配对判断,配对成功后解锁车门。在智能手机终端,已有共享服务企业做到通过手机App控制开关车门以及还车功能。在该场景中,开关车门是手机App将开关车门指令通过无线通信技术传至后台,并由后台将开关指令传至车载终端,控制车门开关。此外,在还车阶段,从安全角度考虑应在保证车辆熄火、车门关闭,甚至要在车辆处于充电状态时才能还车。在基于EPC网络架构的场景中,用户点击还车时的上述逻辑判断均是后台通过读取车载终端上传数据后来完成。对于充电桩/位终端,当前的汽车共享实践均有所忽视。在单程共享模式下,充电桩/位的管理是关键一环,有效的充电桩/位管理能避免出现部分站点车辆积压过多,而有的站点没有车辆的状况,减轻后台调度压力。总体而言,车载终端在EPC网络架构的共享场景中,只承担了传感器和执行器的功能,不具有信息处理与决策的功能。而智能手机终端App相对车载终端来说只是一个无源的CPS阶段,充电桩/位终端不在EPC体系架构的共享场景中。

在基于EPC网络架构的共享场景中,经笔者多次使用测试,该场景在便利性、智能化、安全性、高效性以及全局性等方面存在以下劣势:

(1) 智能化程度低:对用户而言,基于EPC网络架构的共享场景尚未做到全部依赖手机移动终端实现,智能化体验感有提升空间。

(2) 实时性弱:对共享服务过程来说,用户通过手机操控的指令对实时性要求较高,但该场景下手机指令通过后台传递至车载终端,实时性较弱。

(3) 安全性弱:当还车时,手机终端还车指令传送至后台后用户还车结束,但对于车载终端而言,仍存在车门未锁时而车辆已还的情况,车辆安全性很弱。

(4) 充电桩/位管理缺失:缺乏对充电桩/位的管理,站点存在车辆大量积压,同时空闲车辆处于未充电状态。

针对 EPC 网络架构共享场景存在的智能化程度不高,实时性、安全性以及全局性较弱的情况,本章介绍一种基于 CPS 体系框架的共享场景(图 8-23),并基于该场景确定车载终端的技术方案选择。

与基于 EPC 网络架构的共享场景相比,基于 CPS 体系框架的共享场景摒弃了车载终端通过 RFID 技术与用户相连的方式,而是采用了可识别、可传输数据的近场通信方式。此外,增加了车载终端与充电桩/位之间的连接,该连接同样采用近场通信方式。充电桩/位与车载终端以及后台服务器连接后,后台可给每辆待还车辆分配一个充电桩,可以有效地对充电桩/位进行管理。从 CPS 体系角度看,基于 CPS 体系框架的共享场景增加了智能手机终端和充电桩/位 2 个网络节点。

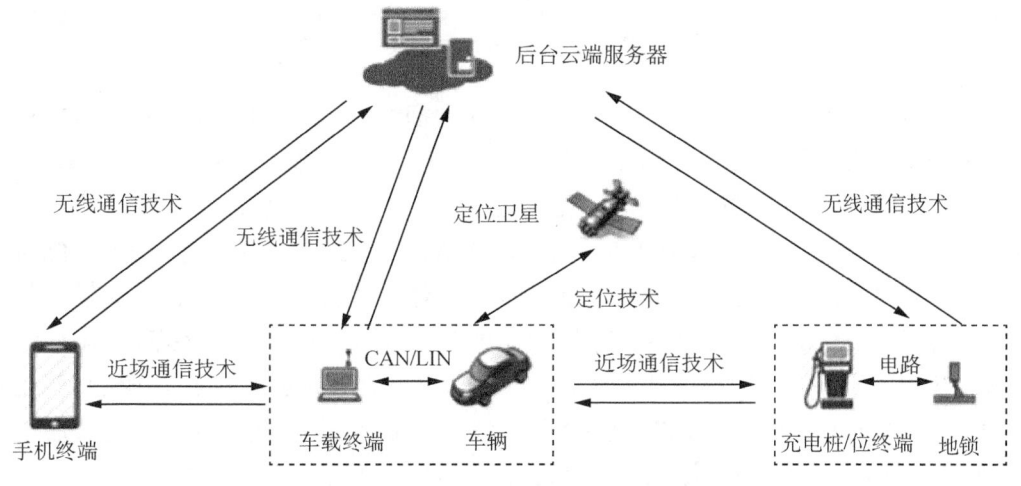

图 8-23 基于 CPS 体系框架的共享场景

用户在通过手机注册、预约用车后,后台通过远程无线通信技术接收用户订单信息以及车载终端采集的车辆状态信息,并基于地点、时间以及车辆续航里程等多维度调度算法为用户分配最优车辆。选择好最优车辆后,相对应的订单信息及蓝牙配对码、PIN 码等信息发送至最优车辆的车载终端上,最优车辆信息通过后台发送至目标用户手机终端。车载终端的物理层数据感知主要通过两种方式获得:一种是通过车辆 CAN 总线获得车辆的安全、电量等状态信息;另一种是通过定位技术获得车辆位置信息。在目标车辆和目标用户分别获得相对应的信息后,用户进入取车环节。在基于 CPS 架构的共享场景中,取车环节的用户识别、鸣笛寻车、开关车锁等都由手机终端与车载终端二者通过近场通信方式完成,无须通过后台。在用户身份自动识别阶段,识别的逻辑运算和决策在车载终端上完成,车载终端接收手机终端蓝牙配对码后与之前获得的目标用户配对码配对校验,配对成功后方可接收鸣笛及车锁开关指令;否则,拒绝控制指令。近场寻车步骤如图 8-24 所示。

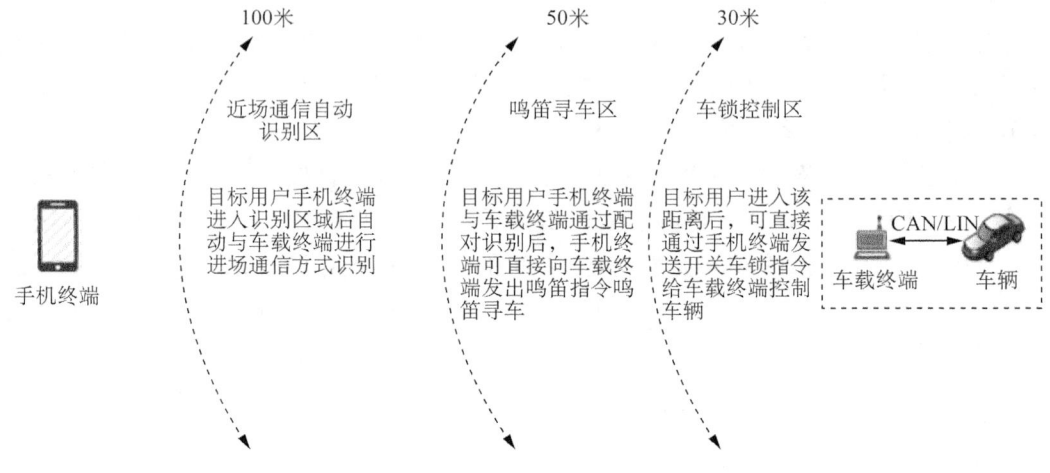

图 8-24　近场寻车步骤

用户需要获得点火权限,本研究采用的是钥匙捆绑在车内,但需输入 PIN 码配对成功后可获得点火权限。在 PIN 码配对之前,车载终端先对车辆充电状态做出判断,若车辆处于充电状态(插头未拔),车载终端会将信息反馈发送至手机终端提示先拔充电插头。判断未处于充电状态时,则开始进行 PIN 码配对。充电状态判断和 PIN 码配对过程均在车载终端实现。还车阶段是最能体现 CPS 体系架构的环节。首先,车辆需与充电桩/位终端进行配对,确定目标停车位及充电桩;其次,在用户点击还车时,车载终端会进行还车时间、还车站点、门开关状态以及是否处于充电状态等一系列逻辑计算与决策,并将结果通过近场通信方式反馈给手机终端。在上述判断均符合要求后,还车成功,车载终端将用户账单信息发送至后台。

在整个共享场景中,车载终端承担的不仅是数据感知和指令执行的角色,同时还具备 CPS 体系架构的决策运算的功能。车载终端面对的是不断变化的环境,接收来自后台及手机终端的外部数据和指令输入,并基于一定的语义规则先对车辆状态进行判定,进而做出相应决策向手机终端反馈或执行相应指令。基于 CPS 体系架构的共享场景中,车载终端集成了监测感知单元、驱动执行单元和决策控制单元,使得共享场景的智能化、实时性和安全性程度大大提升。车载终端功能逻辑如图 8-25 所示。

基于 CPS 体系框架的共享场景中,从车载终端角度看,用户端由无源 CPS 节点变成了有源 CPS 节点。手机终端替代了 RFID 智能卡,并具有了感知、计算、联网等能力,能够更直接的与车载终端交互。车载终端与手机终端的互联结构由仅限于物理层的连接变成了基于物理层、数据链路层以及应用层的互联,连接内容和效率得到提升。

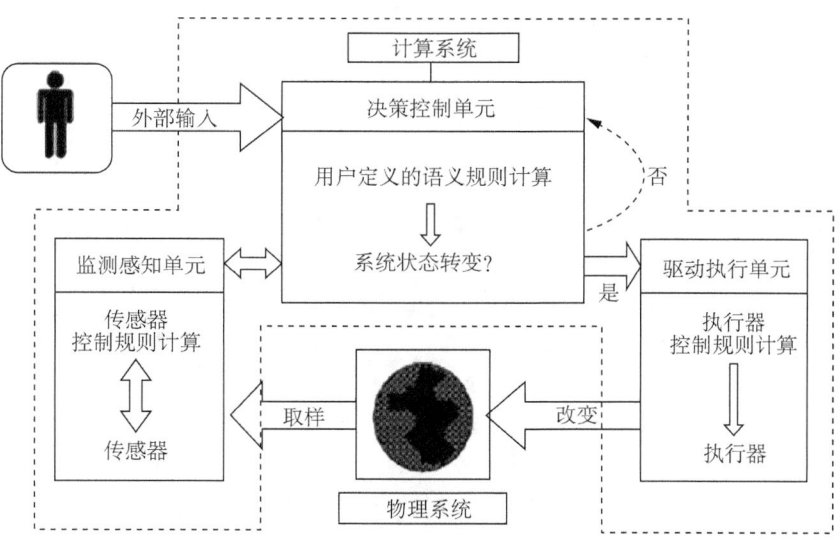

图 8-25　车载终端功能逻辑

下篇　运营模式与运营评价

第 9 章
电动汽车分时租赁商业模式

前文从用户需求、会员选择、站点选址、定价策略、管理系统等方面,对电动汽车分时租赁运营系统架构进行了分析。可以看出,电动汽车分时租赁的持续运营需要整合用户、车、桩、位、信息管理等多种资源,对不同资源的拥有者而言,都需要考虑参与该模式的投入与产出,最终决定了各参与方的意愿强度、参与时机和参与方式,而这就涉及商业模式问题。

本章首先基于商业模式基础理论的回顾,对电动汽车分时租赁商业模式的定义、构成要素等进行分析,然后重点分析电动汽车分时租赁运营的关键资源要素以及获取模式,最后以深圳为例,介绍一种创新的电动汽车分时租赁商业模式。

9.1 商业模式基础理论

9.1.1 商业模式的概念

商业模式(Business Model)一词最早于 1957 年出现在论文正文中,于 1960 年出现在论文的题目和摘要中,于 20 世纪 90 年代后期开始作为一个独立领域被广泛关注和传播[1]。目前为止,关于商业模式并未形成统一的定义。

不同学者往往根据自己的研究目的,对商业模式进行不同的定义。总体来看,商业模式被不同的学者定义为一种陈述(statement)、描述(description)、体现(representation)、架构(architecture)、概念性工具或模型(conceptual tool or model)、结构性模板(structural template)、逻辑(logic)、方法(method)、框架(framework)、反映(reflection)以及集合(set)[2]。

不同学者关于商业模式的概念定义不尽相同,但是关于商业模式也有一些共同的看法,比如都认为商业模式是除了产品、企业、行业、网络这四个层次之外的另一个分析

---

[1] Osterwalder, A., Pigneur, Y., Tucci, C. L. Clarify business models: Origins, present, and future of the concept[J]. Communications of the Association for Information Systems, 2005, 15(5): 1-40.

[2] Zott C, Amit R, Massa L. The Business Model: Recent Developments and Future Research[J]. Journal of Management, 2011, 37(4): 997-1018.

单位。商业模式主要关注的是核心企业,但是商业模式设计的范围要远远超出一个组织的范畴;另外,商业模式强调从一个系统、全面的角度和方法来阐述企业的商业运作;组织的行为在组织的商业模式中起着很重要的角色;商业模式既试图解释价值的创造又力图解释价值的获取[①]。

商业模式的定义主要可以分为三类,即经济类、运营类和战略类。其中,经济类定义商业模式指企业产生经济利润的模式,关键要素包括利润来源、定价方法和成本结构等。在运营类定义中,商业模式关注的重点则是企业运作流程和各个利益相关者的问题,也包括产品交付形式、资源配置和知识管理等。在战略类定义中,商业模式则主要描述企业宏观层面的市场定位、竞争优势和如何实现可持续发展,关键要素包括价值创造、领导决策、企业愿景和合作价值网络等。

9.1.2 商业模式构成要素

由于商业模式的定义目前并未形成统一,因此关于商业模式的构成要素也存在一些差别。表 9-1 列举了关于商业模式构成要素的一些代表性观点。

表 9-1 商业模式构成要素的代表性观点

来 源	构成要素	要素数量
Horowitz A S. The Real Value of VARS: Resellers Lead a Movement to a New Service and Support [J]. Marketing Computing, 1996, 16(4): 31-36.	价格、产品、分销、组织特征、技术	5
Viscio A J, Pasternack B A. Toward a New Business Model[J]. Strategy Bus, 1996, 2(1): 125-134.	全球核心、管制、业务单位、服务、连接	5
Markides C. A Dynamic View of Strategy[J]. Sloan Manage Review, 1999, 40(3): 55-63.	产品创新、顾客关系、基础设施管理、财务	4
Donath R. Taming e-Business Models: How the Internet Rewrites the Rules of Business Marketing. A Summary of Key Points of ISBM Business Marketing Web Consortium 3(1). State College(PA): Institute for the Study of Business Markets, 1999: 1-24.	顾客理解、营销策略、公司管理、内部网络化能力、外部网络化能力	5
Chesbrough H, Rosenbloom R. S. The Role of the Business Model in Capturing Value from Innovation: Evidence from Xerox Corporation's Technology Spin-off Companies, Industrial and Corporate Change, 2002, 11(3): 529-555.	价值主张、目标市场、内部价值链结构、成本结构和利润模式、价值网络、竞争战略	6

---

① Zott C, Amit R, Massa L. The Business Model: Recent Developments and Future Research[J]. Journal of Management, 2011, 37(4): 997-1018.

续表

来　源	构成要素	要素数量
Stewart D W, Zhao Q. Internet Marketing, Business Models, and Public Policy [J]. Journal of Public Policy & Marketing, 2000, 19(2): 287-296.	顾客选择、价值获取、差异化和战略控制、范围	4
Mahadevan B. Business Models for Internet-based e-Commerce. California Management Review, 2000, 42(4): 55-69.	价值流、收入流、物流	3
Gordijn J, Akkermans J, Van Vliet J. Designing and Evaluating e-Business Models[J]. IEEE INTELL SYST, 2001, 16(4): 7-11.	参与主体、市场细分、提供的价值、创造价值的活动、利益相关者网络、价值界面、价值端口、价值交换	8
Linder J C, Cantrell S. Changing Business Models: Surveying the Landscape. Working Paper, Chicago: Institute for Strategic Change, Accenture, 2000.	定价模式、收入模式、渠道模式、商业流程模式、基于互联网的商业关系、组织形式、价值主张	7
Hamel G. Leading the Revolution[M]. Boston: Harvard Business School Press, 2000.	核心战略、战略资源、价值网络、客户界面	4
Petrovic O, Kittl C, Teksten R D. Developing Business Models for e-business[C]//Proceedings of International Electronic Commerce Conference, Vienna, October 21-November 4, 2001.	价值模式、资源模式、生产模式、顾客关系模式、收入模式、资本模式、市场模式	7
Alt R, Zimmerman H D. Introduction to Special Section on Business Models[J]. Electronic Markets, 2001, 11(1): 3-9.	使命、结构、流程、收入、法律义务、技术	6
Rayport J F, Jaworski B J. E-commerce [M]. New York: McGraw-Hill/Irwin, 2001.	价值集群、市场提供物、资源体系、财务模式	4
Dubosson-Torbay M, Osterwalder A, Pigneur Y. e-business Model Design, Classification and Measurements[J]. Thunderbird International Business Review. 2002, 44(1): 5-23.	产品、顾客关系、伙伴基础与网络、财务	4
Afuah A, Tucci C. Internet Business Models and Strategies: Text and Cases[M]. New York: McGraw-Hill, 2001.	顾客价值、范围、价格、收入、相关活动、实施、能力、可持续性	8
Weill P, Vitale. Place to Space: Migrating to e-business Models[M].MA: Harvard Business School Press, 2001: 96-101.	战略目标、价值主张、收入来源、成功要素、渠道、核心能力、客户细分、IT 技术设施	8

续 表

来 源	构成要素	要素数量
Applegate L M E. Business Models: Making Sense of the Internet Business Landscape[C]//Diekson G, Gary W, Desanetis G.(eds). Information Technology and the Future Enterprise: New Models for Managers, Englewood Cliffs, NJ: Prentice-Hall, 2001:49-101.	概念、能力、价值	3
Amit R, Zott C. Value Creation in e-business[J]. Strategic Management Journal, 2001, 22: 493-520.	价值主张、市场细分、收入机制、价值链、成本结构、价值网络	6
Betz F. Strategic Business Models[J]. Engineering Management Journal, 2002, 14(1): 7-21.	资源、销售、利润、资产	4
Voelpel S C, Marius Leibold, Eden B. Tekie. The Wheel of Business Model Reinvention: How to Reshape Your Business Model to Leapfrog Competitors[J]. Journal of Change Management, 2004, 4(3): 259-276.	价值主张、价值网络、治理方式	3
Osterwalder A. The Business Model Ontology-A Proposition in a Design Science Approach[D]. Switzerland: University of Lausanne, 2004.	价值主张、客户细分、合作网络、分销渠道、收入来源、客户关系、价值配置、能力、成本结构	9
Bonaccorsi A, Giannangeli S. Entry Strategies under Competing Standards: Hybrid Business Models in the Open Source Software Industry[J]. Management Science, 2006, 52(7): 1085-1098.	成本、收入来源、可持续性创收、生产和交换的产品与服务、定价战略、关系、网络外部性	7
Johnson M W, Clayton M. Christensen, Henning Kagermann. Reinventing Your Business Model[J]. Harvard Business Review, 2008, 86: 50-59.	价值主张、利润模式、关键资源、关键流程	4

通过对比，可以发现不同学者对商业模式构成体系有不同看法。从商业模式构成因素数量上来看，最少为3个，最多为9个。构成因素不同的主要原因在于研究者采用了不同的归纳方法，以及考察商业模式的深度和广度不同。

从商业模式构成因素本身来看，上述研究中一共提到了30多个不同的因素，其中，提到最多的是价值提供/主张（13次），然后依次是经济模式（11次）、顾客界面/关系（8次）、伙伴网络/角色（8次）、内部结构/关联行为（7次）和目标市场（5次）。可以看出，关于商业模式构成要素虽然学者表达不一，但其核心构成要素却基本大致相同，基本都强调了企业利用什么样的资源和活动，通过什么样的渠道和网络为客户创造了什么样的价值，以此获得可持续性利润。

9.2 电动汽车分时租赁商业模式

9.2.1 定义

电动汽车分时租赁商业模式是新兴产业在新产品使用环节的一种商业模式创新。在向消费者提供电动汽车分时租赁服务的过程中,运营商完成了为消费者创造价值、向消费者传递价值和自身获取价值等一系列活动。

一般而言,电动汽车分时租赁模式的形成主要包括确立运营主体、识别潜在消费者和整合关键资源等环节。新兴产业中的商业模式创新行为需要由创新型创业企业来主导,电动汽车分时租赁运营商需要具备必要的创新型创业能力。具体而言,创新型创业能力主要体现在三个方面:发现新的潜在市场的能力;把握新的潜在市场的能力;持续向潜在市场提供更多服务的能力。电动汽车分时租赁的潜在消费者应对分时租赁服务有着迫切需求,具有较大规模且数量相对固定,有能力支付分时租赁开支。关键资源可以分为两类:第一,电动汽车分时租赁运营所需的基础资源,主要包括性价比较高的电动汽车、产权明确的运营场所、使用便利的充电设施、定价合理的电力资源、功能强大的分时租赁平台等;第二,拓展电动汽车分时租赁质量的资源,主要包括提高消费者便利性的资源和扩大电动汽车分时租赁业务量的资源。

目前,国内外关于电动汽车分时租赁商业模式的研究较少,对电动汽车分时租赁商业模式尚没有明确统一的定义。

基于对商业模式基础理论和电动汽车分时租赁特性的综合研究,本书认为:电动汽车分时租赁商业模式是指电动汽车分时租赁企业运用关键资源要素、建立企业组织结构、开拓目标市场、提供电动汽车分时租赁服务,为消费者创造价值、向消费者传递价值和自身获取价值的一整套运营要素、运作方法的集合。

9.2.2 构成要素

电动汽车分时租赁商业模式是一个系统的概念,对其构成要素的分析也不能仅仅关注现有文献中所包含的企业内部的一些要素,例如企业内部的价值链结构、企业内部的价值配置活动、企业内部管理系统等,虽然这些要素对于电动汽车分时租赁商业模式架构中每一商业主体而言都是至关重要的。结合前文关于商业模式构成要素的描述以及电动汽车分时租赁的发展实践,可以提出电动汽车分时租赁商业模式构成要素,如图9-1所示,主要包括八个基本要素:价值主张、市场分割、价值链结构、价值网中的位置、技术结构、组织机构、收入来源与成本结构、竞争战略。

(1) 价值主张(Value Proposition):描述客户的需求、满足客户需求的产品以及从客户角度来看产品的价值,即指企业通过向消费者提供基于技术的产品或服务,从而为

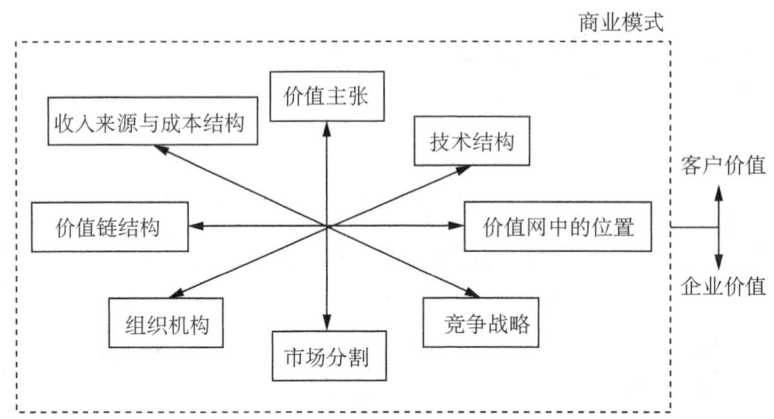

图 9-1 电动汽车分时租赁商业模式构成要素

消费者创造的价值。在电动汽车分时租赁商业模式中,价值主张的实现是各参与主体综合协调作用的结果,不仅包括电动汽车分时租赁服务本身,还包括消费者对分时租赁交通模式的需求及观念、充电桩、停车网络、维保、保险、支持政策等综合效果。

(2) 市场分割(Market Segment):明确市场定位和具体的细分市场。在电动汽车分时租赁商业模式中,运营企业需要明确分时租赁服务的细分市场及目标客户群体。电动汽车分时租赁是一种介于私家车和公交出行的交通方式,潜在消费者应对分时租赁服务有着迫切需求,具有较大规模且数量相对固定,有能力支付分时租赁开支。

(3) 价值链结构(Value Chain Structure):企业在价值链中的位置和价值活动。在电动汽车分时租赁商业模式中,参与主体多样,各企业应清晰资金流和信息流网络,明确其在价值链中的位置和价值活动。

(4) 价值网中的位置(Position in Value Network):明晰竞争者、互补者以及有助于提升客户价值的网络效应。电动汽车分时租赁商业模式中,应明晰分时租赁服务的竞争者、代替者,比如同行业其他电动汽车分时租赁服务提供者、出租车和私家车等其他交通方式。研究有助于提升客户价值的网络效应,比如分时租赁服务与其他交通方式的接驳度、客户使用便利性等。

(5) 技术结构(Technology Structure):在电动汽车分时租赁商业模式中,指电动汽车分时租赁服务提供和系统。

(6) 组织机构(Organization):包括网络策划、角色分配。电动汽车分时租赁商业模式应深入分析各个参与主体,包括企业、政府、组织,以及每个主体在这一网络中的角色和作用。

(7) 收入来源与成本结构(Revenue Generation and Margins):收入来源描述的是电动汽车分时租赁商业模式整体架构以及架构中所包含的每个商业主体通过各种收入流获利的方式,或者其定价模式。成本代表的是在电动汽车分时租赁商业模式中,各商业主体为满足上述价值主张所提供的产品或服务引致的成本结构。

（8）竞争战略（Competition Strategy）：在电动汽车分时租赁商业模式中，指企业如何建立持续的竞争优势，比如成本优势、服务站点布局优势、服务优势等。

9.2.3 运营模式

针对电动汽车分时租赁业务车辆投资成本大、网点铺设难、运营管理成本高的特点，可从取还车模式、收入模式、产品设计、用户管理、大数据分析五大方面来综合提升其商业模式，从而保障企业的盈利和可持续发展。

1. 取还车模式

B2C模式应该以A借B还模式为主，并在一定区域范围内实施自由停靠。在2020年前，A借B还的模式已成为绝对主流模式。随着网点数的扩大，A借B还模式能满足绝大多数分时租赁用户的使用需求。建议选定需求量大且集中的特定区域广泛布点，并针对性地为该区域内的高价值用户提供自由停靠模式的服务。作为A借B还模式的重要补充，自由停靠模式可以进一步提升用户体验，降低调度成本。深圳市联程共享电动汽车租赁有限公司目前主要采用这种模式。

2. 收入模式

收入模式的优化可以从拓展长租、集团租等业务以及动态定价、培养客户忠诚度、拓展其他收入来源等方面入手。

（1）拓展长租、集团租等业务。根据深圳电动汽车分时租赁运营成本测算，单车盈亏平衡日均运营时长为3.5~4.6小时，而2017年实际运营平均还不到3小时。在分时租赁业务日均运营时长还没有达到盈亏平衡点之前，分时租赁企业可通过拓展长租、集团租等业务锁定一部分收益，增加企业收入。

（2）动态定价。分时租赁企业在运营初期可以先采用静态定价。在分时租赁业务发展的初期，为了吸引更多客户，不建议在高峰时间、节假日根据需求动态调价。当客户规模达到一定程度，客户租用分时租赁业务的习惯培育成功后，可采取动态定价的模式，针对不同时段、不同位置、不同客流群体，分时租赁平台通过大数据进行自动价格调整，从而提升车辆的整体利用效率和盈利水平。

（3）培养客户忠诚度。分时租赁企业可通过会员制、优惠充值等方式固化用户使用习惯，锁定优质客户，培养客户的忠诚度。针对高频客户，系统可以通过预约保障、锁定个别车源等功能优先确保其用车需求。

（4）拓展其他收入来源。分时租赁企业可以考虑增加广告和增值服务、配件销售和大数据等渠道的收入来源，主要包括：①广告收入，例如App及车载屏幕广告、OEM车辆推广费等；②增值服务和附加服务费等，比如车内Wi-Fi、儿童座椅等；③配件和饰品销售，如车内香水、车内空气净化器均可供销售；④大数据收入，包括与4S店、保险公司合作收入分成等。

此外，分时租赁运营企业还可以采取"二次租赁"模式，成立分时租赁战略企业联盟，将车辆租赁给联盟成员，由成员自行运营并每月支付车辆租金。该模式下分时租赁企业在分摊运营风险的同时，能够集多家公司之力共同挖掘市场，识别出分时租赁重点客户群体。深圳车仆智能交通服务有限公司采用此模式，2017年基本实现盈亏平衡。

3. 产品设计

车型依旧以经济实用的电动汽车车型为主，在现有的电动汽车车型基础上可适当增加多元化的车型。对于运营车辆来说，应该更加关注舒适性和安全性。由于共享汽车使用频次高，事故率相对私家车也会高出很多，安全性是用户是否会选择分时租赁出行方式的决定因素之一。由于分时租赁用户集中在18～32岁的年轻群体，因此在外观设计上，也要一定的辨识度和美观度，要具有一定的区分度和个性特征，在内饰上不需要太奢华的装饰。

在产品设计上，建议通过App软件或者车载大屏幕将分时租赁业务与其他交通方式打通，为客户提供一体化的整合出行方案。分时租赁企业可以和网约车、共享自行车等企业合作，打通彼此的产品后台数据。未来的App不仅提供分时租赁这部分服务的价格，而是提供整体出行移动方案和总成本，用户可选择在分时租赁App上同时预定其他移动出行产品的服务，并享受统一打包折扣价。

4. 用户管理

分时租赁的用户群可以分为个人用户和企业用户两类。对于个人用户而言，分时租赁的场景较多，需要重点关注对分时租赁业务具有刚性需求的用户。目前分时租赁的企业级用户(B端)主要有政府机构、高校、医院、园区、科技企业等。

对分时租赁具有刚性需求的用户，包括物流、鲜花/蛋糕配送、汽车配件配送、快餐配送、上下班、工厂快件配送以及接送子女等。对于这些用户，可采用业务员配送车辆的方式，先根据每一类用户不同的用车时间，将每日划分时间段，分配给相应用户。当用户下单后，业务员接单并驾驶车辆送至用户处。

对社区购物及近郊出游用户、高校学生、酒店景点住客和业务人员群体也需重点关注。

（1）社区购物及近郊出游用户。此类群体的主要需求是用于购物和近郊出游，使用时间集中，主要为下班后时间和周末。

（2）高校学生。以思想前卫的年轻人为主，将分时租赁作为一种新潮体验，该部分人群对价格较为敏感。现在很多高校大学城所在地离市区较远，这些地区公共交通匮乏，大学生购物、郊游等出行需求较多，有较大潜力，而且是潜在忠诚客户的重点培育对象。

（3）酒店景点住客。这部分用户主要为外地旅游人群，需求是前往城市的景点，出行特点是地点集中、路线简单。

（4）业务人员群体。此类用户以销售、中介、中小企业业务员、摄影记者、工程人员等为主,他们需要一天内多地周转用车,而且有时随身行李较多。分时租赁的便捷、使用灵活、存放行李方便等特点正好符合此类用户的需求。

在有效地识别和选择高质量用户后,分时租赁企业仍需要加强用户信用管理,培养用户形成良好的使用习惯,从而减轻企业维护成本和负担。分时租赁企业可以建立自己的用户评价体系,也可以考虑和芝麻信用等互联网信用评级公司合作。对于不出险、驾驶习惯良好的用户,给予鼓励性的折扣、积分等;对于严重违规的用户,需要进行引导和一定的惩罚。

5. 大数据分析

大数据分析是分时租赁企业持续优化运营效率、实现盈利的重要核心能力。大数据分析和自动调度将大大提升企业未来的运营效率,并有助于节约成本和开拓衍生业务。分时租赁企业需要在较早阶段投入数据分析能力的建设,并将大数据分析在网点布局、车队调度、用户评级、增值服务设计等方面全面应用。

此外,分时租赁企业需要加强与政府部门、大型企业、园区及车企进行合作,形成战略合作联盟。与政府部门进行合作,可享受更多的土地、停车场和税收等优惠政策;与大型企业和园区进行合作,有利于开展集团租(B2B)业务,稳定业务收入,提升车辆利用率;与车企合作,可获得车辆、配件资源的折扣和优惠;也可以考虑与生活相关的企业资源嫁接,全面为用户提供综合服务。

9.3 电动汽车分时租赁运营要素及获取模式

9.3.1 关键资源要素

1. 要素的组成

电动汽车分时租赁运营的关键资源要素包括三方面:资源开发、资本运作及产品运营[①]。

资源开发分为两类,第一类是租赁核心资源,多为企业启动资源,即在运营初期完成构建。在交通资源、车位资源和充电设施有限的城区,租赁核心资源的容量具有上限。具体为租赁车辆、车辆牌照、停车场和充电桩。第二类是产业链资源,目的是构建完整的运营链条和促进业务发展,例如通过与车企及汽车后市场服务公司的合作,获取车辆、配件的购买、维修和处置车辆等;通过与企业及园区的合作,拓展B端业务,提高车辆利用效率,从而提高业务盈利水平。

资本运作的作用是保障电动汽车分时租赁的资金运作处于健康的、可持续的盈利状态,主要体现在两个方面。一是金融杠杆的运用,分时租赁是汽车市场与互联网市场

---

① 猫视汽车.中国汽车租赁行业研究报告[EB/OL].http://www.sohu.com/a/203331263_724676?spm=smpc.author.fd-d-217343.39.1575182340393NUvboMi.2017.

的交集,就运营方式来看,电动汽车分时租赁从属于互联网市场,因此分时租赁需引入风险投资资本、汽车金融资本、汽车融资租赁资本,以帮助实现市场占有和获取初期的用户规模,保障企业的运营;二是拓展收入渠道和改善盈利能力,例如在车载广告、电商导购和大数据分成等领域实现创收,以支撑在出行市场的竞争中所需的资金支持。

产品运营需保障面向消费者满意度和面向运营方的成本控制,分为三个维度。一是运营方对自身运营的电动汽车的技术的掌握,尤其是电池技术和充电桩信息等不同于传统燃油汽车的部分;二是对运营核心技术的掌握,分时租赁可通过车载盒子和App收集到大量的用户信息,并通过对大数据的分析进行运营策略的调节,提高车辆的使用率,提高运营效率,同时节约车辆调度成本和开拓衍生业务;三是用户运营的深化,从品牌和服务等角度分析并把握用户的偏好,通过会员制度进行管理并利用会员优惠活动促进运营,从而提升平台用户的粘性和用户忠诚度。

2. 启动阶段关键资源要素

在电动汽车分时租赁运营的启动阶段,运营商需要完备启动资源,以保障用户在整个使用流程中的基本需求。

电动汽车分时租赁运营启动阶段的关键资源要素涉及电动汽车、充电设施、停车网点、车辆牌照、电力资源和维修保养等关键资源要素,如图9-2所示。

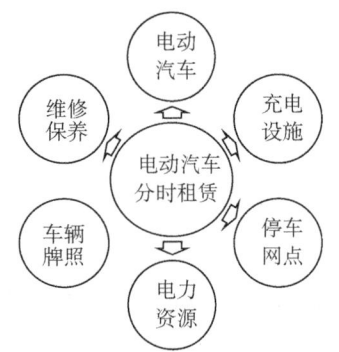

图9-2 电动汽车分时租赁启动阶段关键资源要素

1) 电动汽车

电动汽车分时租赁商业模式的核心业务是提供电动汽车分时租赁服务,服务车辆为电动汽车。电动汽车自身特性以及电动汽车如何获得是电动汽车分时租赁商业模式的特色。

电动汽车在使用过程中无污染、无排放,具有绿色环保的效应。同时,其加速性能好、噪声小,可提高出行乐趣。

当前中国市场的电动汽车种类多为微型车或小型车,售价多在5万~10万元,部分厂家推出大中型电动汽车及电动SUV,售价多在15万~35万元。分时租赁启动阶段投放的电动汽车数量从几十辆到上千辆不等,运营商所选择的电动汽车类型及其售价会较大地影响启动阶段的成本。因此,运营商在选择并获取运营车辆时,需考虑以下两点:

(1) 所选取的电动汽车车型应能满足当前市场下分时租赁用户的主要使用需求,例如用户的出行场景多为一人或两人一同出行时,小型车和微型车将会成为合适的选择,因为其性能可以满足大多数用户的使用需求,且价格较低,能够减少运营商启动阶段的成本。

(2) 在成本允许的情况下,提供多种类车型以满足用户的不同出行需求,例如家庭出游也是分时租赁的使用场景之一,因此提供空间较大的车型能够更好满足此类出行需求。

2) 充电设施

充电设施是电动汽车分时租赁商业模式的重要组成部分,为电动汽车提供充电服务。充电设施如何建设以及快、慢充电桩的规模确定是电动汽车分时租赁商业模式中值得研究的问题。

单个充电桩的建设成本与快充或慢充类型有关,慢充桩接入电源是 220 V,单个落地价格在 500～3 500 元;快充桩价格较高,15 kW 规格的快充桩单个落地价格在 15 000～20 000 元。基于电动汽车分时租赁运营车辆的规模,充电设施网络建设所需投资从几十万元到上千万元不等。在电动汽车分时租赁商业模式中,充电设施环节可采取社会资源投资或加盟的方式来降低运营成本。

充电桩规模及快、慢桩比例是电动汽车分时租赁商业模式的特色。快充桩充电为较大直流电流,充电时间在 20 分钟到 1 小时之间,为电动汽车提供短时充电服务,但是对电池寿命有影响,对技术和安全性要求较高。慢充桩以较小交流电流进行充电,充电时间为 4～6 小时,可利用晚间低谷电价,有利于降低充电成本,但难以满足使用者紧急或者长距离行驶需求。

3) 停车网点

在电动汽车分时租赁商业模式中,停车网点的规划与充电设施网点建设相辅相成。停车网点指分时租赁服务网点、停车站点和车队停车场。停车网点不仅是电动汽车充电的网点,也是用户取车的网点。

停车网点的分布对于消费者的使用便利性具有重要的影响。网点分布越密集,消费者在使用时与预定网点的距离越近,则花费在取车过程中的时间越少,使用越便利。在电动汽车分时租赁启动阶段,停车网点的规划应当首先考虑有潜力的首批目标用户,例如高校、商圈、旅游景区等。单个停车网点内停车位数量的设定需根据网点附近交通流量情况确定,流量大的网点设置的车位数量应较多。

4) 车辆牌照

新能源汽车租赁运营资质是电动汽车分时租赁商业模式中的关键资源要素。国家大力推广新能源汽车的应用,部分城市免费发放新能源汽车专用牌照额度,并鼓励分时租赁车辆共享,提供汽车租赁行业资质与新能源汽车租赁服务牌照。目前,如何获得运营资质以及牌照资源、如何最大化利用是电动汽车分时租赁行业关心的热点问题。

5) 电力资源

电动汽车以车载蓄电池为动力源,采用充电的方式进行能量补给。在电动汽车分时租赁商业模式中,电力资源涉及内容广泛,此处特指为电动汽车提供充电服务的供电企业以及相关定价行为和收费模式。

国家电网或南方电网为电动汽车分时租赁服务组织提供电力资源。高渗透率的电动汽车对于电网来说是不可忽视的负荷,必须考虑其对电网的影响。

科学定价有助于实现电动汽车分时租赁商业模式中各主体利益的均衡。研究表明,采取"基本电价+服务费用"的定价模式有助于为架构内各个主体创造利润,保障各主体利益均衡,实现电动汽车商业模式的可持续性。

6) 维修保养

电动汽车的核心组件与传统汽车完全不同,因此维修保养技术需要进一步的发展,尤其是针对动力系统、传动系统的核心技术。

目前,电动汽车的售后服务主要依托于传统汽车的服务网络,随着电动汽车运营数量的增加,目前的维修保养服务网络必定不能满足其需求。电动汽车分时租赁也需要建立完整的维修保养链条,以便迅速处理用户在使用过程中遇到的车辆故障。

9.3.2 关键资源要素获取模式

1. 电动汽车获取模式

作为运营车辆,电动汽车是分时租赁业务中最为关键的要素之一。在电动汽车分时租赁发展的早期,分时租赁企业一般通过直接向汽车企业购买整车的方式获得运营车辆。由于电动汽车直接购买价格高昂,随着分时租赁企业的发展探索,出现了不直接购买,而通过经营租赁或融资租赁获得车辆的投资模式(图9-3)。

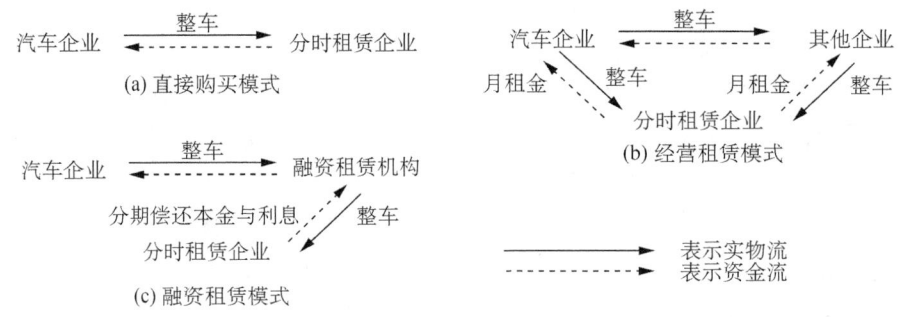

图9-3 电动汽车获取模式

直接购买模式下,分时租赁企业向汽车企业购买整车,并自行购买相应的车辆保险。分时租赁企业同时拥有车辆的产权和使用权。

经营租赁模式下,分时租赁企业向汽车企业或其他企业租赁整车,并由对方承担车辆保险。分时租赁企业向对方按月支付租金,拥有车辆的使用权,但不拥有产权。

融资租赁模式下,分时租赁企业向具有融资租赁经营资格的出租人提出车辆采购请求,由出租人向汽车企业购买指定车辆,并按融资租赁合同将该车辆出租给分时租赁企业。在租赁期限内,分时租赁企业向出租人支付租金,并拥有车辆的使用权。期限届满且应支付的租金付讫后,出租人将车辆过户,分时租赁企业获得车辆的产权。

2. 充电设施获取模式

电动汽车分时租赁充电设施的获取方式主要分为自建和他建。自建模式下,由分时租赁企业自行投资,进行充电桩的购买和安装,并向电力企业或物业企业支付充电电费。他建模式下,企业直接使用其他充电设施运营商已有的充电桩,并支付包含充电服务费在内的充电电费。

3. 停车网点获取模式

分时租赁停车网点的获取方式目前呈现多样化,包括免费获取、租赁以及资源互换等。能够免费获取的车位一般为分时租赁企业所拥有的,以及政府所提供的停车位。除此之外,企业一般通过租赁的方式获取车位,通过与各类商业主体洽谈,向其支付月租金,得到车位的使用权。

4. 车辆牌照获取模式

分时租赁车辆属于运营类车辆,需要获取车辆牌照才能经营。运营资质的获取一般通过向政府交委部门申请,由政府交管部门发放,通过公安局部门具体执行,或通过收购其他有车辆牌照的企业间接获取。

5. 其他资源要素获取模式

电动汽车分时租赁企业除上述要素外,还需配备网络平台、维修保养、工作人员和工作场地等。由于电动汽车分时租赁网络平台和手机应用的开发具有一定专业性,故分时租赁企业一般将其委托给专门从事平台开发的互联网企业,并支付软件开发以及车载终端等费用。此外,一些小型分时租赁企业选择直接接入现有的大型平台内,同样支付车载终端以及一定的软件费用,而不再另外开发平台。维修保养方面,同样考虑到专业性,分时租赁企业若不具备车辆维修保养能力,则一般也将该业务进行外包。人员方面,根据分时租赁业务模式的不同,各企业设立的工作岗位存在区别,但一般都具备行政、营销、客服、调度等工作岗位。在人数方面,目前每家企业的车辆总数与人员总数之比一般为20∶1~10∶1。

电动汽车分时租赁关键资源要素中电动汽车、充电设施以及停车网点等获取方式,一般分为重资产模式和轻资产模式两类。重资产模式下,企业将初期资金用于购买关键要素(主要为电动汽车和充电设施),并将其作为固有资产;轻资产模式下,企业通过租赁等方式获取各关键资源的使用权,从而将初期资金集中在平台运营等其他环节。根据重资产和轻资产两种运营模式,结合各种关键资源要素获取方式,可以总结电动汽车分时租赁关键资源获取模式,如表9-2所示。

表9-2 电动汽车分时租赁关键资源要素获取模式总结

关键要素	获取方式	
	重资产模式	轻资产模式
电动汽车	直接购买	经营租赁或融资租赁
充电设施	自行购买和安装	使用其他充电设施运营商充电桩并支付充电服务费

续 表

关键要素	获取方式	
	重资产模式	轻资产模式
停车网点	直接使用企业自身固有停车位	向其他单位支付月租获得其停车位
车辆牌照	由政府发放或向其他企业收购	
运营平台	委托第三方企业开发,并自行运营	
运营团队	自行配备	

9.4 模式创新案例:"统一平台＋多运营商"模式

国家科技支撑计划——深圳市电动汽车分时租赁项目(2015BAG11B00)的目标是形成一支电动汽车分时租赁车队,实现3 000辆以上规模的电动汽车分时租赁运营。"统一平台＋多运营商"方案构想源自两个方面:一是目前国内外电动汽车分时租赁运营业务多处于亏损状态,由于经济上的不可持续导致运营规模扩张受到限制,单个运营商完成深圳3 000辆电动汽车运营目标难以实现;二是深圳市已经形成多个运营商,其运营汽车规模总体上已经超过3 000辆,但分散运营存在一些资源重复建设和管理上的困难。

在此背景下,提出"统一平台＋多运营商"社会加盟方案,最终实现"自营＋加盟"3 000辆以上的电动汽车的分时租赁运营。

9.4.1 背景:多运营商局面形成

2015年10月,根据深圳市政府新能源汽车推广应用有关工作部署,深圳市从2015年待配置电动小汽车增量指标中划出2 000个专项指标用于汽车分时租赁业务,并通过招标方式征集新能源小汽车分时租赁经营意向企业。第一批中标企业有四家:联程共享、中兴新能源、比亚迪和车仆,每家获得500个电动汽车分时租赁指标。加上其他从事电动汽车分时租赁经营的企业,2016年深圳市已形成了多家分时租赁企业经营的局面。

项目申报初期计划是组建一家分时租赁运营公司,承担深圳市3 000辆以上电动汽车分时租赁业务,完成项目运营目标。一方面,根据实际市场情况,由于单车使用率较低,总体运营处于亏损状态,制约了规模扩张,单个运营商完成项目所定的3 000辆电动汽车运营的目标难度较大;另一方面,由于深圳市已经出现有多家分时租赁运营企业的局面,考虑如何整合现有运营商车辆、运营牌照、会员、充电网络等资源,在深圳市政府统一协调管理下,共同完成原定运营目标就变成了一个新课题。

其实,不仅是在运营领域,在电动汽车充电设施的建设和运营领域,情况也极为相似。深圳市有多家企业从事充电设施的建设和运营,已建成 130 多个充电站,近 20 000 个充电桩。这样,若能有效整合多家运营商的电动汽车和充电设施资源,一方面可以更好地完成项目的目标任务,另一方面也可以探索新的电动汽车推广和运营模式。

9.4.2 组建统一平台,整合多运营商和吸纳社会资源

随着多家运营企业的业务开展,深圳已经具备了一定的电动汽车分时租赁市场化运营基础。根据市场情况,项目各参与单位共同研讨项目运营主体公司组建和新的运营平台成立的方案。会议结果达成共识:拟通过竞争性谈判,将深圳市联程共享电动汽车租赁有限公司、深圳车仆智能交通服务有限公司等多家电动汽车分时租赁企业,统一纳入深圳市电动汽车分时租赁运营平台。

分时租赁运营平台也采用实体公司运营的方式,平台公司承担部分运营任务。原方案中运营规模 3 000 辆的任务,由车辆运营企业及平台运营商共同承担。

9.4.3 建设市级行业监控平台,规范行业发展

为了配合统一运营平台业务开展,在车辆运营商监控平台基础上,建设市级行业监控平台。

市级监控平台具有两方面的功能:一是实现政府监管的需要,可以统计、监控运营车辆的数量、行驶里程及运营情况等,为政府制定相关政策提供支撑;二是为行业提供数据统计分析,如对运营企业的评估评价,提供车辆的安全、性能以及运营企业的服务质量等方面的数据。通过市级监控服务平台的数据分析,依据分时租赁运营车辆的碳减排量,向车辆运营企业发放碳积分。

9.4.4 平台公司组建和发展规划

为了实现全市车辆资源的有效调配,根据平台开发和服务水平,通过竞争性谈判,由深圳同达网络科技有限公司承担平台运营工作。

1. 公司定位及愿景

公司定位为车联网平台运营公司,由较少的技术人员掌握核心技术,与开发公司深度合作,将开发工作外包,双方共同成长。公司专注于资源获取、市场拓展和模式推广,主要有以下特点:

(1) 信息服务交易平台:面向全国,匹配车辆供应方(个人、租车企业、4S 店、车辆维修厂、分时租赁运营企业、物业等)及用车需求方(个人、企业员工等)的双方需求,促使完成交易,提供相应的信息服务。

(2) 车辆分享业务实现工具的提供商:通过研发通用化、标准化的车载终端,面向全国销售,同时提供企业级监控服务。

(3) 市级新能源汽车监控平台建设方案解决商:为城市主管部门提供全市新能源汽

车监控平台建设解决方案,其中车辆共享作为重要的一种行业模式可以先操作起来。

公司的愿景是通过自助服务的方式(而不是有人服务)实现一切出行工具(私家车、物流车甚至电动滑板车)的共享。

2. 主要业务及商业模式

1) 汽车共享模式下智能车载终端研发及销售

当前,全国介入电动汽车分时租赁领域的运营商众多,对于能够在不同车型方面同时适应的车载控制终端的需求巨大。然而,在没有大量购车订单的情况下,车厂难于开放车辆协议;即使开放协议,作为运营商去自行研制开发适合自身业务的车载硬件终端也是极为不经济的做法。

平台公司将与主流车厂完成技术对接,完成适合分时租赁所有场景的通用车载终端的开发,掌握核心技术,形成车载终端标准;同时,利用深圳本地车载终端生产优势,找本地企业代工生产车载终端,可以面向全国的分时租赁运营商进行销售。这样,车载终端可嫁接运营商自己的平台,完成业务。

2) 基于智能车载终端的企业级监控服务

目前,市场上已经接受了硬件销售+服务的模式。公司在销售硬件的同时以监控服务作为切入口,提升公司现金流及监控大平台上的车辆服务数量,从而增加公司价值。

3) 市级监控平台服务

深圳市在新能源汽车产业发展上全国领先,但是缺少市级监控平台。建设市级分时租赁领域的监控平台,为深圳市出台相关政策提供分析决策服务。同时,为行业提供数据统计分析。

4) 车辆共享平台服务

此业务可作为平台公司未来的核心业务。待规模扩大以后,可以发展类似专车司机的新的职业——泊车员。平台包括客户端App、运营商操作端、车载终端。车辆共享平台主要解决以下几个问题:

(1) 谁向平台提供车辆?私人车主、4S店、维修厂、汽车租赁企业等都可以将车辆加入平台,开放资产闲置的时间段给所有或者特定人群,取得收入或者简化车辆管理流程。

(2) 加入平台有哪些要求?所有车辆必须加装平台方车载终端,公司会与4S店体系深度合作,由4S店帮助安装及销售。个人车主下载客户端App就可以进行车辆的分享及监控,运营商可以申请开放运营商管理端,对于资产进行监控和管理。

(3) 加入平台的好处?对于个人车主在安装智能车载终端后,无须再购买行车记录仪,并可以在客户端App上对车辆的实时状态进行掌控,包括电量、充电状态、保修情况、违章情况、车辆位置等。更重要的是,在空闲的时候将车辆分享给其他人,赚取收入。

对于长租运营商，在不影响长租业务的情况下，也能对车队进行监控管理，实现车辆在空闲时候也能供全市用户进行选择取用；对于分时租赁运营商，将车辆放在平台上，无须自己开发系统，就能提高车辆利用率，增加业务收入；对于拥有车辆的个人，全市的充电设施信息都向其开放，预约使用并支持"深圳通"进行支付。

第 10 章
电动汽车分时租赁盈亏平衡分析

随着我国电动汽车的快速发展,分时租赁模式成为共享经济中的重要一环,市场前景被广泛看好。但由于商业模式不成熟、成本高昂、自身造血功能不足等问题的影响,分时租赁企业的运营情况并不理想,目前国内企业普遍没有实现整体盈利。因此,明确哪些因素决定了电动汽车分时租赁商业模式的盈利能力,成为业界的迫切需求。

基于这个背景,本章对完全重资产模式下电动汽车分时租赁的成本和收益进行分析,利用深圳市分时租赁运营的数据进行运营经济性评价,并进一步分析运营各要素对盈亏平衡的敏感性,从而提供运营要素整合方面的相关策略建议。

10.1 电动汽车分时租赁成本和收益

电动汽车分时租赁发展初期,企业往往以资金购买形式获取分时租赁关键要素中运营车辆和充电桩等有形资产,并自行管理和运营,这种模式被称为完全重资产模式。本节对完全重资产模式下电动汽车分时租赁的成本和收益结构进行详细拆解分析,为下一步的盈亏平衡分析和敏感性分析做准备。

10.1.1 成本与收益构成

1. 成本

分时租赁运营企业的成本支出主要来自电动汽车、车险、车辆调度成本、停车位、充电桩、运营平台以及运营管理成本等。根据其成本类型,将分时租赁运营企业成本分为固定成本、运营成本和使用成本三类。

固定成本主要由购车成本和购买车险成本两个部分组成。购车成本与购买的电动汽车价格和补贴相关,当前分时租赁的车型以江淮、北汽、知豆等经济实用型车辆为主,扣除补贴后价格一般在 4 万~6 万元之间,政府补贴由于受退坡政策的影响,未来补贴力度会逐步减少,分时租赁运营平台的购车成本支出会上升。在保险方面,目前电动汽车的保险品种与传统燃油车基本相同。

运营成本由车辆调度成本、车辆清洁成本、运营平台成本和运营管理成本四部分构成。车辆调度成本主要是指调度人员将用户未还至指定地点的车调回自己网点、将客户租车需求较少区域积压的车辆调回可以获取订单位置以及夜间将车辆开到网点或公用充电桩进行充电等车辆调度产生的成本；车辆清洁成本主要是指对车内环境卫生进行清洁维护以及对车身进行清洗所产生的成本。

使用成本主要由车辆停车位成本和车辆充电成本两部分组成。车辆停车位成本是指运营平台公司与政府部门或商业地产公司等签约租用其停车位所支付的成本，此成本属于固定停车位成本，另外还包括一部分变动停车位成本，比如车辆由于到公用充电桩充电或停放至其他主体的停车位所产生的成本。充电成本也由两部分构成，包括充电桩的建设成本以及充电电费。

2. 收益

分时租赁运营收益可分为三个部分：①租金收入；②车辆处置收入；③广告运营收入、押金、会员费等其他收入。

租金收入指的是分时租赁运营商向用户按时间或里程收取的租赁费用。现阶段，分时租赁运营商仅采取按时间收费的计费方式，这样便于客户自己计算租车产生的费用。经调研，深圳市分时租赁的租金介于 0.3 元/分钟到 0.5 元/分钟之间。

车辆处置收入是电动汽车用于分时租赁运营退役，将车辆转卖之后所产生的收入。电动汽车的残值普遍低于传统燃油车，传统燃油车具有成熟的二手车市场，而电动汽车的二手车交易市场还未形成。此外，电动汽车的动力电池具有易损耗的特性，电池容量会随着充放电次数的增加而逐渐缩减，而电池成本占纯电动汽车整车成本的 40%～50%；电动汽车相对于传统燃油车的车型更新频率更高。因此，电动汽车的残值应将整车和电池系统分开进行测算。

分时租赁运营商除了可以获得租金收入和车辆处置收入之外，还可以产生广告收入、电商导购收入、大数据分成、押金和会员费等其他收入。

10.1.2 成本与收益测算

1. 成本测算

电动汽车分时租赁行业属于起步阶段，系统性的盈利模式依然处于探索之中，最大化地发掘产品的自身价值来创造附加剩余价值是盈利的基础。

以深圳市分时租赁运营为例，对车辆购置成本、车险成本、运营成本、停车位成本、充电桩成本、充电成本和维修保养成本等进行测算。

1) 车辆购置成本

电动汽车购置成本 C_{PC} 是由厂家零售价 C_{MSRP} 与车辆购置税 C_{PT} 之和，再减去政府补贴 C_{GS} 所得到。根据财政部、国家税务总局、工业和信息化部于2014年8月发布的《关于免征新能源汽车车辆购置税的公告》，自2014年9月1日至2017年12月31日，对购置的新能源汽车免征车辆购置税，因此取 $C_{PT}=0$。故电动汽车购置成本 C_{PC} 为厂家零售价 C_{MSRP} 与政府补贴 C_{GS} 之差，即

$$C_{PC} = C_{MSRP} - C_{GS} \tag{10-1}$$

根据调研资料和数据,深圳市分时租赁的三种车型官方指导价和扣除补贴后价格如表 10-1 所示。

表 10-1 三种车型的官方指导价和扣除补贴后价格①

名称	江淮 iEV5	北汽 EV160	知豆 D2
官方指导价(万元)	17.98	17.78	15.18
扣除补贴后价格(万元)	9.00	7.80	4.70

2) 车险成本

目前市场上没有专门针对电动汽车的保险品种,电动汽车的保险品种与传统燃油车基本相同。通过调研,电动汽车保险各类目费用标准为:

(1) 交强险:6 座以下 950 元/年,6 座及以上 1 100 元/年。

(2) 车损险:车损险由基础保费 460 元+裸车价格×1.088% 构成。

(3) 商业三者险:赔付额度为 50 万元时的商业三者险费用为 1 252 元。

(4) 不计免赔险:不计免赔险的费用标准为(车损险+三者险)×20%。

(5) 车上人员责任险:其标准为 50 元/人。

通过计算,江淮 iEV5 的保险费用 $C_{IC} = 5\,602$ 元;北汽 EV160 的保险费用 $C_{IC} = 5\,576$ 元;知豆 D2 的保险费用 $C_{IC} = 5\,236$ 元,如表 10-2 所示。

表 10-2 三种车型保险费用计算

序号	险种名称	江淮 iEV5(元)	北汽 EV160(元)	知豆 D2(元)
1	交强险	950	950	950
2	车损险	2 416.22	2 394.46	2 111.58
3	商业三者险	1 252	1 252	1 252
4	不计免赔险	733.64	729.29	672.72
5	车上人员责任险	250	250	250
	合计	5 602	5 576	5 236

3) 运营成本

运营成本主要由以下四部分构成:

(1) 车辆调度人员、车辆清洁人员、行政管理人员、监控平台运营人员、客户服务人员等的人力成本。根据调研,深圳目前分时租赁的车辆调度加上监控客服、行政等运营管理平均每人能监管 10 辆车,每个人的工资成本按 10 万元/年计算,3 000 辆车每年的

---

① 由于现阶段运营的车辆是在 2017 年补贴退坡政策之前购买的,故暂按补贴退坡之前的数据进行计算。

工资成本为 3 000 万元。

（2）运营平台的购买费用、运营维护及升级费用。通过调研，运营平台的购买费用、运营维护及升级费用按 10 万元/月算，每年的运营平台费用为 120 万元。

（3）营销成本。营销成本包括通过互联网、电视等媒体宣传分时租赁运营平台所产生的费用，按 5 万元/月计算，每年的营销成本为 60 万元。

（4）其他费用。其他费用包括分时租赁运营商的办公场地、日常办公费用等，按 5 万元/月计算，每年的办公场地和日常办公费用为 60 万元。

3 000 辆车每年的总运营成本为 3 240 万元，平摊到每辆车上的运营成本为 1.08 万元。

4）停车位成本

为了车辆调度的便利性，假设每辆车对应一个停车位，停车位价格与地段、交通、人流量相关，不同地段停车位价格差距很大。在市区的商场、超市等人流量大的区域停车位租金较高，一般为 1 200 元/月；在郊区人流量较少的区域租金一般为 200～300 元/月。此外，分时租赁运营平台公司还可通过与商业地产公司或物业公司等进行业务合作，通过双方合作方式降低停车位租金。通过调研，深圳用于江淮 iEV5、北汽 EV160 这两种车型分时租赁业务的停车位租金平均水平为 600 元/月，即 7 200 元/年；用于知豆 D2 车型分时租赁业务的停车位租金平均水平为 250 元/月，即 3 000 元/年[①]。三种车型的停车位租金水平如表 10-3 所示。

表 10-3　三种车型的停车位租金成本

项目	江淮 iEV5	北汽 EV160	知豆 D2
停车位租金成本(元/年)	7 200	7 200	3 000

5）充电桩成本

假设充电桩全部由公司自建，3 000 辆车配备 3 000 根交流充电桩。根据调研，交流充电桩的桩体成本和安装施工费用平均为 1 万元。于是，3 000 根充电桩的总建设成本为 3 000 万元。按照 5% 的残值率，8 年折旧年限进行折旧，每年因 3 000 根充电桩产生的折旧成本约为 3 000×(1−5%)/8＝356 万元，平摊到每辆车每年上的充电桩折旧成本为 356 万元/3 000＝1 188 元。

6）充电成本

当充电桩都是由公司自建，用于分时租赁的电动汽车充电时，只需要承担电价费用，不需要支付充电服务费。深圳市电动汽车充电电价统一按照深圳市电价价目表中的单一制普通用电中的"商业及其他"用电价格 1.035 7 元/千瓦时执行。根据《深圳市发展和改革委员会关于明晰电动汽车充电设施居民合表用户电价政策的通知》，居民家庭

---

① 由于知豆 D2 车身较小，占用空间小，故其停车位租金水平较低。

住宅、居民住宅小区、执行居民电价的非居民用户中设置的电动汽车充电设施用电,执行居民用电价格中的合表用户电价,其中,高峰时段电价为 1.17 元/千瓦时,平段为 0.72 元/千瓦时,低谷段为 0.37 元/千瓦时。根据调研数据,深圳市分时租赁单车日均行驶里程为 130 公里,三种车型的度电续航里程分别为 8.7 公里/千瓦时,6.3 公里/千瓦时,8.3 公里/千瓦时,三种车型的单车日均耗电量为 14.9425 千瓦时,20.6349 千瓦时,15.6627 千瓦时,按照 1.0357 元/千瓦时的电价计算出三种车型每年的充电成本,如表 10-4 所示。江淮 iEV5 每年的充电成本为 5 266 元,北汽 EV160 每年的充电成本为 7 272 元,知豆 D2 每年的充电成本为 5 520 元。

表 10-4　三种车型的年充电成本

项目	江淮 iEV5	北汽 EV160	知豆 D2
度电续航里程(公里/千瓦时)	8.7	6.3	8.3
日均行驶里程(公里)	130	130	130
日均消耗电量(千瓦时)	14.9425	20.6349	15.6627
电价(元/千瓦时)	1.0357	1.0357	1.0357
充电成本(元/年)	5 649	7 801	5 921

7) 维修保养成本

一般情况下,传统燃油车 5 000 公里左右保养一次,一辆 10 万元以下的车型,小保养一次花费约 500 元;10 万~20 万元的车型,小保养一次约 700 元;20 万元以上的车型,小保养一次上千元。而对于电动汽车,电池、电机和电动系统都是核心,厂家负责质保。目前国家规定这些核心部件的质保期是 8 年 12 万公里,多数品牌都执行 8 年 15 万公里标准,有的品牌还对电池电芯终身质保。电池、电机、电控等核心零部件轻易不会出问题,出了问题则由厂家负责免费修理。因此,电动汽车的常规保养很简单,主要是检查一下电路有无老化损坏、螺丝有无松动。此外,就是对易损件的检查和处理,如刹车片、空调滤芯、轮胎等。

设 P_m 表示电动汽车每百公里全生命周期的维修保养费用,则单辆电动汽车每年的维修保养费 C_{MC} 为

$$C_{MC} = \frac{P_m}{100} \times S \times 365 \tag{10-2}$$

其中,S 为单车日均运营里程。

根据赵洁[①] 2010 年研究显示,$P_m = 6.16$ 元/百公里。取单车日均运营里程 $S = 130$ 公里,则

---

① 赵洁.基于 ADVISOR 建模的插电式混合动力汽车消费者拥有成本分析[D].上海:同济大学,2010.

$$C_{MC} = \frac{6.16}{100} \times 130 \times 365 = 2\,923 \text{ (元/年)} \tag{10-3}$$

2. 收益测算

电动汽车分时租赁的收益主要由租金收入、车辆处置收入和其他收入构成，下面以深圳市情况为例，具体分析测算各项收入。

1）租金收入

深圳市电动汽车分时租赁均按时间收费，未来将会考虑与按里程收费相结合。三种车型江淮 iEV5、北汽 EV160、知豆 D2 按分钟收费标准单车单日封顶租金如表 10-5 所示。

表 10-5　三种车型租金收费标准

车型	租金（元/分钟）	单日封顶租金（元）
江淮 iEV5	0.5	150
北汽 EV160	0.4	120
知豆 D2	0.3	118

2）车辆处置收入

我国目前纯电动汽车的残值普遍较低。一方面，由于电池成本约占纯电动汽车整车成本的 40%～50%，而动力电池具有易损耗的特性，电池容量会随着充放电次数的增加而逐渐缩减，续航里程也相应降低，进而造成了纯电动汽车残值率较低的问题；另一方面，纯电动汽车相对于传统燃油车，技术进步快，车型更新频率高。以江淮为例，其 iEV 系列电动汽车已经发布了第 5 代车型，因此几年后车型技术已经大幅度落后于同款车型。

为了科学地测算纯电动汽车的残值，我们将动力电池系统的残值和整车其他部分的残值分开计算。首先，参照传统燃油车残值的计算方法，根据阮平等人 2015 年研究[①]，传统燃油车残值与车辆使用时间和运营里程之间存在如下关系：

$$VS = \alpha^N \times MSRP - \delta_1 \times S \times 365N \tag{10-4}$$

其中，VS 为传统燃油车使用到第 N 年的残值（元）；α 为传统燃油车的年折旧率，根据调研数据，对出租车取 $\alpha=75\%$；$MSRP$ 为车辆厂家指导价（元）；δ_1 为传统燃油车每公里折旧值（元/公里），根据以往研究取 $\delta_1=0.1954$ 元/公里；S 为单车日均行驶里程。

根据以上公式，分时租赁电动汽车残值可采取以下公式进行计算：

$$C_{VS} = \alpha^N \times C_{PC} \times (1-\theta) + C_{PC} \times \theta - (\delta_1 + \delta_2) \times S \times 365 \tag{10-5}$$

---

① 阮平，曹细玉. 物流企业运营车辆的中期更新策略[J]. 武汉理工大学学报（交通科学与工程版），2015，3：541-546.

其中，θ 为电池成本占整车成本的比率，取 $\theta=40\%$；δ_2 为电动汽车电池每公里折旧值，目前电动汽车用锂离子电池循环充放电次数约为 2 000 次，电动汽车电池每公里的折旧值 $\delta_2=0.224$ 元/公里；分时租赁行业单车日均行驶里程 S 取 130 公里；电动汽车运行年限 N 取 3 年；其他变量的含义与上式相同。

通过计算，三种车型江淮 iEV5、北汽 EV160、知豆 D2 的残值收入如表 10-6 所示。

表 10-6 三种车型的残值计算结果

变量	江淮 iEV5	北汽 EV160	知豆 D2
续航里程（公里）	200	160	150
电量（千瓦时）	23	25.6	18
购置成本（元）	90 000	78 000	47 000
残值收入（元）	38 881	31 043	10 796

3）其他收入

在广告、电商导购、大数据等其他收入中，目前能给分时租赁运营商提供额外稳定收入来源的仅是广告。通过调研，平均每辆车一年能产生的广告收入为 1 300 元。

10.2 盈亏平衡分析：以深圳市为例

盈亏平衡分析是通过盈亏平衡点（BEP）分析项目成本与收益的平衡关系的一种方法。各种不确定因素（如投资、成本、销售量、产品价格、项目寿命期等）的变化会影响投资方案的经济效果，当这些因素的变化达到某一临界值时，就会影响方案的取舍。盈亏平衡分析的目的就是找出这种临界值，即盈亏平衡点（BEP），判断投资方案对不确定因素变化的承受能力，为决策提供依据。

盈亏平衡分析方法、模型和流程如下：

（1）将车辆购置成本减去车辆处置收入，得到车辆购置成本和残值之差，即

$$C_{PVC}=C_{PC}-C_{VS} \tag{10-6}$$

其中，C_{PVC} 为车辆购置成本和残值之差；C_{PC} 为车辆的购置成本；C_{VS} 为车辆处置收入。

（2）计算为达到盈亏平衡，分时租赁运营商每年要实现的盈利额。即该盈利额按 3 年折现到当前的折现值正好等于车辆购置成本和残值之差。

$$\sum_{t=1}^{3}P/(1+r)^t=C_{PVC} \tag{10-7}$$

其中，P 为分时租赁运营商每年要实现的盈利额；r 为贴现率，暂按 1 年期贷款利率 4.35% 计算；t 为年份；C_{PVC} 为车辆购置成本和残值之差。

(3) 计算分时租赁运营商每年运营过程中产生的总可变成本。计算公式为：总可变成本＝车险成本＋运营成本＋停车位成本＋充电桩折现成本＋充电成本＋维修保养成本。

(4) 计算分时租赁运营商每年需要实现的收入。计算公式为：每年需要实现的收入＝每年要实现的盈利额＋每年的总可变成本。根据每年需要实现的收入，计算出平均每天需要实现的收入。

(5) 计算出达到盈亏平衡时每天的运营时长。将每天需要实现的收入除以单位时间的租金，即可得到达到盈亏平衡时每天的运营时长。

根据上述模型，以深圳市情况为例进行测算。重资产模式下深圳电动汽车分时租赁盈亏平衡分析结果如表 10-7 所示。

表 10-7 重资产模式下深圳市电动汽车分时租赁盈亏平衡分析结果

项目	江淮 iEV5	北汽 EV160	知豆 D2
一、成本			
1. 车辆购置成本(元/辆)	90 000	78 000	47 000
2. 车险成本[元/(辆·年)]	5 602	5 576	5 236
3. 运营成本[元/(辆·年)]	10 800	10 800	10 800
4. 停车位成本[元/(辆·年)]	7 200	7 200	3 000
5. 充电桩成本[元/(辆·年)]	1 188	1 188	1 188
6. 充电成本[元/(辆·年)]	5 649	7 801	5 921
7. 维修保养成本[元/(辆·年)]	2 923	2 923	2 923
二、收入			
1. 租金收入(元/分钟)	0.5	0.4	0.3
2. 车辆处置收入(元/辆)	38 881	31 043	10 796
3. 其他收入[元/(辆·年)]	1 300	1 300	1 300
三、盈亏平衡			
1. 车辆购置成本与残值之差	51 119	46 957	36 204
2. 贴现率	4.35%		
3. 每年盈利额(元)	18 543.2	17 033.4	13 132.8
4. 每年成本(元)	33 361.72	35 687.62	29 067.98
5. 每年收入(元)	51 904.87	52 521.03	42 200.79
6. 每天收入(元)	138.64	140.33	112.06
7. 盈亏平衡时每天运营时长(小时)	4.62	5.85	6.23

根据表 10-7 的结果可知,在重资产运营模式下,如果要达到盈亏平衡,各车型单日需要的运营时长数据如下:江淮 iEV5 的日均运营时长为 4.62 小时,北汽 EV160 的日均运营时长为 5.85 小时,知豆 D2 的日均运营时长为 6.23 小时。目前,国内电动汽车分时租赁运营车辆单日运营时长大多在 2～3 小时,因此还不能实现盈利也就不足为奇了。

10.3 运营敏感性分析

对于分时租赁企业,需得知各成本项和收入项分别对盈亏平衡时日均运营时长的敏感度。通过该敏感度分析,可以得知如何有效降低分时租赁运营商的运营成本,提高其收入,从而更快地达到盈亏平衡点。

在对关键要素作敏感性分析时,我们假设各成本项分别下降 5%,10%,15%,20%,25%,30% 六种情况,收入项分别上升 5%,10%,15%,20%,25%,30% 六种情况,测算其引起的分时租赁盈亏平衡时日均运营时长下降的比例。其计算公式为

$$\Delta \theta = \frac{h_i - h_0}{h_0} \tag{10-8}$$

其中,h_0 为分时租赁盈亏平衡时日均运营时长的初始值;h_i 为成本项或收益项分别下降或上升 5%,10%,15%,20%,25%,30% 时的盈亏平衡状态下日均运营时长;$\Delta \theta$ 为分时租赁盈亏平衡时日均运营时长下降的比例。

10.3.1 各项成本的敏感性分析

1. 车辆购置成本

车辆购置成本分别下降 5%,10%,15%,20%,25%,30% 时,可以测算出盈亏平衡状态下日均运营时长变化的具体情况。当车辆购置成本下降 5% 时,盈亏平衡状态下江淮 iEV5、北汽 EV160、知豆 D2 日均运营时长下降的比例分别为 1.13%,0.97% 和 0.73%;当车辆购置成本下降 10% 时,盈亏平衡状态下江淮 iEV5、北汽 EV160、知豆 D2 日均运营时长下降的比例分别为 2.25%,1.94% 和 1.46%。以此类推,结果如表 10-8 和图 10-1 所示。与其他成本项相比,车辆购置成本下降对日均运营时长降低的影响略敏感,而三种车型中,江淮 iEV5 的车辆成本更为敏感。

表 10-8 车辆购置成本下降的敏感性分析结果

车辆购置成本下降比例	江淮 iEV5	北汽 EV160	知豆 D2
车辆购置成本下降 5%	1.13%	0.97%	0.73%
车辆购置成本下降 10%	2.25%	1.94%	1.46%
车辆购置成本下降 15%	3.38%	2.90%	2.19%

续表

车辆购置成本下降比例	江淮 iEV5	北汽 EV160	知豆 D2
车辆购置成本下降 20%	4.51%	3.87%	2.92%
车辆购置成本下降 25%	5.64%	4.84%	3.65%
车辆购置成本下降 30%	6.76%	5.81%	4.38%

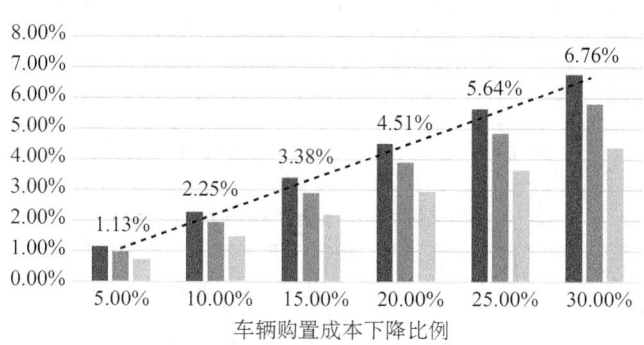

图 10-1　车辆购置成本下降的敏感性分析结果

2. 车险成本

车险成本分别下降 5%，10%，15%，20%，25%，30% 时引起盈亏平衡状态下日均运营时长的敏感性分析结果如表 10-9 和图 10-2 所示。与其他成本项相比，车险成本下降对日均运营时长降低的影响相对不敏感。三种车型中，知豆 D2 的车险成本更为敏感。

表 10-9　车险成本下降的敏感性分析结果

车险成本下降比例	江淮 iEV5	北汽 EV160	知豆 D2
车险成本下降 5%	0.56%	0.55%	0.65%
车险成本下降 10%	1.12%	1.10%	1.29%
车险成本下降 15%	1.67%	1.65%	1.94%
车险成本下降 20%	2.23%	2.20%	2.59%
车险成本下降 25%	2.79%	2.75%	3.23%
车险成本下降 30%	3.35%	3.30%	3.88%

3. 运营成本

运营成本分别下降 5%，10%，15%，20%，25%，30% 时，引起盈亏平衡状态下日均运营时长变化的敏感性分析结果如表 10-10 和图 10-3 所示。与车险成本项相比，日均运营时长对运营成本下降较敏感。三种车型中，知豆 D2 的运营成本更为敏感。

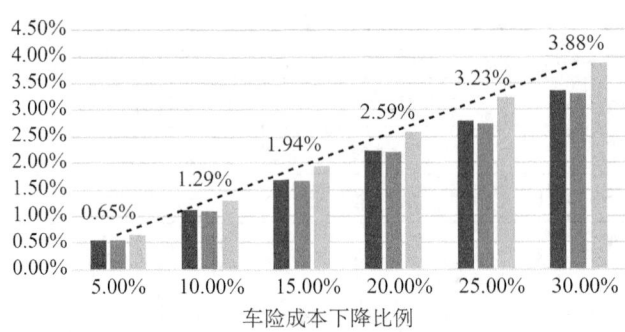

图 10-2　车险成本下降的敏感性分析结果

表 10-10　运营成本下降的敏感性分析结果

运营成本下降比例	江淮 iEV5	北汽 EV160	知豆 D2
运营成本下降 5%	1.08%	1.07%	1.33%
运营成本下降 10%	2.15%	2.13%	2.67%
运营成本下降 15%	3.23%	3.20%	4.00%
运营成本下降 20%	4.30%	4.26%	5.33%
运营成本下降 25%	5.38%	5.33%	6.67%
运营成本下降 30%	6.45%	6.39%	8.00%

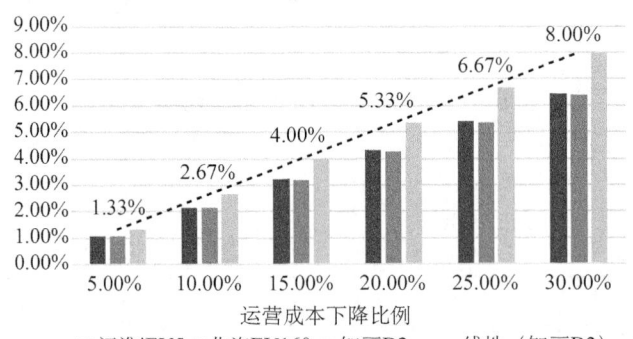

图 10-3　运营成本下降的敏感性分析结果

4. 停车位成本

停车位成本分别下降 5%，10%，15%，20%，25%，30% 时引起盈亏平衡状态下日均运营时长变化的敏感性分析结果如表 10-11 和图 10-4 所示。与其他成本项相比，停车位成本下降对日均运营时长降低的影响相对不敏感。三种车型中，江淮 iEV5 的停车位成本更为敏感。

表 10-11　停车位成本下降的敏感性分析结果

停车位成本下降比例	江淮 iEV5	北汽 EV160	知豆 D2
停车位成本下降 5%	0.72%	0.71%	0.37%
停车位成本下降 10%	1.43%	1.42%	0.74%
停车位成本下降 15%	2.15%	2.13%	1.11%
停车位成本下降 20%	2.87%	2.84%	1.48%
停车位成本下降 25%	3.58%	3.55%	1.85%
停车位成本下降 30%	4.30%	4.26%	2.22%

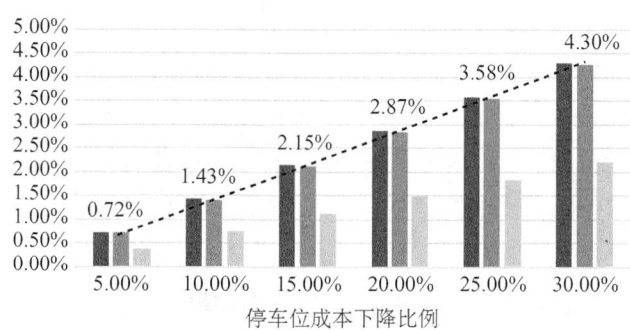

图 10-4　停车位成本下降的敏感性分析结果

5. 充电桩成本

充电桩成本分别下降 5%，10%，15%，20%，25%，30% 时引起盈亏平衡状态下日均运营时长变化的敏感性分析结果如表 10-12 和图 10-5 所示。与其他成本项相比，充电桩成本下降对日均运营时长降低的影响不敏感。三种车型中，知豆 D2 的充电桩成本更为敏感。

表 10-12　充电桩成本下降的敏感性分析结果

充电桩成本下降比例	江淮 iEV5	北汽 EV160	知豆 D2
充电桩成本下降 5%	0.12%	0.12%	0.15%
充电桩成本下降 10%	0.24%	0.23%	0.29%
充电桩成本下降 15%	0.35%	0.35%	0.44%
充电桩成本下降 20%	0.47%	0.47%	0.59%
充电桩成本下降 25%	0.59%	0.59%	0.73%
充电桩成本下降 30%	0.71%	0.70%	0.88%

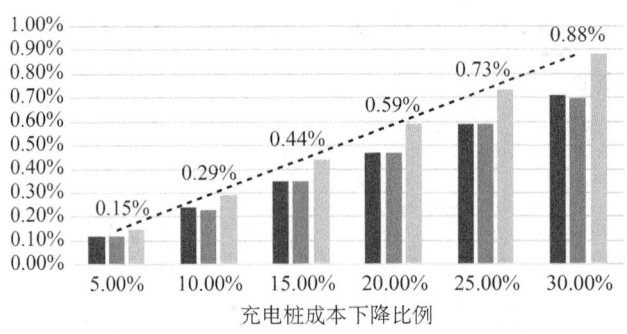

图 10-5　充电桩成本下降的敏感性分析结果

6. 充电成本

充电成本分别下降 5%，10%，15%，20%，25%，30% 时引起盈亏平衡状态下日均运营时长变化的敏感性分析结果如表 10-13 和图 10-6 所示。与其他成本项相比，充电成本下降对日均运营时长降低的影响相对不敏感。如果将充电桩建设成本和充电成本加起来看，将会对日均运营时长产生一定的影响。三种车型中，北汽 EV160 的充电成本更为敏感。

表 10-13　充电成本下降的敏感性分析结果

充电成本下降比例	江淮 iEV5	北汽 EV160	知豆 D2
充电成本下降 5%	0.52%	0.72%	0.68%
充电成本下降 10%	1.05%	1.43%	1.36%
充电成本下降 15%	1.57%	2.15%	2.04%
充电成本下降 20%	2.10%	2.87%	2.73%
充电成本下降 25%	2.62%	3.59%	3.41%
充电成本下降 30%	3.15%	4.30%	4.09%

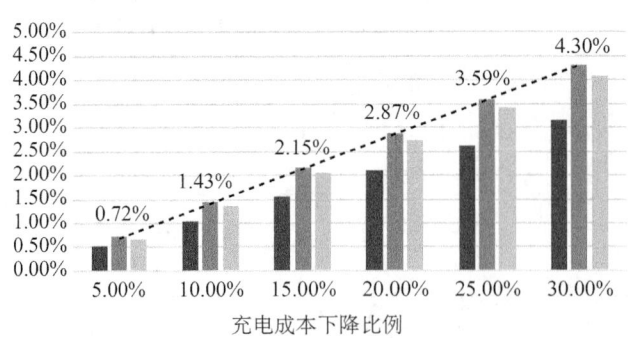

图 10-6　充电成本下降的敏感性分析结果

7. 维修保养成本

维修保养成本分别下降5%，10%，15%，20%，25%，30%时引起盈亏平衡状态下日均运营时长变化的敏感性分析结果如表10-14和图10-7所示。与其他成本项相比，维修保养成本下降对日均运营时长降低的影响相对不敏感。三种车型中知豆D2的维修保养成本更为敏感。

表 10-14 维修保养成本下降的敏感性分析结果

维修保养成本下降比例	江淮 iEV5	北汽 EV160	知豆 D2
维修保养成本下降 5%	0.29%	0.29%	0.36%
维修保养成本下降 10%	0.58%	0.58%	0.72%
维修保养成本下降 15%	0.87%	0.86%	1.08%
维修保养成本下降 20%	1.16%	1.15%	1.44%
维修保养成本下降 25%	1.46%	1.44%	1.80%
维修保养成本下降 30%	1.75%	1.73%	2.17%

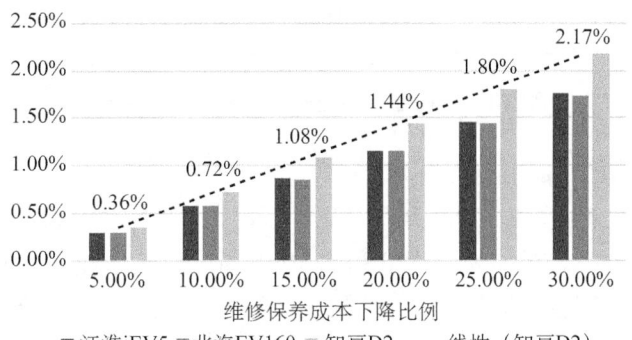

图 10-7 维修保养成本下降的敏感性分析结果

10.3.2 各项收入的敏感性分析

1. 租金收入

租金价格分别上升5%，10%，15%，20%，25%，30%时，引起盈亏平衡状态下日均运营时长的敏感性分析结果如表10-15和图10-8所示。与其他成本项相比，租金价格上升对日均运营时长较敏感。三种车型租金价格上升的敏感性相同。

表 10-15 租金价格上升的敏感性分析结果

租金价格上升比例	江淮 iEV5	北汽 EV160	知豆 D2
租金价格上升 5%	4.76%	4.76%	4.76%
租金价格上升 10%	9.09%	9.09%	9.09%

续　表

租金价格上升比例	江淮 iEV5	北汽 EV160	知豆 D2
租金价格上升 15%	13.04%	13.04%	13.04%
租金价格上升 20%	16.67%	16.67%	16.67%
租金价格上升 25%	20.00%	20.00%	20.00%
租金价格上升 30%	23.08%	23.08%	23.08%

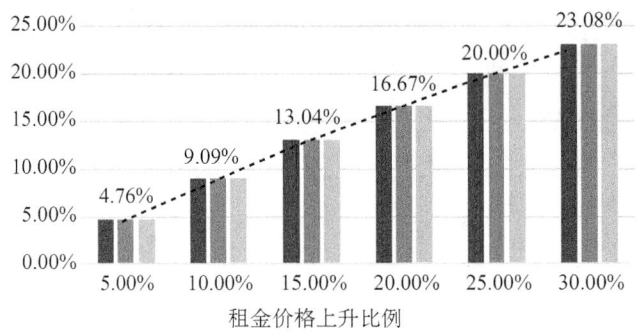

图 10-8　租金价格上升的敏感性分析结果

2. 其他收入

其他收入分别上升 5%，10%，15%，20%，25%，30% 时，引起盈亏平衡状态下日均运营时长的敏感性分析结果如表 10-16 和图 10-9 所示。其他收入上升对日均运营时长的敏感度较低。三种车型中知豆 D2 其他收入上升对日均运营时长的影响较为敏感。

表 10-16　其他收入上升的敏感性分析结果

其他收入上升比例	江淮 iEV5	北汽 EV160	知豆 D2
其他收入上升 5%	0.13%	0.13%	0.16%
其他收入上升 10%	0.26%	0.26%	0.32%
其他收入上升 15%	0.39%	0.38%	0.48%
其他收入上升 20%	0.52%	0.51%	0.64%
其他收入上升 25%	0.65%	0.64%	0.80%
其他收入上升 30%	0.78%	0.77%	0.96%

10.3.3　分析总结与建议

通过以上敏感性分析，对盈亏平衡时日均运营时长影响较大的关键要素有车辆、运营成本、充电桩及充电成本以及租金价格。运营资质和停车位资源属于稀缺资源，这种

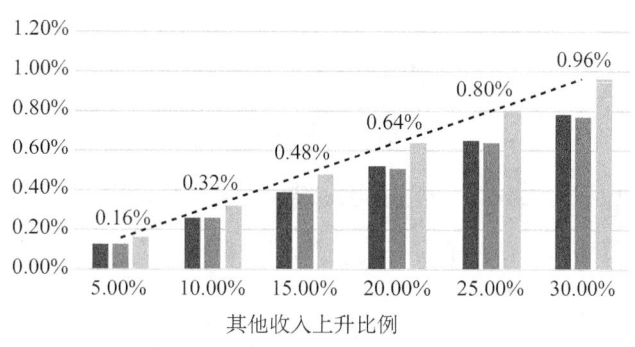

图 10-9 其他收入上升的敏感性分析结果

资源随着被其他主体的占有而越来越少，其价值将逐渐凸显，对于分时租赁运营商也是非常重要的资源。要想提高其运营收益，早日实现盈亏平衡，主要从降低成本和增加收益两个方面寻找解决方案，即从上文求得的盈亏平衡时日均运营时长影响较大的关键要素入手。

（1）运营车辆。分时租赁运营商选取运营车辆车型时，应选择满足各类基本条件车型中价格较低的车型，以利于盈亏平衡。若运营商自身资金不充足，可进一步考虑采用经营租赁或融资租赁等其他方式获取车辆，降低资金压力和运营成本。

（2）充电桩及充电成本。分时租赁专用充电桩在满足基本条件如应具备智能识别车辆、判断充电是否正常、统计充电量等功能的情况下，同样应尽可能降低成本。此外，分时租赁运营商若自建充电桩，不仅可以为自身的电动汽车充电，还可以为社会上电动汽车充电，获得额外充电收入。

（3）停车位。停车位的获取方式主要为租赁。可以通过与各类物业单位、商业主体以及充电设施运营商进行合作，尽可能降低停车位的租赁价格，利于盈亏平衡。此外，由于一座城市用于分时租赁的网点及停车位资源有限，若其网点布局及大量停车位资源被占用，其他分时租赁运营商将很难获取该类资源。因此，抢占网点及停车位对分时租赁运营商是一重要的运营策略。

（4）租金价格。租金价格对日均运营时长的影响较为敏感，通过提高网点密度和服务质量与水平从而提高租金价格，有助于分时租赁运营商早日实现盈亏平衡。但是，在其他运营商没有提高租金价格时，贸然提高租金价格会损失一批客户。因此，在分时租赁客户量不是很大的情况下，需要通过其他商业模式提高租金收入。例如，通过长租业务或集团租锁定一批固定客户，获得稳定的租金收入，以弥补分时租赁业务带来的亏损。

第 11 章
分时租赁资产组合模式与投融资方案

2018 年以来,分时租赁企业逐渐开始被曝出退押金难等问题,倒闭的企业鳞次栉比,接二连三的问题表明分时租赁行业已经进入洗牌期①,商业模式不明朗,资本不再盲目跟潮。未来 2~3 年,分时租赁投融资活动逐渐降温,资本方投资将更为谨慎。在没有外部融资输血的情形下,一批资产配置方式不合理和运营能力不足的运营商将更容易出现资金链断裂问题而倒闭,而资金充足、运营能力优越的领先企业会继续加速拓展,进入更多城市,兼并小型、地方型分时租赁企业。

本章将基于不同的资源要素整合模式和资产组合模式,分析对盈亏平衡的影响,测算不同方案下的投资配额,在此基础上为分时租赁企业的资产组合策略和投融资方案提出一些针对性建议。

11.1 分时租赁资源要素整合模式

根据主导企业及占股比例的不同,可将分时租赁运营企业分为以国有资本为主导、以车企为主导和以运营企业为主导三类。三类企业在各关键要素上分别具有不同的优势,因此可采取不同的资源整合策略及商业模式。

11.1.1 国有资本主导模式

以国有资本为主导的分时租赁运营企业,重点运用自身的运营资质和停车位资源,充分利用自身的资源优势,再联合国有投资机构获得车辆和充电桩等资源,运营平台和维修保养体系均采用第三方的资源。

以国有资本为主导的分时租赁运营企业,易于获得运营资质资源。此外,可以利用公共场所停车位建设分时租赁专用站点。以这些资源为主,再联合国资背景的投资公司,购买一定的车辆进行运营。在资源获取方式上,其车辆采取自行购买或融资租赁方式获得;车险采取自行购买方式;停车位采取自己建设或与其他主体进行商业合作;充电桩采取自建方式;运营资质由政府自身提供;运营平台采用第三方运营平台;维修保

---

① 中国电动汽车百人会[EB/OL]. https://www.iyiou.com/p/95247.html.

养采用第三方维保服务点。

11.1.2 车企主导模式

以车企为主导的分时租赁运营企业，以自身车辆资源为重点，再联合政府企业和自身的投资公司，获得一定的运营资质和停车位资源，可以获得较快的发展。在资源获取方式上，其车辆采取自身提供方式；车险采取自行购买方式；停车位采取租用方式或与其他商业主体进行合作；充电桩采取自建方式或与其他充电设备运营商进行合作；运营资质通过与政府合作，向政府申请等方式获得；运营平台采用第三方运营平台；维修保养由自身开设维修保养服务点。

以车企为主导的分时租赁运营企业还可以采取"二次租赁"模式，成立分时租赁战略企业联盟，将车辆租赁给联盟成员，由成员自行运营并每月支付车辆租金。该模式下，分时租赁企业在分摊运营风险的同时，能够集多家企业之力共同挖掘市场，识别出分时租赁重点客户群体。

11.1.3 运营企业主导模式

以运营企业为主导的分时租赁运营企业，以分时租赁运营业务为核心，注重运营策略和商业模式创新，在投资方式上，以轻资产投资模式进行运营，车辆、停车位、充电桩、运营平台、维修保养均通过租用或向第三方购买的方式获得，减轻自身的资金压力。在资源获取方式上，其车辆采取租赁或融资租赁方式获得；车险由其他企业购买；停车位采取租用方式或与其他商业主体进行合作；充电桩使用其他充电设备运营商的充电桩或与其进行合作；运营资质通过向政府申请等方式获得；运营平台和维修保养均通过向第三方购买方式获得。

以运营企业为主导的分时租赁运营企业要注重商业模式的创新，可采取"资源互换"模式和"资源捆绑"模式，整合各种资源，降低自身运营成本，提高资源利用效率。分时租赁运营企业可利用自身的运营车辆资源与各类商业主体合作并取得停车位。也可以与有广告需求的单位进行合作，由该单位提供停车位，而分时租赁运营企业在运营车辆上加装该单位广告并不收取广告费用等。与充电设施运营商进行合作时，直接使用充电设施运营商带有充电桩（一般为交流充电桩）的车位并进行充电，在支付充电电费和充电服务费的同时，可以支付低额度甚至不支付停车费用，间接获取停车位资源。

11.2 不同资产组合模式下的盈亏平衡测算

11.2.1 资产组合模式

电动汽车分时租赁运营过程中关键资源要素，如运营车辆、充电桩以及停车位等因素的获取方式可分为重资产模式和轻资产模式两类。

在重资产模式下,运营企业将初期资金主要用于购买电动车辆、停车位和建设充电桩等,并将其作为固定资产。因此,所需投资额巨大,容易出现资金链断裂的现象,不利于其可持续发展。

在轻资产模式下,运营企业通过租赁等方式获取各关键要素的使用权,从而将初期资金集中在平台运营、客户开发和客户服务等其他环节,所需资金规模少,运营灵活性大。但是由于某些运营的关键资源如车辆、停车位等不属于其本身拥有,不利于企业价值的提升,难以向外融资,并且管理难度比较大。

因此,实际的运营可以结合具体情况,有多种资产组合模式。分时租赁运营企业可以将其资源要素进行整合,一部分以重资产模式运营,一部分以轻资产模式运营,并在运营过程中,逐渐找到重资产模式和轻资产模式相结合的最佳比例,使得运营过程中自身资金压力较小,同时还能实现有效向外融资。

本小节将在以下几种组合策略下对电动汽车分时租赁盈亏平衡日均运营时长进行分析和测算,为企业投资方案和收益分析提供参考。假设有如下几种模式:

① 完全轻资产模式;
② 20%重资产+80%轻资产模式;
③ 40%重资产+60%轻资产模式;
④ 50%重资产+50%轻资产模式;
⑤ 60%重资产+40%轻资产模式;
⑥ 80%重资产+20%轻资产模式;
⑦ 完全重资产模式。

11.2.2 不同组合模式下盈亏平衡测算

1. 完全轻资产模式

在完全轻资产模式下,所有车辆均采用租赁方式获得。根据调研,2018年深圳市电动汽车年租金约为1 800元。直接使用其他充电设施运营商所建充电桩,并按充电量支付电费和充电服务费,费用合计为1.4元/千瓦时。其他关键要素成本与第10章重资产模式测算成本基本一致。

根据第10章同样的方法进行测算,在完全轻资产模式下,江淮iEV5、北汽EV160、知豆D2三种车型盈亏平衡时日均运营时长分别为2.90小时、4.00小时和4.20小时,相比于完全重资产模式下(参考第10章)的4.62小时、5.85小时和6.23小时,其暂时的盈利能力明显提升。

2. 组合模式1(20%重资产+80%轻资产)

相比于完全重资产模式,在车辆购置、车辆保险以及停车位和充电桩等固有成本上,只有20%是公司投资成为公司固定资产,其他80%都是靠租赁等方式获得使用权而无须支付购买成本。以下其他组合模式同理类推。

在20%重资产+80%轻资产组合模式下,测算盈亏平衡结果:江淮iEV5、北汽EV160和知豆D2三种车型盈亏平衡时日均运营时长分别为3.33小时、4.46小时和4.47小时,相比于完全轻资产模式,其盈亏平衡所需运营时长有明显上升,盈利能力下降。

3. 组合模式2(40%重资产+60%轻资产)

在40%重资产+60%轻资产组合模式下,测算盈亏平衡结果:江淮iEV5、北汽EV160和知豆D2三种车型盈亏平衡时日均运营时长进一步增加,分别为3.64小时、4.75小时和4.73小时,其盈利能力也进一步下降。

4. 组合模式3(50%重资产+50%轻资产)

在50%重资产+50%轻资产组合模式下,测算盈亏平衡结果:江淮iEV5、北汽EV160和知豆D2三种车型盈亏平衡时日均运营时长分别为3.80小时、4.89小时和4.86小时。

5. 组合模式4(60%重资产+40%轻资产)

在60%重资产+40%轻资产组合模式下,测算盈亏平衡结果:江淮iEV5、北汽EV160和知豆D2三种车型盈亏平衡时日均运营时长分别为3.95小时、5.04小时和4.99小时,随着重资产比例上升,其固定投资规模增加,导致短期的盈利能力下降。

6. 组合模式5(80%重资产+20%轻资产)

在80%重资产+20%轻资产组合模式下,测算盈亏平衡结果:江淮iEV5、北汽EV160和知豆D2三种车型盈亏平衡时日均运营时长分别为4.26小时、5.32小时和5.24小时,已经接近重资产模式的运营时长。

综上可见,随着重资产比例的逐渐增加,所需投入资金规模越大,各车型盈亏平衡日均运营时长也不断增加,分时租赁运营的短期营利性不断下降。完全轻资产模式、完全重资产模式以及其他各种组合模式下,电动汽车分时租赁盈亏平衡点测算情况汇总如表11-1所示。

表11-1 不同组合模式下盈亏平衡日均运营时长汇总

(单位:小时)

模式及策略	江淮iEV5	北汽EV160	知豆D2
完全轻资产模式	2.90	4.00	4.20
组合模式1(20%重+80%轻)	3.33	4.46	4.47
组合模式2(40%重+60%轻)	3.64	4.75	4.73
组合模式3(50%重+50%轻)	3.80	4.89	4.86
组合模式4(60%重+40%轻)	3.95	5.04	4.99
组合模式5(80%重+20%轻)	4.26	5.32	5.24
完全重资产模式	4.62	5.85	6.23

根据盈亏平衡测算结果,电动汽车分时租赁企业可根据当前分时租赁运营业务的实际平均日运营时长和其未来增长趋势,决定其运营资源整合策略,合理匹配重资产与轻资产的比例,以兼顾短期营利性与长期增长性。在实际运营中,随着分时租赁车辆运营时长的增长,可以逐渐增加其重资产比例,以实现运营的盈亏平衡和提升企业价值的"双赢"局面。

11.3 电动汽车分时租赁投融资方案

电动汽车分时租赁企业在投资初期,需对历年现金流量进行预测。对于以完全重资产模式运营的企业,可根据一次性总投资额度决定融资方案;对于以轻重资产混合模式运营的企业,可根据初期以及历年投资额度,决定各时期融资方案,并逐步改变轻重资产比例。本节以深圳市具有 3 000 台车辆规模的电动汽车分时租赁企业为例,分别计算完全重资产模式以及不同比例轻重资产混合模式下历年投资总额,并以此进行历年融资资金的测算和投融资方案的设计。

11.3.1 电动汽车分时租赁投资测算

根据前文对完全重资产模式下电动汽车分时租赁的成本分析,运营企业初期将资金一次性投入购买车辆、停车位以及充电桩等固定资产,随后每年支付车险、运营、停车位、充电以及维修保养等费用。完全轻资产模式下,电动汽车分时租赁企业初期不作任何投资,开始运营后每年支付车辆租赁、车险、充电、停车位以及维修保养等费用。而其他不同类型的组和模式下,企业需要不同的初始投资资金和不同的后续运营资金。

以江淮 iEV5 车型为例,年限设为 9 年,从第一年开始,每 3 年对以重资产形式持有的车辆进行更新淘汰。对不同比例的轻重资产混合模式作投资额度测算,并与完全重资产模式、完全轻资产模式作对比,得到表 11-2 的结果。可以看出,随着重资产比例的不断提升,更新车辆的投资额度不断增大,但所需运营的投资额度则不断减少。

表 11-2 不同模式下深圳市电动汽车分时租赁投资测算

(车型:江淮 iEV5,单位:万元)

年 份	第一年	第二年	第三年	第四年	第五年	第六年	第七年	第八年	第九年
完全轻资产	10 687	10 687	10 687	10 687	10 687	10 687	10 687	10 687	10 687
20%重+80%轻	15 951	10 480	10 480	15 951	10 480	10 480	15 951	10 480	10 480
40%重+60%轻	21 216	10 273	10 273	21 216	10 273	10 273	21 216	10 273	10 273
50%重+50%轻	23 848	10 170	10 170	23 848	10 170	10 170	23 848	10 170	10 170
60%重+40%轻	26 480	10 067	10 067	26 480	10 067	10 067	26 480	10 067	10 067
80%重+20%轻	31 745	9 860	9 860	31 745	9 860	9 860	31 745	9 860	9 860
完全重资产	37 009	9 653	9 653	37 009	9 653	9 653	37 009	9 653	9 653

根据不同资源要素整合策略下历年投资总额,可计算得出历年现金流并决定于哪一年进行融资以及具体融资金额。融资方式可分为借贷或参股方式等,借贷方式下企业每年偿还一定利息,并最后一次性偿本金,借贷金额不可过高,一般刚好满足后几年投资和运营需求即可;参股方式下企业需按股占比从运营收益中取出一部分作为股东分红收益,股东参股金额同样不可过高,参股股东占比应低于 50%。

11.3.2 电动汽车分时租赁投融资方案

融资方式按照融资活动是否经过金融中介机构,可分为直接融资和间接融资。直接融资是指不经过任何金融中介机构,而由资金短缺的企业直接与资金盈余的企业协商进行借贷,或通过有价证券及合资等方式进行的资金融通,如企业债券、股票、合资合作经营、企业内部融资等。间接融资是指通过金融机构进行的融资活动,如银行信贷、非银行金融机构信贷、委托贷款、融资租赁和项目融资贷款等。

以国有资本为主导的电动汽车分时租赁企业、以车企为主导的电动汽车分时租赁企业、以运营企业为主导的电动汽车分时租赁企业,可分别根据其资源优势,采取不同的直接融资或间接融资方式进行长期资金的筹划和规划。

以国有资本为主导的电动汽车分时租赁企业,经过一段时间的运营之后,可以采取 PPP(Public-Private-Partnership)模式吸引社会资本进行投资,采取公私合营方式,将国有资本的公益性和社会资本的市场机制运作优势结合起来。

PPP 融资模式,即公共政府部门与民营企业合作模式,是公共基础设施建设中发展起来的一种优化的项目融资与实施模式。其典型的结构为,政府部门通过政府采购形式与中标单位组成的特殊目的公司签订特许合同(特殊目的公司一般是由中标的公司、服务经营公司或对项目进行投资的第三方组成的股份有限公司),由特殊目的公司负责筹资、建设及经营。其运行程序包括选择项目合作公司、确立项目、成立项目公司、招投标和项目融资、项目建设、项目运行管理等环节。政府通常与提供贷款的金融机构达成一个直接协议,该协议不是对项目进行担保的协议,而是一个向借贷机构承诺将按与特殊目的公司签订的合同支付有关费用的协议,这个协议使特殊目的公司能比较顺利地获得金融机构的贷款。

PPP 模式本质上是公共部门和私人部门之间一种长期的伙伴关系,是一系列介于传统政府采购方式和完全私有化之间的具体融资方式的统称。根据政府和私营部门在项目中的参与程度、主导合伙的差异以及项目性质,PPP 又可分为建设—经营—移交(BOT)、建设—拥合—经营(BOO)、建设—移交(BT)和移交—经营—移交(TOT)等不同的类型。

以车企或运营企业为主导的电动汽车分时租赁企业,适合于采取风险投资的方式进行融资,风险投资方式下公司融资在其发展的不同发展阶段,可采取不同的融资层次。一般来说,公司融资轮次可以划分为种子轮、天使轮、A 轮、B 轮、C 轮、D 轮等。但根据实际情况，有些项目也会进行 Pre-A 轮、A＋轮、C＋轮融资。不管是什么轮次，其核心是投资人资金投入的多少，越往后融到的资金越多。新一代的融资轮次还可以分为种子轮、天使轮、Pre-A 轮、A 轮、A＋轮、B 轮、C 轮、BAT 轮、Pre-IPO、IPO……不同的融资轮次，代表着公司特殊的发展阶段。

● 种子轮

种子阶段的融资人，通常处于只有想法（Idea）和团队，但没有具体产品的初始状态。投资人一般是亲朋好友，或创业者自掏腰包，现在市场上也有不少种子期的投资人。当融资项目有团队和想法时，即将进入最终的落地，就可以开始进行种子融资，一般项目融资金额在 100 万元左右，根据不同的项目，可能从几十万元到 200 万元不等。

● 天使轮

天使阶段的项目通常是团队建设完毕，有成熟的产品上线，有产品初步的商业规划。如果融资项目已经起步，产品初具模样，有种子数据或能显示出数据增长趋势的增长率、留存、复购等证明，同时积累了一些核心用户，商业模式处于待验证的阶段，那么寻找天使投资人或机构，开始天使轮融资是最为合适的。融资金额大概在 300 万元到 500 万元左右。

● Pre-A 轮

Pre-A 轮是一个夹层轮，融资人可以根据自身项目和商业模式的成熟度，再决定是否需要融资。倘若项目前期整体数据已经具有一定规模，只是还未占据市场前列，那么，可以进行 Pre-A 轮融资。

● A 轮

对于拥有成熟产品，完整详细的商业及盈利模式，产品在市场上销售，并已产生现金流，同时在行业内拥有一定地位与口碑的项目，哪怕现阶段处于亏损状态，也可以选择专业的风险投资机构进行 A 轮融资。这一阶段融资人已经不可能只凭借想法融资，而是要有用户数据，包括日活、月活，要有自己的商业模式，有能与竞争性产品相抗衡的成熟产品，具有一定的市场地位。

● B 轮

经过一轮"烧钱"后，项目已经有了较大发展，商业模式与盈利模式均已得到很好地验证，有的已经开始盈利。此时，融资人可能需要资金支持推出新业务、拓展新领域，那么就适合以说服上一轮风险投资机构跟投，或寻找新的风投机构加入，又或是吸引私募股权投资机构（PE）加入的形式，开始新一轮的 B 轮融资。

● C 轮

如果此时融资人的项目已经非常成熟，在行业内基本可以稳坐前三把交椅，正在为上市做准备，那么，就适合进行 C 轮融资。此时除了可以进一步拓展新业务，也可以为补全商业闭环、准备上市打好基础。

（1）以国有资本为主导的电动汽车分时租赁企业，以运营资质等资源为主，联合国资背景的投资公司,出资购买一部分的车辆进行运营,其他车辆通过租赁和融资租赁方式获得。在运营过程中,当出现经营资金不足,或需要购置新的车辆而需要大额资金时,可以车辆作抵押,或以运营资质和牌照等资源作质押,通过间接融资的方式向银行或非银行等金融机构借款,但是要控制借款成本,进行合理的融资预算。当分时租赁项目运营一段时间之后,可以采取PPP项目融资的方式吸引社会资本投资,在该项目中引入具有分时租赁运营经验的公司,但是要合理明确政府公共部门和私人部门的责任和义务,将该项目的公益性和收益盈利能力合理结合起来。

(2) 以车企为主导的电动汽车分时租赁企业,以自身车辆资源为重点,再联合政府企业和自身的投资公司,获得一定的运营资质资源和停车位资源。其车辆资源的获得不需要任何资金,但是在运营资质、停车位资源以及运营过程中需要大量的资金。其资金可通过向自身的投资公司通过公司内部借款的方式获得,或以车辆资源为抵押向银行或非银行等金融机构借款,但是要控制借款成本,进行合理的融资预算。

(3) 以运营企业为主导的电动汽车分时租赁企业,在投资方式上主要采取轻资产模式运营,车辆、停车位、充电桩等关键要素均通过租用或向第三方购买的方式获得,减轻自身的资金压力。当企业在运营过程中需要大量资金时,主要可以通过风险投资的方式向投资机构融资。当项目有较好的想法和团队时,可以进行种子轮融资;当项目有初步的产品上线和初步的商业规划时,可以进行天使轮融资;企业可以根据自身项目和商业模式的成熟度,决定是否需要进行Pre-A轮融资;当项目拥有成熟产品,完整详细的商业及盈利模式,产品在市场上销售,并已产生现金流,同时在行业内拥有一定地位与口碑的项目,企业可以进行A轮融资;当项目的商业模式与盈利模式均已得到很好地验证,已经开始盈利时,企业可以选择进行B轮、甚至C轮融资,最后直至上市阶段。

三种分时租赁运营企业的融资方案总结如表11-3所示。

表11-3 三种分时租赁运营企业的融资方案

分时租赁企业类型	融资方案
以国有资本为主导的分时租赁企业	通过车辆资源作抵押向银行或非银行金融机构进行借款、采取PPP模式进行项目融资,一部分车辆采取融资租赁方式
以车企为主导的分时租赁企业	通过车辆资源作抵押向银行或非银行金融机构进行借款,向车企集团下属的投资机构进行公司内部借款融资
以运营企业为主导的分时租赁企业	通过向风险投资机构进行种子轮、天使轮、(Pre-A轮)、A轮、B轮融资等,直至最终上市。车辆采取融资租赁方式

第 12 章
电动汽车分时租赁运营评价

对电动汽车分时租赁运营的评价包括技术经济性评价、能源环境效益评价、交通优化效益评价以及用户满意度评价等方面。本章首先对评价方法与指标体系进行阐述,然后提出电动汽车分时租赁运营效果评价模型与测算方法,最后以深圳数据为例,对当前电动汽车分时租赁运营情况进行综合评价。

12.1 评价方法与指标体系

12.1.1 评价方法

对电动汽车分时租赁运营效果的评估,采用客观评价和主观评价相结合的方式。客观评价方面,主要基于测量、试验、检测、统计等方式获得的数据,进行客观分析计算,对电动汽车分时租赁运营的技术经济性、能源环境效益以及交通优化效益等进行评价。主观评价方面,主要是采取问卷调查的方式,收集和分析电动汽车分时租赁用户的使用行为和习惯,以及对部分用户进行深度访谈,了解用户对分时租赁运营的满意度及意见等。总体评价思路如图 12-1 所示。

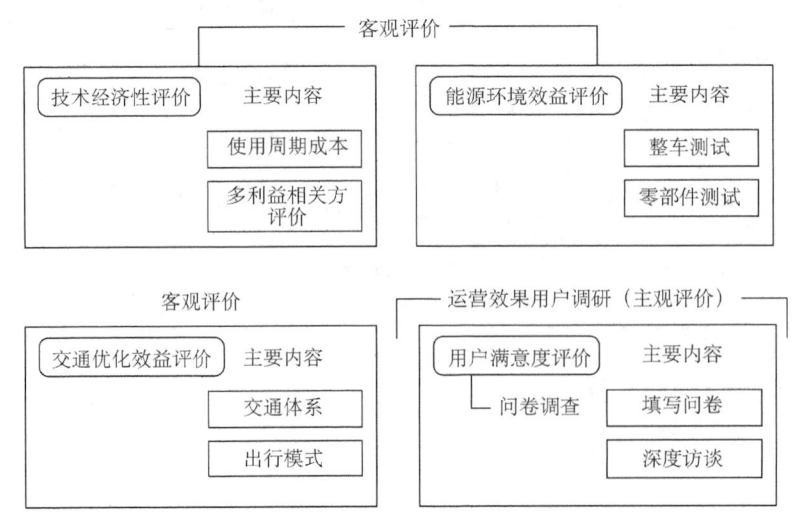

图 12-1　电动汽车分时租赁运营评价框架

12.1.2 评价维度

对电动汽车分时租赁运营的评价,主要从以下四个维度展开:①电动汽车分时租赁的技术经济性评价,包括车辆性能与可靠性,以及不同利益相关方的成本效益分析;②电动汽车分时租赁的能源环境效益评价,从全生命周期角度评价电动汽车分时租赁的节能减排效果;③电动汽车分时租赁对城市交通优化效益的评价;④用户满意度评价。

12.1.3 评价指标体系

1. 评价指标的选择

评价指标选择遵循目的明确、比较全面、切实可行的原则。

1) 目的明确:所选用的指标目的明确。从评价的内容来看,该指标确实能够反映有关的内容,决不能将与评价对象、评价内容无关的指标选进来。

2) 比较全面:选择的指标要尽可能地覆盖评价的内容,如果有所遗漏,评价就会出偏差。比较全面的另一说法就是有代表性,所选的指标确实能反映评价内容,虽然不是全面,但代表了某一侧面。

3) 切实可行:也指评价的可操作性。有些指标虽然很合适,但无法得到,就不切实可行,缺乏可操作性。

2. 评价指标体系

评价过程尽量争取客观,利用客观数据进行客观评价或辅助主观评价。同时,考虑到数据的完整性和获取难度,需要充分利用专家资源,对评价体系及评价指标的选择、评价指标的权重设计搜集专家意见,最后确定电动汽车分时租赁运营评价的四个维度方面的具体评价指标,如表 12-1 所示。

表 12-1 电动汽车分时租赁运营效果评价指标体系

一级指标	二级指标(4 个)	三级指标(11 个)
电动汽车分时租赁运营效果	技术经济性	车辆性能
		车辆可靠性
		运营企业经济性
		用户经济性
	能源环境效益	节能效益
		减排效益
	交通优化效益	缓解停车压力
		用户出行效率

续 表

一级指标	二级指标(4个)	三级指标(11个)
电动汽车分时租赁运营效果	用户满意度	车辆的感知优越性
		用户感知经济性
		运营服务的感知便利性
		布点的感知便利性
		用户满意度和忠诚度

本书将用户满意度测评体系分为三个层次。第一层次指标为用户满意度；第二层次为影响用户满意度的五个相关潜变量指标，包括分时租赁车辆的感知优越性、用户感知经济性、运营服务的感知便利性、布点的感知便利性、用户满意度和忠诚度；第三层次是测量第二层次各指标的显变量指标，包括价格满意程度、手机 App 易用度、总体满意度等 27 个指标。具体见表 12-2。

表 12-2 用户满意度指标体系框架

三级指标(潜变量)	四级指标(观测变量)
车辆的感知优越性	可靠性
	舒适性
	动力性能
	噪声
	故障频率
用户感知经济性	押金满意程度
	价格满意程度
	多次租车车费优惠
	与出租车的比较
	与长租车的比较
运营服务的感知便利性	申请加入便捷性
	手机 App 易用程度
	手机 App 信息准确程度
	自助租还车系统操作方便程度
	电动汽车驾驶难易程度
	站点整洁美观
	电动汽车干净卫生
	服务系统反应速度

续 表

三级指标（潜变量）	四级指标（观测变量）
运营服务的感知便利性	服务系统解决问题专业性
	平台服务信息的更新速度
布点的感知便利性	租车点的便利性
	还车点的便利性
	与交通枢纽的衔接便利性
	租赁点距离
	租赁点搜寻便利性
用户满意度和忠诚度	总体满意度
	推荐意愿

12.2 评价模型与测算方法

12.2.1 指标测算方法

1. 技术经济性指标测算

（1）车辆性能：主要测算电动车辆续航里程、百公里耗电量、加速性能等技术指标，数据来源可通过电动汽车分时租赁企业和司机访谈得到。

（2）车辆可靠性：主要测算车辆故障率（百辆车年故障次数）、安全性（每年的安全事故数量）等指标，数据来源可通过电动汽车分时租赁企业获得。

（3）运营企业经济性：主要测算价格指标、收入指标（每月每辆车订单数、每辆车每单平均里程、每辆车每日平均收入）、成本指标[车辆购置成本、每月的停车成本、充电桩成本（含桩体、建设安装等）、每度电成本、单车运营成本、资金成本等]、企业盈利等指标，数据来源为电动汽车分时租赁企业。

- 每辆车每月订单数＝每月总订单/车辆数
- 每辆车每单平均里程＝每月总里程/车辆数/订单数
- 每辆车每月平均收入＝企业每月车辆租赁收入/车辆数
- 车辆每月购置成本＝（车辆价格－残值）/折旧年数/12
- 充电桩每月成本＝（桩体＋安装－残值）/折旧年数/12
- 单车每月运营成本＝（每月人工费＋每月管理费＋利息＋其他）
- 每月收益＝每月收入－每月成本
- 单车每月收益＝每月收益/车辆数

预测未来的单车每天运营时间、单车每天订单数、单车每天运行时间、停车费等,在此基础上预测未来的盈亏平衡情况。

2. 能源环境效益指标测算

(1) 节能效益

节约能量＝分时租赁电动车规模×电动汽车日平均行驶里程×(传统汽车单位里程的能耗－电动汽车单位里程的能耗)

(2) 减排效益

减少排量＝分时租赁电动车规模×替代率×传统汽车日平均行驶里程×传统汽车单位里程的排放量

(3) 替代率的计算方法

$$替代率 = \frac{电动汽车日平均行驶里程 \times \sum 某类出行目的比例 \times 该类别原用车方式}{传统汽车日平均行驶里程}$$

该替代率的计算公式主要参考了西雅图公共自行车系统[①]规划中的公共自行车需求预测中对出行结构的研究方法,以及借鉴了里昂、巴黎、巴塞罗那公共自行车系统规划中 Krykewycz 等人[②]对出行方式转换率研究。其中,各类出行目的比例、原出行用车方式来自对分时租赁用户的出行目的调研。

3. 交通优化效益指标测算

(1) 缓解停车压力:减少停车位需求。

$$每辆车缓解的停车位数量 = 替代传统车的数量 - 1$$

(2) 用户出行效率:用户出行效率的测评分为两个方面,一是测评分时租赁系统对城市公共交通系统的衔接效果;二是测评分时租赁系统节约用户出行时间的效果。两个方面均采用分时租赁用户问卷调查方式进行。

对于公共交通系统衔接效果的分析,采用用户流向分析,调研用户租赁电动车前和还车后的公共交通工具换乘情况。

对于节约出行时间的效果分析,采用租赁目的分析,调研用户原交通出行方式,各类出行方式的比例,进行节约时间的对比分析。

4. 用户满意度指标测算

对于分时租赁车辆的感知优越性、用户感知经济性、运营服务的感知便利性、布点的感知便利性及用户满意度和忠诚度,借鉴现有学者对公共租赁自行车满意度研究的

---

① Gregerson J, Hepp-Buchanan M, Rowe D, et al. Seattle Bicycle Share Feasibility Study, 2011GregersonJ[R]. Bike-Share Studio, Department of Urban Design & Planning, University of Washington, 2011.
② Krykewycz G R, Puchalsky C M, Rocks J, et al. Defining a Primary Market Area and Estimating Demand for a Large-scale Bicycle Sharing Program in Philadelphia[J]. Transportation Research Record, 2010, 2143:117-124.

调研问卷,并结合分时租赁用户需求特点和使用行为特点进行改进,具体调查问卷见本书附录3。

12.2.2 指标权重

1. 主观评价指标的测量方法

李克特量表是由美国社会心理学家李克特于1932年在原有的总加量表基础上改进而成的。该量表由一组选项组成,每一选项有"非常同意""同意""不一定""不同意""非常不同意"五种回答,分别记分为5,4,3,2,1,每个被调查者的态度总分就是他对各道题的回答所得分数的加总,这一总分可说明他的态度强弱或他在这一量表上的不同状态。李克特量表的优势是可以用来测量多维度的复杂概念或态度,使用范围广,比同样长度的量表具有更高的信度。

2. 指标权重的设定方法

权重系数是指在一个领域中,对目标值起权衡作用的数值。权重系数可分为主观权重系数和客观权重系数。主观权重系数(又称经验权数)是指人们对分析对象的各个因素,按其重要程度,依照经验主观确定的系数,例如专家咨询权数法(德尔菲法)和层次分析法。这类方法人们研究的较早,也较为成熟。客观权重系数是指经过对实际发生的资料进行整理、计算和分析,从而得出的权重系数,例如熵权法、标准离差法和CRITIC法,这类方法研究稍晚。

1) 专家咨询权数法(德尔菲法)

该方法又分为平均型、极端型和缓和型。主要根据专家对指标的重要性打分来定权,重要性得分越高,权数越大。优点是集中了众多专家的意见,缺点是通过打分直接给出各指标权重而难以保持权重的合理性。

2) 层次分析法(AHP法)

层次分析法是一种多目标多准则的决策方法,是美国运筹学家萨迪教授基于在决策中大量因素无法定量地表达出来而又无法回避决策过程中决策者的选择和判断所起的决定作用,于20世纪70年代初提出的。此方法必须将评估目标分解成一个多级指标,对于每一层次中各因素的相对重要性给出判断。它的信息主要是基于人们对于每一层次中各因素相对重要性作出判断。这种判断通过引入1~9比率标度进行定量化。

12.2.3 评价模型

综合前文主客观评价方法、评价维度选择与评价指标测算,建立电动汽车分时租赁运营效果评价模型,如图12-2所示。

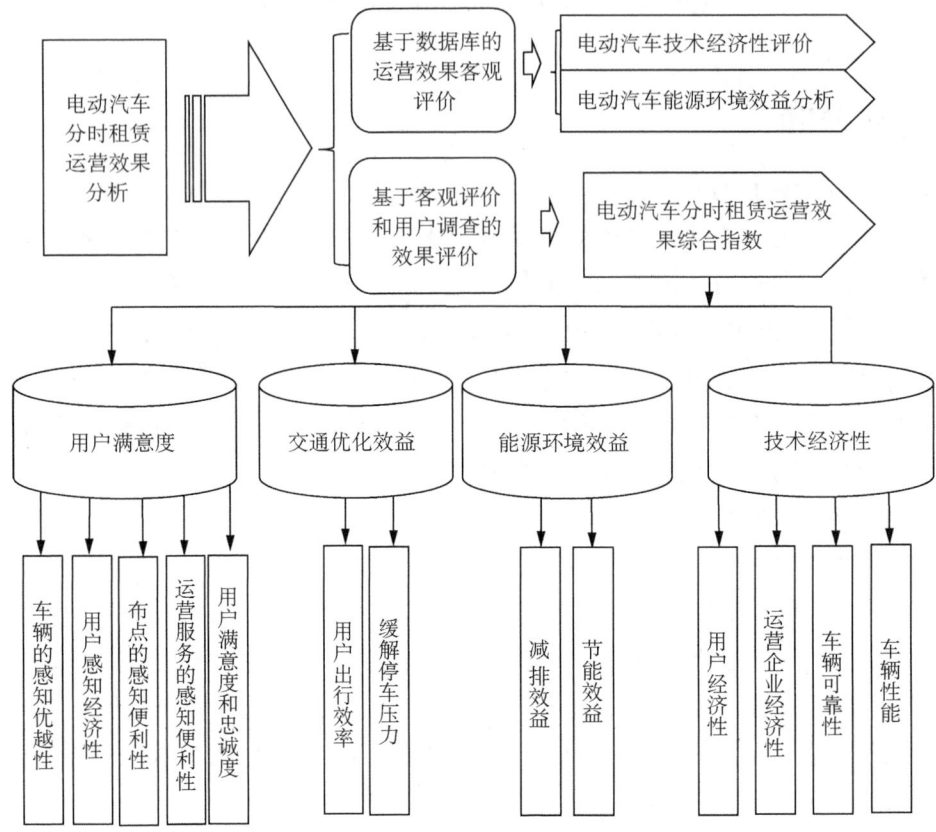

图 12-2　电动汽车分时租赁运营效果评价模型

12.3　运营评价实例：以深圳市数据为例

12.3.1　深圳市分时租赁运营概况

截止到 2018 年 11 月底，深圳市电动汽车分时租赁运营车辆规模为 6 039 辆，其中接入分时租赁平台的车辆为 3 039 辆，联程共享 554 辆，车仆 364 辆，PONYCAR 2 121 辆。其他用于租赁的电动车辆约为 3 000 辆。深圳市主要的电动汽车分时租赁企业运营车辆情况如表 12-3 所示。

表 12-3　深圳市主要电动汽车分时租赁企业运营车辆情况

企业名称	联程共享	车仆	PONYCAR	其他平台
主要车型	江淮、北汽、比亚迪	北汽、长安、知豆	奇瑞、江淮、北汽	比亚迪
运营规模	554 辆	364 辆	2 121 辆	约 3 000 辆

下面将从技术经济性、能源环境效益、交通优化效益和用户满意度四个维度,对深圳市电动汽车分时租赁运营情况进行逐项评价。

12.3.2 技术经济性评价

1. 车辆性能评价

深圳市参与分时租赁运营的电动车型主要有比亚迪 e5、江淮 iEV5、知豆 D2、北汽 EV160 等车型,各车型参数如表 12-4 所示。

表 12-4 深圳市分时租赁典型车辆性能参数

车型参数		比亚迪 e5	江淮 iEV5	知豆 D2	北汽 EV160
整车参数	车辆尺寸（长、宽、高）（毫米）	4 680/1 765/1 500	4 320/1 710/1 515	2 765/1 540/1 555	4 025/1 720/1 503
	整备质量（千克）	1 845	1 250	690	1 295
动力电池	电池配置	磷酸铁锂	三元锂电	三元锂电	磷酸铁锂
	电池组能量（千瓦时）	43	23.3	18	25.6
驱动电机	电机类型	永磁同步	永磁同步	直流无刷	永磁同步
	电机峰值功率（千瓦）	160	50	30	45
	电机峰值扭矩（牛·米）	310	215	85	—
整车性能	最高车速（公里/小时）	150	120	80	125
	续航里程（公里）	256	200	150	160
	整车能耗（千瓦时）	15	13.3	8	14.5

从车辆续航里程来看,主要分为两类:一类是以比亚迪 e5 为代表的长续航里程电动车,续航里程满足日程出行,也基本可以实现偶尔长途出行;另一类是以北汽 E160EV、江淮 iEV5、知豆 D2 为代表的续航里程在 100~200 公里之间的短程电动汽车,其续航里程基本可以满足日常通勤出行,但无法实现长途出行。

能耗水平反应电动汽车能量管理系统开发水平以及整车匹配水平,由于不同车型能耗水平差别较大,不能直接比较,因此考虑通过比较不同车型在车辆能耗水平与车重的相关关系进行比较。电动汽车重量为 1 500 千克以下的车型如江淮 iEV5、北汽 EV160,整车能耗水平基本保持在百公里能耗 10~15 千瓦时。电动汽车重量为 1 500~2 000 千克的车型如比亚迪 e5,整车百公里能耗水平在 15 千瓦时,开空调情况下整车能耗水平在 15~18 千瓦时,整车能耗水平较高。

2. 车辆可靠性评价

车辆可靠性的评价可以通过两种方式:无故障行驶里程以及车辆质量评估(如

JDPower),还可以通过厂家对电池组的质保期进行客观评价,如果电动汽车的保修期较长,则表明了厂家对电动汽车可靠性的信心。表 12-5 是各车型质保期与可靠性指标的对比。

表 12-5 电动乘用车可靠性指标对比

车型名称	电池组质保期	参照汽油车型	保修期
北汽 EV160	8 年或 15 万公里	北汽 E150	3 年/6 万公里
比亚迪 e5	3 年或 10 万公里	思锐	5 年/10 万公里
知豆 D2	2 年或 4 万公里		
江淮 iEV5	8 年或 15 万公里	和悦	3 年/10 万公里

此外,从车辆运营的可靠性方面看,2016 年,深圳市联程共享租赁有限公司运营车辆的正常使用率是 86%,大部分车辆处于运营状态。14% 不能正常运营的车辆主要是由于车辆故障、没有充电。根据对深圳市分时租赁运营企业的车辆正常使用情况的调研,运营车辆每天平均行驶里程在 10~150 公里,每年行驶里程在 10 000 公里左右。从车辆正常使用情况来看,2017 年车辆正常使用率为 63%,较 2016 年 86% 的正常使用率下降很多,部分车辆可能处于无法正常补电或者维修保养状态。

3. 运营企业经济性评价

若电动汽车分时租赁采用重资产模式,前期投入及后期的维护成本都很高。分时租赁成本主要包括网点建设、充电网络建设、车辆购置、服务成本、车辆维护,另外若换电池还会产生电池更换成本。分时租赁的收入有两部分:财政补贴和运营收入。运营收入是分时租赁的主要来源,这取决于租赁价格和使用频率。充电服务费、车辆残值和其他增值服务也是分时租赁企业的收入来源。

企业运营成本方面,根据实地调研情况,从成本摊销来看,每辆车每个月的成本基本在 3 200~3 300 元,如表 12-6 所示。经济收入方面,由于每辆车平均每个订单 17 元左右,每天 3~4 单,每辆车每天收入 51~68 元,平均每辆车每月收入在 1 530~2 040 元,暂时不能实现盈利。

表 12-6 深圳市某分时租赁运营企业运营成本情况

成本名称	车辆折旧	保险	充电成本	人工成本	停车费	总成本
元/车/月	1 700	500	300	400	300~400	3 200~3 300

数据来源:深圳市电动汽车分时租赁运营公司实地调研。

4. 用户经济性评价

从深圳市分时租赁消费者用户的使用价格来看,目前深圳市出租车和网约车使用价格相当,分时租赁的价格相较于出租车和网约车具有明显的成本优势。以深圳市联程共享租赁有限公司为例,车辆行驶 5 公里以内,分时租赁车辆起步价 10 元,略低于出租车价格,行驶距离越长,分时租赁车辆的成本优势越明显。

根据 2017 年实地调研情况获得的数据分析,相较于其他公共出行交通工具,电动汽车分时租赁车辆表现出明显高于专车和出租车的用户经济性,如图 12-3 所示。

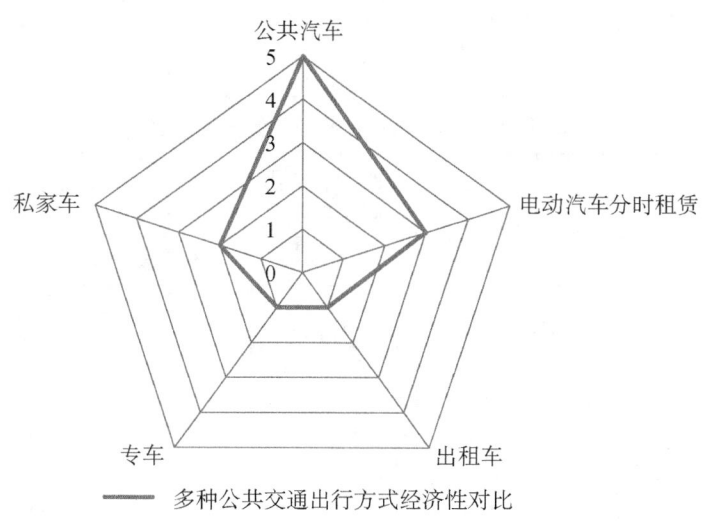

图 12-3 多种公共交通出行方式用户经济性对比

12.3.3 能源环境效益评价

1. 节能效益评价

截至 2018 年 11 月底,深圳市电动汽车分时租赁运营车辆规模为 6 039 辆,其中接入分时租赁平台车辆为 3 039 辆,联程共享 554 辆,车仆 364 辆,PONYCAR 2 121 辆。其他用于租赁的电动车辆约为 3 000 辆。根据测算,深圳市分时租赁运营车辆每年可以节约燃油 8 913 吨,节省燃料成本 7 910.6 万元,具体见表 12-7。

表 12-7 深圳市电动租赁车辆平均一年的节能效果

类型	车辆数(辆)	基础油耗(升/百公里)	节油率	节油量(吨)	耗电(千瓦时/百公里)	耗电量(10^4 千瓦时)	节省成本(万元)
分时租赁电动车辆	3 039	10	1	4 485	15	911	3 980.8
其他用于租赁的电动车辆	3 000	10	1	4 428	15	900	3 929.8
合计	6 039			8 913		1 811	7 910.6

注:每年行驶里程按 2 万公里,油价按 6.5 元/升,电价按 0.6 元/千瓦时计算。

2. 减排效益评价

根据测算,深圳市分时租赁运营车辆 3 039 辆,每年可减少二氧化碳排放 2 940.2 吨,并可减少污染物排放一氧化碳 27.2 吨,碳氢化合物 24.2 吨,氮氧化合物 18.1 吨;其他用于租赁的电动车辆规模为 3 000 辆,每年可减少二氧化碳排放 2 902.5 吨,并可减少污染物排放一氧化碳 26.8 吨,碳氢化合物 23.8 吨,氮氧化合物 17.8 吨。具体情况见表 12-8。

表 12-8 深圳市电动租赁车辆减排效果

类型	车辆数（辆）	二氧化碳减排因子（千克/百公里）	减少二氧化碳排放（吨）	减少污染物排放（吨）		
			二氧化碳	一氧化碳	碳氢化合物	氮氧化合物
分时租赁电动车辆	3 039	7.26	2 940.2	27.2	24.2	18.1
其他用于租赁的电动车辆	3 000	7.26	2 902.5	26.8	23.8	17.8
合计	6 039		5 842.7	54.0	48.0	35.9

12.3.4 交通优化效益评价

1. 缓解停车压力评价

2018 年,深圳市分时租赁运营车辆对停车位和缓解停车压力的计算过程如下。

1) 对拥有私家车和传统汽车出行的替代率

项目调研了分时租赁对消费者潜在购买车辆的影响。在调查中,36% 的人表示使用了分时租赁之后很可能不会购买汽车。因此,对拥有私家车替代率为

2018 年用户数量/2018 年车辆数量 × 36% = 10 370/3 039 × 36% = 1.23

2) 减少停车位的计算

每辆车缓解的停车位数量 = 替代潜在传统车的数量 − 1

以联程共享为例,每辆分时租赁车能够减少的停车位需求为

2018 年用户数量/2018 年车辆数量 × 36% − 1 = 10 370/3 039 × 36% − 1 = 0.23(个)

根据原出行类型比例(表 12-9),还可以计算现有分时租赁车辆对日常私家车出行的替代率。

表 12-9 深圳市原出行类型的比例

原出行方式	比例
私家车	9.1%
出租车、快车	34.9%
传统租车	2.9%
地铁、公交	34.9%
自行车、步行	18.2%

对传统汽车出行替代率

$$=\frac{\text{分时租赁纯电动汽车日平均行驶里程} \times \sum \text{某类出行目的比例} \times \text{该类别原用车方式}}{\text{传统出行日平均行驶里程}}$$

分时租赁纯电动汽车的日平均行驶里程
=每车的平均日单量×每单的平均行驶里程
=0.78×23.8
=18.5

$\sum$ 某类出行目的比例×该类别原用车方式
=9.1%×1+34.9%×1+2.9%×1+34.9%×0+18.2%×0=46.9%

传统出行日平均行驶里程=33.9

对传统汽车出行的替代率=(18.5×46.9%)/33.9=0.26

根据测算,深圳市分时租赁运营车辆每车每年平均可缓解停车位需求 0.23 个,每辆车替代潜在的私家车拥有 1.23 辆。每辆共享汽车对传统汽车日常出行的替代率为 0.26。

2. 用户出行效率评价

居民出行效率的测评分为两个方面:一是测评分时租赁系统对城市公共交通系统的衔接效果;二是测评分时租赁系统节约用户出行时间的效果。两个方面均采用分时租赁用户问卷调查方式进行。

1) 与公共交通系统的衔接效果

对于公共交通系统衔接效果的分析,采用用户流向分析,调研用户租赁电动汽车前和还车后的公共交通工具换乘情况。

如图 12-4 所示,用户到达分时租赁站点采用最多的换乘方式还是公交和地铁,而其他方式次之。结果说明深圳市的分时租赁和城市公共交通形成了有效的衔接。分时租赁和公共交通系统相结合,丰富了市民的出行方式。

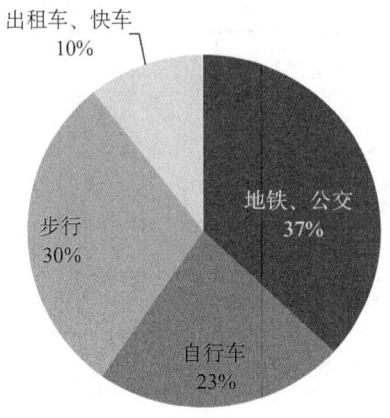

图 12-4 深圳分时租赁用户到达租赁点的出行方式

2）节约出行时间的效果

对于节约出行时间的效果分析，采用租赁目的分析，调研用户原交通出行方式，各类出行方式的比例如表 12-10 所示，进行出行节约时间分析。

表 12-10 用户原出行方式的出行时间对应表

原出行方式	比例	行驶时间（分钟/公里）
私家车	9.1%	1.5~2
出租车、快车	34.9%	1.5~2
传统租车	2.9%	1.5~2
地铁、公交	34.9%	3.9
自行车	9.1%	4
步行	9.1%	13.5

若以替代地铁、公交、自行车和步行的出行方式来计算，采用分时租赁后节约时间为$(3.9-2)\times 34.9\% + (4-2)\times 9.1\% + (13.5-2)\times 9.1\% = 1.9$（分钟/公里）。因此，深圳市的电动汽车分时租赁为用户出行节省时间的期望值是 1.9 分钟/公里。那么，以一段 10 公里的出行来说，用户驾驶分时租赁车辆大约可以节省 19 分钟的时间。

12.3.5 用户满意度评价

1. 样本的收集和数据基本情况

对于用户满意度的调查，主要采用了李克特量表，即从"完全不符合"到"完全符合"五个程度，目的在于更准确地调查消费者的决策动机。除此之外，设计了单选题、多选题和填空题,以便从多种角度观察消费者的动机及需要。在问卷设计的过程中,除了设置正向的问题,还设置了相应的反向问题,以确保问卷调查的准确性与消费者选择的客观性。

本研究通过现场访谈和网络调查问卷相结合的方式,对深圳市分时租赁用户满意度测评的样本进行采集,共发放了 500 份问卷,其中 462 份有效问卷。调查问卷采取了李克特量表的形式,满意度调查问卷的题目均为 1~5 分的打分题,运用 SPSS 软件对调查数据进行处理。

收集到的男性样本约为女性样本的 2 倍(62.5%∶37.5%),这与男性开车比例高于女性有关。有超过 9 成的样本年龄是在 18~35 岁之间,可见深圳市电动汽车分时租赁用户呈现年轻化的特点。在文化程度上,高中及以下的样本占比不足 2 成,大专、本科以上的被调查者占比接近 80%,可见使用分时租赁的调查对象有一大部分是高学历人群。在是否拥有私家车的情况调查中,目前使用分时租赁的用户绝大多数还是无车人群,占比达到 66%。家庭收入方面,同样有 67% 的用户人群集中在月收入 5 000~15 000 元的水平,说明深圳市电动汽车分时租赁项目的实施过程中较大程度上解决了中低收入、无车群体的用车需求。

家庭人数、职业分布的差异相对来说不大,分布相对均匀。

2. 用户感知经济性

从表 12-11 给出的用户感知经济性指标满意度结果来看,与出租车、长租车比较等问项的得分相对较高,分别为 3.96 和 4.05,这说明用户认为分时租赁与其他租车方式相比有价格上的优势。但对于价格、优惠和押金仍有更高的期望。进一步对结果进行分析,近 25% 的调查用户对现有的车费优惠活动是不满意的。图 12-5 是各选项的具体分布情况。

表 12-11　用户经济性指标满意度

二级指标(潜变量)	三级指标(观测变量)	均值	总体得分
用户感知经济性	押金满意程度	3.73	3.80
	价格满意程度	3.57	
	多次租车车费优惠	3.67	
	与出租车的比较	3.96	
	与长租车的比较	4.05	

3. 布点的感知便利性

从表 12-12 给出的布点的感知便利性指标满意度结果来看,布点的感知便利性的总体得分不高,仅为 3.53。其中,仅有租赁点搜寻便利性问项的得分较高,为 3.88。搜寻便利性与运营服务密切相关。而其他问项,包括租车、还车的便利性,与交通枢

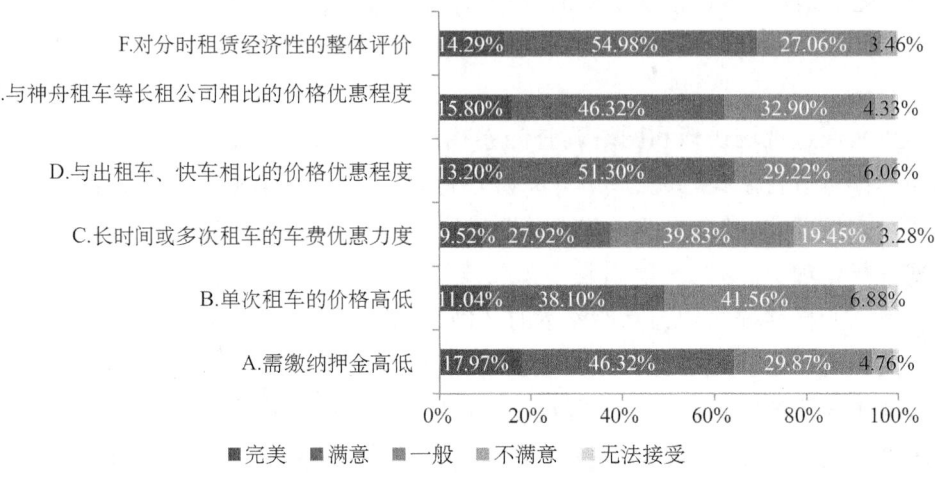

图 12-5 用户经济性问项调研结果

纽的衔接便利性、租赁点距离均得分较低,并由于租车点的问项中包含了租赁点数量的信息,这个问项用户最不满意。进一步对结果进行分析,超过 40% 的调查用户认为租赁点很少,不容易找到租赁点。这说明用户认为目前深圳市电动汽车分时租赁布点的密度和广度不足,是影响满意度的主要问题。图 12-6 是各选项的具体分布情况。

表 12-12 布点的感知便利性指标满意度

二级指标(潜变量)	三级指标(观测变量)	均值	总体得分
布点的感知便利性	租车点的便利性	3.22	3.53
	还车点的便利性	3.45	
	与交通枢纽的衔接便利性	3.49	
	租赁点距离	3.52	
	租赁点搜寻便利性	3.88	

4. 运营服务的感知便利性

从表 12-13 给出的运营服务的感知便利性指标满意度结果来看,运营服务便利性的总体得分较高,为 3.87。尤其是关于电动汽车干净卫生程度的问项得分最高,为 4.11,这说明分时租赁车的日常维护方面得到了调查用户的肯定。虽然大部分问项得分均较高,但服务系统反应速度的问项得分相对较低,仅为 3.67;平台服务信息的更新速度也得分较低,为 3.75。未来,分时租赁企业在和用户进行信息沟通的过程中,需要提高反应速度并加强主动性。图 12-7 是各选项的具体分布情况。从各问项的回答情况来看,满意的群体均达到半数以上。

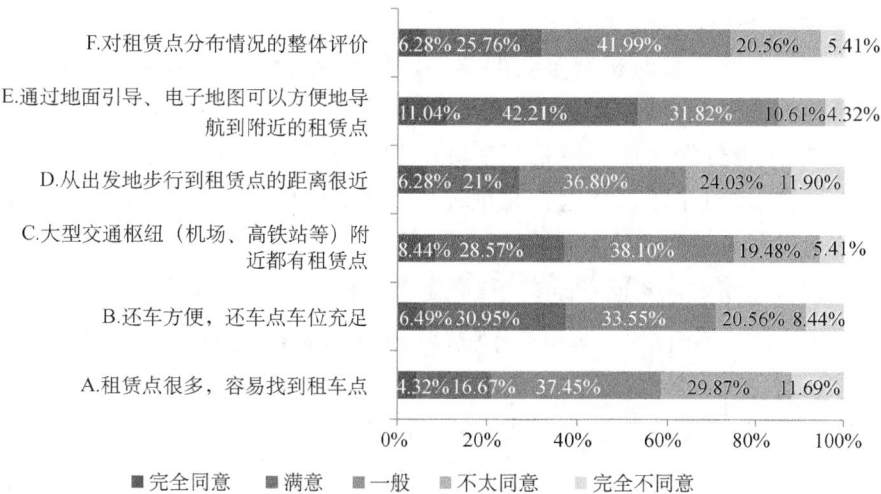

图 12-6　布点的感知便利性问项调研结果

表 12-13　运营服务的感知便利性指标满意度

二级指标（潜变量）	三级指标（观测变量）	均值	总体得分
运营服务的感知便利性	申请加入便捷性	3.84	3.87
	手机 App 易用程度	3.98	
	手机 App 信息准确程度	3.94	
	自助租还车系统操作方便程度	3.84	
	电动汽车驾驶难易程度	3.79	
	站点整洁美观	3.92	
	电动汽车干净卫生	4.11	
	服务系统反应速度	3.67	
	服务系统解决问题专业性	3.84	
	平台服务信息的更新速度	3.75	

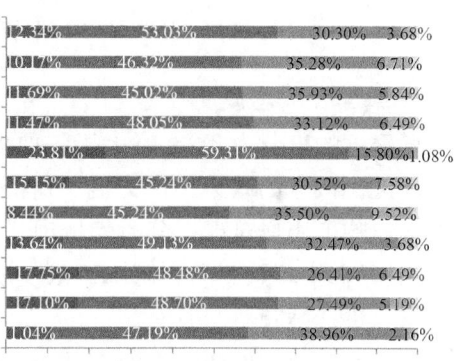

图 12-7　运营服务的感知便利性问项调研结果

5. 分时租赁车辆的感知优越性

从表 12-14 给出的分时租赁车辆的感知优越性指标满意度结果来看，分时租赁车辆的感知优越性的总体得分可以接受，为 3.84。电动汽车启动快等动力性能的优越性得到了肯定，问项得分为 4.19。但是车辆故障发生的频率问项和纯电动车的可靠性问项得分较低，纯电动汽车用户普遍存在里程焦虑和充电问题，这说明分时租赁采用的纯电动汽车本身的可靠性和稳定性仍是目前分时租赁用户顾虑的主要问题。图 12-8 是各选项的具体分布情况。各问项选择了"满意"的群体也达到半数以上。

表 12-14 分时租赁车辆的感知优越性指标满意度

二级指标（潜变量）	三级指标（观测变量）	均值	总体得分
分时租赁车辆的感知优越性	可靠性	3.59	3.84
	舒适性	3.86	
	动力性能	4.19	
	噪声	3.91	
	故障频率	3.65	

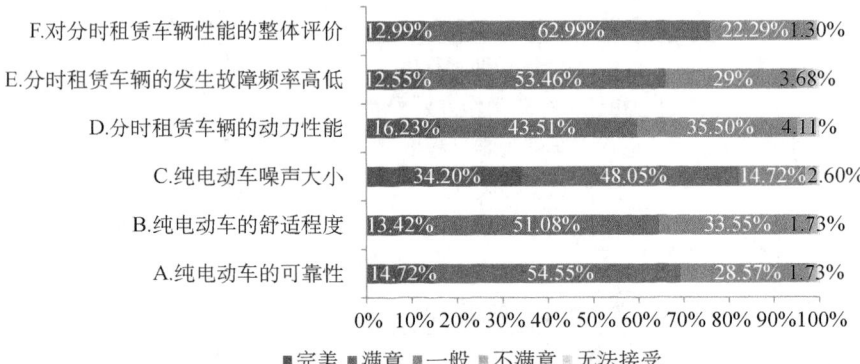

图 12-8 分时租赁车辆的感知优越性问项调研结果

6. 用户满意度和忠诚度

总体满意度的得分为 3.93，略大于各项满意度指标的综合得分（表 12-15）。这很可能是由于新能源汽车的政策推广力度、环保属性，以及对新事物的开放和包容态度等其他外部因素影响了用户对现有分时租赁项目的整体评价。消费者依然非常看好分时租赁项目，尤其是在推荐意愿的调研中可以发现，有 95% 的被调研用户有意愿将分时租赁向朋友或家人进行推荐。

在影响满意度的其他四个方面，目前分时租赁的运营服务体系、分时租赁电动汽车的性能以及分时租赁的定价策略等方面的用户评价相对较好。只有布点便利性选项用户评价值相对较低（图 12-9）。

表 12-15 用户满意度和忠诚度指标满意度

二级指标（潜变量）	三级指标（观测变量）	均值	总体得分
总体满意度	总体满意度	3.90	3.93
	推荐意愿	3.96	

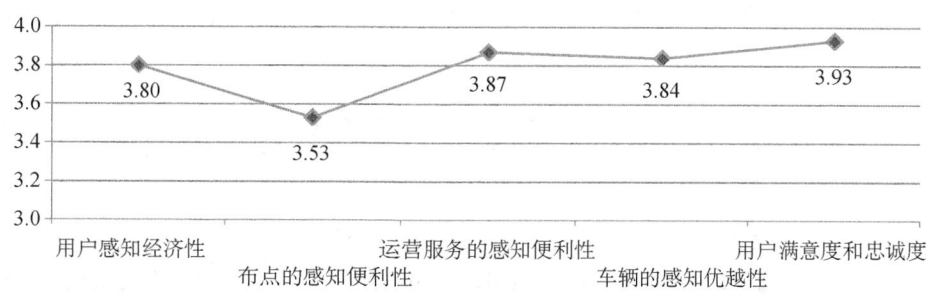

图 12-9 满意度得分图

附录 1
电动汽车分时租赁调查问卷

A Questionnaire Concerning Electric Car-Sharing Mode

尊敬的先生/女士,您好!

  我们是同济大学汽车学院课题组,目前正在做关于电动汽车分时租赁出行模式的市场接受度的调查,烦请您花几分钟的时间填写调查问卷。我们保证您所提供的所有数据不会泄露,仅供学术研究。非常感谢您的大力支持!

  Dear sir or madam, I am currently a student in Tongji University doing a survey concerning the public acceptance of electric car sharing mode. Please take a few minutes in completing my questionnaire. I guarantee that all of the personal information you provided will not be divulged and be used for academic purposes only. Thank you very much for your support!

一、基本信息/Basic Information

1. 您的性别是?/What is your gender?
   - ☐ 男/Male
   - ☐ 女/Female

2. 您的年龄段是?/Which age group do you belong to?
   - ☐ 18~25 岁
   - ☐ 26~30 岁
   - ☐ 31~40 岁
   - ☐ 41~50 岁
   - ☐ 51~60 岁
   - ☐ 61 岁以上/Above 61

3. 您的受教育程度是?/What is your highest education qualifications?
   - ☐ 初中及以下/Junior Middle School
   - ☐ 高中/High School
   - ☐ 大专/Junior College
   - ☐ 本科/Undergraduate
   - ☐ 研究生/Postgraduate
   - ☐ 博士生/Doctor
   - ☐ 博士后/Post-doctor

4. 请问您的职业是?/What is your occupation?
   - ☐ 党政机关干部/Government Cadres
   - ☐ 普通职员/Clerks
   - ☐ 企业主或股东/Business Owner or Share Holder
   - ☐ 技术人员/Technical Staff
   - ☐ 工人或服务人员/Workers or Service Staff
   - ☐ 公司管理人员/Business Manager
   - ☐ 自由职业者/Self-employed Professions
   - ☐ 学生/Students

二、出行意愿调查/Expectations of Method(s) of Transportation

1. 请问您有私家车吗？/Do you own a car?

    □ 有/Yes 　　　　□ 无/No

2. 请问您的日均出行里程在以下哪个区间内？/Which sector does your average daily travel mileage belong to?

    □ 5 公里以下/Below 5 km　　　□ 5～20 公里/5～20 km

    □ 20～40 公里/20～40 km　　　□ 40～100 公里/40～100 km

    □ 100～200 公里/100～200 km　□ 200 公里以上/Above 200 km

3. 请问您预期分时租赁电动车的续航里程是多少公里？/What is your expected endurance mileage of the electric cars?

    □ 80 公里以下/Below 80 km　　□ 80～150 公里/80～150 km

    □ 150 公里以上/Above 150 km

三、电动汽车分时租赁使用体验/Experiences on Using Electric Car Sharing Mode

请您根据您对这种出行模式的理解，对以下题目做出回答。1 代表"非常不同意"，2 代表"不同意"，3 代表"不一定"，4 代表"同意"，5 代表"非常同意"。

Please answer the following questions according to your understandings of electric car sharing mode. 1 represents "strongly disagree", 2 represents "disagree", 3 represents "neutral", 4 represents "agree" and 5 represents "strongly agree".

No.	问题/Questions	分数/Marks
1	电动汽车起步时间短，动力足够强 Electric cars start in a short time and its dynamic performance is satisfactory	
2	电动汽车没有变速箱（自动挡），易于操控 Electric cars do not have gearboxes(Automatic Control) so that they are easy to drive	
3	电动汽车安全性能好 Electric cars have a very good safety performance	
4	电动汽车行驶噪声小，驾驶感觉舒适 Electric cars have less noise and I feel comfortable driving them	
5	电动汽车续航里程足够长，足够我使用 The endurance mileage of electric cars is long enough for me	
6	车辆数量分配很合理，我可以随时随地取车还车，而不需要等待太久 The number of vehicles is reasonable and I can drive away and drive back a car anywhere anytime without having to wait for a long time	
7	网点布局合理，取车还车都不用使用其他交通方式即可达到出行目的 The distribution of charging piles is reasonable. I don't have to adopt other transportation modes to get to the parking spot	

续　表

No.	问题/Questions	分数/Marks
8	客服服务态度很好,处理问题十分迅速 The reception service is pretty good and they can solve problems quickly	
9	App 的取车和还车的界面都很人性化,步骤并不烦琐费力 The app for driving away and driving back is humanized and its procedure is not tedious and exhausting	
10	我总是优先选择环保产品 I always choose to use environmental-friendly products	
11	使用环保节能产品能够得到人们的尊重 To use environment-friendly products can earn people's respects for me	
12	我愿意为环保付出同等或稍多的成本 I am willing to pay equal or more price for environment-friendly products	
13	我不喜欢特立独行的出行方式 I don't like to be unique when it comes to my means of transportation	
14	当我的选择与他人不同时,我会有些犹豫 When my choices differ from the others, I will hesitate for a while	
15	我会倾向于选择我周围的人经常使用的出行模式 I am prone to adopt the means of transportation which people around me frequently use	
16	我喜欢追求流行、时尚与新奇的东西 I am fond of in-style, fashionable and new things	
17	我总是比别人更容易接受新技术 I am always more willing to accept the new technologies comparing to the others	
18	从预约到刷卡上车再到还车,整个过程易于操作,相关器材极少失灵 From making an appointment to driving to driving it back, the whole procedure is easy to use and concerning equipment seldom fails to function	
19	充电设备很完善,好用并且充电效率很高 The charging piles are fully functioning and the charging efficiency is high	
20	停车点和取车点的环境、路况等让我满意 The ambient and the road conditions of the charging point is satisfactory	
21	分时租赁目前的定价是经济划算的 The price of car sharing mode is economic and cheap	
22	如果分时租赁价格提升,我仍然会选择使用这种方式出行 If the price rises, I will still choose this mode as my mean of transportation	

续 表

No.	问题/Questions	分数/Marks
23	预约、办卡等流程手续简单且便宜 To make an appointment and to apply for membership card are easy and cheap	
24	如果我违章或损坏车辆,赔偿的手续和赔偿的价格都是合理的 If I violate or damage the car, the compensation procedure and price are reasonable	
25	相关企业的广告宣传让我很动心 The promotion of concerning enterprises is very attractive	
26	有关电动汽车分时租赁的政策支持的相关报道让我很动心 News covering the governmental support for electric car sharing mode is very attractive	
27	使用分时租赁可以彰显我的独特品位,让我感觉良好 To use the electric car sharing mode makes me feel good because it shows my unique taste	
28	电动汽车分时租赁可以彰显我的环保主张 To use electric car sharing mode demonstrates my support to environmental protection	
29	我担心电动汽车的安全性能不过关 I worry that electric cars are not safe enough	
30	我担心电动汽车续航里程不够,有抛锚风险 I worry that electric cars' endurance mileage is not long enough and it may break down	
31	我担心因充电效率低或网点布局不合理,我每次要浪费大量时间 I fear that the charging efficiency is low and the distribution of the charging piles is unreasonable so that I have to waste a lot of time	

四、电动汽车分时租赁市场接受度/Public Acceptance of Using Electric Car Sharing Mode

通过以上题目的回答以及您对电动汽车分时租赁模式的了解,请问您是否接受电动汽车分时租赁作为您常用的出行模式?

According to your answers to the questions above and your knowledge regarding the electric car sharing mode, do you accept it as your frequent mean of transportation?

☐ 不愿意/No ☐ 仅会偶尔使用(平均一周使用一次以下)/Use it fortuitously

☐ 经常使用(平均一周使用3次以上)/Use it frequently

五、意见与建议/Suggestions

如您对电动汽车分时租赁模式有任何建议,或者您对我的工作有任何指示,请您于下方写明：

If you have any suggestions concerning the electric car sharing mode or my work, please state them below：

非常感谢您的大力支持！
Thank you very much for your support!

附录 2
电动汽车共享车型需求的调查问卷

第一部分　EVCARD 使用情况调查

1. 您是否使用过 EVCARD 电动汽车共享服务？[单选题]
　　○ 驾驶过　　　　　○ 仅乘坐过　　　　　○ 未使用过（请直接跳至第二部分作答）
2. 您使用 EVCARD 单次平均出行距离约为？[单选题]
　　○ 10 公里及以内　　　　　○ 10～20 公里
　　○ 20～30 公里　　　　　　○ 30 公里及以上
3. 您使用 EVCARD 一般出行人数为？[单选题]
　　○ 1 人　　　○ 2 人　　　○ 3 人　　　○ 4 人及以上
4. 您使用 EVCARD 的主要出行目的为？[多选题]
　　□ 通勤（上下班、上下学等）　　□ 休闲　　□ 探亲访友
　　□ 看病　　　　　　　　　　　　□ 业务　　□ 往返交通枢纽
　　□ 其他_____ *
5. 您使用 EVCARD 驾驶或乘坐的车型有？请为您驾驶或乘坐该车辆的体验打分，1 表示非常不满意，10 表示非常满意。[多选题]
　　□ 荣威 E50_____ *
　　□ 奇瑞 EQ_____ *
　　□ 宝马之诺 1E_____ *
6. 当三种车型均可用时，您会优选选择哪一种车型？[单选题]
　　○ 荣威 E50　　　○ 奇瑞 EQ　　　○ 宝马之诺 1E
7. 当租金都相同，三种车型均可用时，您会优选选择哪一种车型？[单选题]
　　○ 荣威 E50　　　○ 奇瑞 EQ　　　○ 宝马之诺 1E

第二部分　电动汽车共享服务车型需求调查

1. 您认为影响电动汽车共享用户体验的关键因素有哪些？并按照重要程度排序。[排序题，请在中括号内依次填入数字]
　　[ ]租车费用　[ ]车辆综合性能　[ ]服务可用性（即能否随时随地取还车）
　　[ ]操作便捷性及可靠性（包括注册、取车、还车、充电等）

[　]App 功能设计　　[　]售后服务质量(如故障、事故等紧急处理)

2. 您认为电动汽车共享服务比较适合以下哪种级别的车型?(括号中为燃油车中该级别的代表车型)[多选题]
   □ 微型车(奇瑞 QQ)　　　　　　□ 小型车(大众 POLO)
   □ 紧凑型车(大众朗逸)　　　　　□ 中型车(大众帕萨特)
   □ 中大型车(奥迪 A6L)　　　　　□ 豪华车(宝马 7 系)
   □ SUV(哈弗 H6)　　　　　　　　□ MPV(别克 GL8)

3. 您认为电动汽车共享比较适合几座的车型?[多选题]
   □ 2 座　　　□ 4 座　　　□ 5 座　　　□ 7 座

4. 考虑车辆的配置对租车价格的影响,您认为下列哪些配置是无论如何电动汽车共享车辆必须配备的?[多选题]
   □ 副驾驶安全气囊　□ 空调　　□ 多媒体　　□ 倒车雷达
   □ 倒车影像　　　　□ 电动天窗　□ 其他_____ *

5. 您认为电动汽车共享服务是否有必要提供不同档次车型对应不同价位以供选择?[单选题]
   ○ 非常有必要　　　　　　○ 有必要
   ○ 无所谓　　　　　　　　○ 没有必要
   ○ 非常没有必要

附录3

深圳市电动汽车分时租赁用户满意度调查

您好!

  首先,非常感谢您参与深圳市电动汽车分时租赁满意度调研活动。为促进深圳市电动汽车分时租赁业务水平的提高,深圳市电动汽车分时租赁项目组启动了本次调查,将在深圳全市范围内征集大家对分时租赁的意见。我们将遵循行业规范,不会向任何无关人员透露您的信息,问卷中的个人信息仅作统计、派发礼品之用,请放心回答。我们期待着您的宝贵意见!

一、关于您的出行

Q1. 首次使用分时租赁的时间:_____年

Q2. 您目前使用分时租赁的频次?每月_____次。

Q3. 您驾驶分时租赁车通常是几人共乘?
  A. 只有自己   B. 与1人共乘
  C. 与2人共乘   D. 与3~4人共乘

Q4. 您租借一次分时租赁车,平均行驶距离是?
  A. <5公里   B. 6~20公里
  C. 21~50公里   D. >50公里

Q5. 您租借一次分时租赁车,一般使用时长是多少?
  A. <15分钟   B. 15分钟~1小时
  C. 1~6小时   D. >6小时

Q6. 您使用分时租赁的主要出行目的是?(可多选)
  A. 学校或工作单位(<3次/周)   B. 学校或工作单位(3~5次/周)
  C. 学校或工作单位(>5次/周)   D. 谈业务
  E. 购物或吃饭   F. 朋友聚会、游玩等社交活动

二、关于您的分时租赁使用决策

Q7. 请问您在使用分时租赁车之前了解该服务的主要信息渠道有哪些?(可多选)
  A. 朋友/熟人推荐   B. 电视、广播电台   C. 报纸、杂志、户外广告牌
  D. 互联网查询   E. 车展   F. 微信、微博等新媒体平台

G. 人员推销　　　　　H. 分时租赁站点信息　　I. 其他

Q8. 请问下列哪个原因是您使用分时租赁的考虑因素？（可多选）
　　A. 摇不到号，无法买车　　　　　B. 分时租赁车不受尾号限行约束
　　C. 分时租车节省出行时间　　　　D. 分时租车使用方便
　　E. 没有司机，可以自由选择行程和路径　　F. 纯电动车更环保
　　G. 其他

Q9. 您使用分时租赁时是否关心车型的大小？
　　A. 是　　　　　　　　　　　　　B. 否

Q10. 分时租赁车会让您不购买汽车吗？
　　A. 是　　　　　　　　　　　　　B. 否

Q11. 分时租赁车会让您推迟购车计划吗？
　　A. 是　　　　　　　　　　　　　B. 否

三、车的性能和租车经济性

Q12. 如果不用分时租赁，你通常会选择以下哪种出行方式？（可多选）
　　A. 私家车　　　　　　　　　　　B. 出租车、快车
　　C. 传统租车，例如神州租车　　　D. 地铁、公交
　　E. 自行车、步行

Q13. 与原出行方式相比，驾驶分时租赁车是否降低了您的出行花费？
　　A. 是　　　　　　　　　　　　　B. 否（跳答Q15）

Q14. 驾驶分时租赁车的出行成本大约是原来方式的__%（请在0~100选择）

Q15. 在深圳，从新世界中心到深圳湾公园的出租车车程约为16分钟10公里，打车费用约为40元。请问，同样的路程驾驶分时租赁车，您能接受的最高价格是？
　　A. <30元　　　　B. 30~35元　　　C. 35~40元
　　D. 40~45元　　　E. 45~50元　　　F. >50元

Q16. 在深圳，从新世界中心到深圳西站的出租车车程约为32分钟20公里，打车费用约为55元。请问，同样的路程驾驶分时租赁车，您能接受的最高价格是？
　　A. <30元　　　　B. 30~45元　　　C. 45~55元
　　D. 55~60元　　　E. 60~75元　　　F. >75元

Q17. 请您对分时租赁车的性能进行满意度评价。
　　请您用1~5分制给以下各项进行打分，其中1分表示无法接受，2分表示不满意，3分表示一般，4分表示满意，5分表示非常满意。

　　A. 纯电动车的可靠性　　　　　　　　　　1　2　3　4　5
　　B. 纯电动车的舒适程度　　　　　　　　　1　2　3　4　5
　　C. 纯电动车噪声大小　　　　　　　　　　1　2　3　4　5

   D. 分时租赁车的动力性能　　　　　　　　　　1　2　3　4　5

   E. 分时租赁车的发生故障频率高低　　　　　　1　2　3　4　5

   F. 对分时租赁车性能的整体评价　　　　　　　1　2　3　4　5

Q18. 请您对分时租赁出行的经济性进行满意度评价。

   请您用 1～5 分制给以下各项进行打分,其中 1 分表示无法接受,2 分表示不满意,3 分表示一般,4 分表示满意,5 分表示非常满意。

   A. 需缴纳押金高低　　　　　　　　　　　　　1　2　3　4　5

   B. 单次租车的价格高低　　　　　　　　　　　1　2　3　4　5

   C. 长时间或多次租车的车费优惠力度　　　　　1　2　3　4　5

   D. 与出租车、快车相比的价格优惠程度　　　　1　2　3　4　5

   E. 与神州租车等长租车相比的价格优惠程度　　1　2　3　4　5

   F. 对分时租赁经济性的整体评价　　　　　　　1　2　3　4　5

四、运营服务的便利性

Q19. 针对您经常使用的这家分时租赁企业的运营服务情况,请您对以下几个方面作出满意度评价。

   请您用 1～5 分制给以下各项进行打分,其中 1 分表示无法接受,2 分表示不满意,3 分表示一般,4 分表示满意,5 分表示非常满意。

   A. 分时租赁卡会员申请和遗失补办便捷程度　　1　2　3　4　5

   B. 手机 App 方便易用程度　　　　　　　　　 1　2　3　4　5

   C. 手机 App 查询租赁点信息、车辆信息准确程度　1　2　3　4　5

   D. 站点设施整洁、美观程度　　　　　　　　　1　2　3　4　5

   E. 分时租赁电动车的干净卫生程度　　　　　　1　2　3　4　5

   F. 自助租、还车系统操作方便程度　　　　　　1　2　3　4　5

   G. 电动汽车驾驶的难易程度　　　　　　　　　1　2　3　4　5

   H. 服务支持系统反应快慢程度　　　　　　　　1　2　3　4　5

   I. 服务支持系统解决问题的专业程度　　　　　1　2　3　4　5

   J. 分时租赁平台新服务和服务信息的更新速度　1　2　3　4　5

   K. 对运营服务水平的整体评价　　　　　　　　1　2　3　4　5

五、布点的便利性

Q20. 您通常到达分时租赁点的方式是?（可多选）

   A. 地铁、公交　　　　　　　B. 自行车

   C. 步行　　　　　　　　　　D. 出租车、快车

Q21. 您偏好的分时租赁点有?(可多选)
    A. 公共交通中转站附近   B. 工作单位附近
    C. 居民区附近   D. 购物中心附近
    E. 其他,请注明:

Q22. 您能接受的分时租赁点最远距离是?
    A. <100 米   B. 100~300 米
    C. 300~500 米   D. 500~800 米
    E. 800~1 500 米   F. >1 500 米

Q23. 您通常选择在取车点还车吗?
    A. 是   B. 否,在其他租赁点还车

Q24. 请用 1~5 分制,对分时租赁企业租赁点的分布情况进行满意度评价。
    请您用 1~5 分制给以下各项进行打分,其中 1 分表示完全不同意,2 分表示不太同意,3 分表示一般,4 分表示满意,5 分表示非常满意。

    A. 租赁点很多,容易找到租车点   1 2 3 4 5
    B. 还车方便,还车点车位充足   1 2 3 4 5
    C. 大型交通枢纽(机场、高铁站等)附近都有租赁点   1 2 3 4 5
    D. 从出发地步行到租赁点的距离很近   1 2 3 4 5
    E. 通过地面引导、电子地图可以方便地导航到附近的租赁点   1 2 3 4 5
    F. 对租赁点分布情况的整体评价   1 2 3 4 5

六、总体评价和推荐情况

Q25. 综合以上分时租赁方式本身的优越性、分时租赁企业的运营情况、网点布局、定价等情况来看,您对分时租赁业务的总体满意程度如何?(1 分最低,5 分最高)
                                                    1 2 3 4 5

Q26. 当您的朋友或熟人出行时,您向他们推荐分时租赁的可能性有多大?

    分数越高,代表可能性越大   绝无可能   可能会   肯定会
                            1   2   3   4   5

Q27. 您选择分时租赁服务看重的是哪些因素?
    其中 1 分表示无法认同,2 分表示不认同,3 分表示一般,4 分表示认同,5 分表示非常认同。

    A. 节省出行时间   1 2 3 4 5
    B. 使用方便   1 2 3 4 5
    C. 驾驶舒适   1 2 3 4 5

D. 自由选择行程和路径，机动性好　　　　　1　2　3　4　5

E. 环保态度的体现　　　　　　　　　　　　1　2　3　4　5

F. 自驾行驶更安全　　　　　　　　　　　　1　2　3　4　5

G. 其他，请注明：

Q28. 您不考虑分时租赁是由于哪些因素？

其中1分表示无法认同，2分表示不认同，3分表示一般，4分表示认同，5分表示非常认同。

A. 停车困难　　　　　　　　　　　　　　　1　2　3　4　5

B. 站点距离远　　　　　　　　　　　　　　1　2　3　4　5

C. 不能异地还车　　　　　　　　　　　　　1　2　3　4　5

D. 车型不好，车型少　　　　　　　　　　　1　2　3　4　5

E. 对纯电动车可靠性的担心　　　　　　　　1　2　3　4　5

F. 分时租赁不便宜　　　　　　　　　　　　1　2　3　4　5

G. 使用过程烦琐　　　　　　　　　　　　　1　2　3　4　5

H. 其他，请注明：

七、基本资料

最后，还想询问一下您个人的一些基本信息。

Q1. 您的性别？

　　A. 男性　　　　　　　　　　B. 女性

Q2. 您的年龄？

　　A. 18～25岁　　B. 26～30岁　　C. 31～35岁　　D. 36～40岁

　　E. 41～45岁　　F. 46～50岁　　G. 51～55岁　　H. 56～60岁

　　I. 61～65岁　　J. 66岁及以上

Q3. 您的家庭人数？

　　A. 1人　　　　B. 2人　　　　C. 3人　　　　D. 4人

　　E. 5人或更多

Q4. 您自己或家庭是否有私家车？

　　A. 有2辆及以上　　B. 有1辆　　C. 无

Q5. 如果有车，您每天的平均驾驶里程_____公里。

Q6. 您的学历？

　　A. 小学及以下　　B. 初中　　　　C. 高中（含中专/技校）

　　D. 大专　　　　　E. 本科　　　　F. 硕士　　　　G. 博士

Q7. 您的职业？

A. 公务员　　　　　　　　　　B. 企事业单位负责人
C. 中高级管理人员　　　　　　D. 技术人员
E. 普通白领　　F. 普通工人　　G. 商业、服务人员　　H. 教师
I. 医生　　　　J. 律师　　　　K. 兼职　　　　　　　L. 学生
M. 未就业或找工作中　　　　　N. 不工作赋闲在家
O. 家庭主妇　　　　　　　　　P. 创业者
Q. 自由职业者　　R. 其他

Q8. 您的家庭每月税前收入大致在以下哪个范围内?
A. 5 000 元及以下　　　　　　B. 5 001～15 000 元
C. 15 001～40 000 元　　　　　D. 40 001 元以上

衷心感谢您对本次调研的支持。深表谢意!
如果您希望得到我们的调查结果,请留下您的信息:

姓名:_____
电话:_____
邮件:_____